근대 중국의
토지 소유권과
사회 관행

이 도서는 2009년도 정부(교육과학기술부)의 재원으로 한국연구재단의 지원을 받아 출판되었음(NRF-2009-362-A00002).

중국관행
연구총서
0 1 2

근대 중국의
토지 소유권과
사회 관행

인천대학교 중국학술원 기획
이원준 지음

學古房

『중국관행연구총서』 간행에 즈음하여

　우리가 수행하는 아젠다는 근현대 중국의 사회·경제 관행에 대한 조사와 연구를 매개로 한국의 중국연구와 그 연구기반을 재구성하는 것이다. 이러한 작업은 무엇보다 인문학적 중국연구와 사회과학적 중국연구의 학제적 소통과 통합을 모색하는 과정에서 구체화될 수 있을 것이다. 또한 근현대 중국의 사회·경제관행 조사 및 연구는 중국의 과거와 현재를 모두 잘 살펴볼 수 있는 실사구시적 연구이다. 추상적 담론이 아니라 중층적 역사과정을 거쳐 형성되고 검증되었으며 중국인의 일상생활을 지속적이고 안정적으로 제어하는 무형의 사회운영시스템인 관행을 통하여 중국사회의 통시적 변화와 지속을 조망한다는 점에서 우리의 아젠다는 중국연구의 새로운 지평을 열 수 있는 최적의 소재라 할 수 있다.

　우리 연구의 또 다른 지향은 중국사회의 내적 질서를 규명하는 것으로, 중국의 장기 안정성과 역동성을 유기적으로 파악함으로써 한층 더 깊이 있게 중국을 이해하고자 한다. 이러한 문제의식에서 우리는 중국사회의 다원성과 장기 안정성의 기반이라 할 수 있는 다양한 민간공동체 그리고 그 공동체의 광범위하고 직접적인 운영원리로서 작동했던 관행에 주목한다. 나아가 공동체의 규범원리인 관행을 매개로 개인과 공동체 그리고 국가가 유기적으로 결합됨으로써 중국사회의 장기 안정성이 확보될 수 있었다는 점을 규명하고자 한다. 이러한 문제의식에 기초한 연구는 역사적으로 축적한 사회, 경제, 문화적 자원을 활용하여 만들어가고 있는 중국식 발전 모델의 실체와 그 가능성을 해명하는 데 기여할 것이다.

　이 책은 근대 중국에서 토지 소유권의 양상이 어떻게 지속 또는 변화해왔는지 정리하고, 이를 통해 근현대 중국 사회경제 관행의 일면을 드러내기 위해 기획되었다. 기존 연구성과들에 기반하여 명·청 시대 토지 소유권의 특징들을 정리한 뒤, 1차 자료 분석을 통해 이런 특징들이 20세기 전반기 근대화 과정에서 어떻게 변화하거나 유지되었는지 서술하였다. 이를 통해 근대 이전에 형성된 사회적 관행들이 국가 주도의 근대화 과정에서도 끈질긴 생명력을 발휘했음이 확인되었다. 또한 토지 소유권이 1949년 이후 중국 사회의 정치적·제도적 격변 속에서 어떻게 변화해왔는지도 간략하게나마 정리하였다. 근현대 중국의 토지 소유권 문제는 근대 이후의 중국 사회를 이해하는 데에 있어서 매우 중요한 문제임에도 불구하고, 개설서이든 전문 학술서이든 국내 연구가 매우 부족한 현실이다. 이 지점에서 이 책이 갖는 의의를 찾을 수 있을 것이다.

　『중국관행연구총서』는 인천대학교 중국·화교문화연구소가 인문한국사업을 장기간 수행한 연구의 성과물로서, 그동안 중국 철도, 동북지역의 상업과 기업, 토지와 민간신앙, 그리고 화교 등 다양한 주제에 대해 연구서와 번역서를 발간하였다. 앞으로도 꾸준히 낼 우리의 성과가 차곡차곡 쌓여 한국의 중국연구가 한 단계 도약하는 데 일조할 수 있기를 충심으로 기원한다.

2019년 4월

인천대학교 중국학술원 중국·화교문화연구소

(HK중국관행연구사업단)

소장 (단장) 장정아

머리말

　중국은 지난 한 세기 동안 급격한 변화를 경험하였고, 오늘날에도 세계에서 가장 빨리 변화하고 있는 국가 중 하나이다. 사실, 압축적 근대화를 추구해온 우리나라와 일본 같은 다른 국가들도 격변의 세월을 지나오기는 하였지만, 중국처럼 사회주의 혁명과 '자본주의 시장 경제'의 극단을 오가는 넓은 폭의 변화를 경험한 국가는 많지 않다. 게다가 오늘날 중국은 후발주자의 장점을 살려, 발전의 중간 단계를 건너뛰는 큰 폭의 도약을 차근차근 이루어가고 있다. 어떤 의미에서 '대약진(大躍進)'은 1950년대 말이 아닌 21세기 초반에 어울리는 구호일지도 모르겠다.

　물론, 현대 중국을 이해하기 위해서는 일차적으로 이러한 변화의 추세와 현황을 시시각각 따라잡는 것이 중요할 것이다. 그러나 어느 사회나 그렇듯이, 중국의 급격한 사회 변화가 곧 사회 전반의 전면적인 해체와 재구성을 수반하는 것은 아니다. 1911년의 신해혁명, 1949년의 사회주의 혁명, 1979년 이후의 개혁·개방 등, 지난 한 세기 동안 중국은 굵직굵직한 역사적 전환점을 몇 차례 지나왔지만, 이러한 역사적 변화의 저류에는 일정한 연속성이 분명히 드러나고 있다. 역사학계에서는 이미 20여 년 전부터 이러한 '연속성'의 측면에도 주목해오고 있다.

　역사적 연속성을 이해하는 데에 있어서 매우 중요한 키워드가 바로 '관행'일 것이다. 오랜 시간에 걸쳐 형성되는 한 사회의 관행은 종종 정치적·제도적 변화를 견뎌내는 관성의 힘을 발휘한다. 이러한 관성의 힘은 변화에 저항하는 방향으로 작용할 뿐만 아니라, 때로는 새로운 변화의 방향과 한계를 규정하는 작용을 하기도 한다. 같은 제도와 시스템이 시대와 지역에 따라서 서로 다른 양상으로 구현되는 이유도 여기에 있을 것이다. 이러한 맥락에서 중국 사회의 현재를 진단하고 미래를 전망하는 데에 있어서 중국 사회의 관행에 대한 이해는 핵심적인 요소이다.

인천대학교 중국학술원 중국·화교문화연구소는 2009년도에 인문한국(HK) 사업에 선정된 이래로, 지난 10여 년간 근·현대 중국의 사회경제 관행에 대한 조사와 연구를 진행해왔다. 그동안에 진행된 일련의 조사와 연구는 〈중국관행자료총서〉와 〈중국관행연구총서〉 등으로 간행되어왔다. 국내에서 관련 연구가 거의 이루어지지 않은 분야임에도 불구하고, 부족한 인적·물적 기반을 활용하여 주목할 만한 성과들이 축적되어왔다. 이 책도 '근·현대 중국의 사회경제 관행'에 대한 연구의 일환으로서 기획되었다.

'근·현대 중국의 사회경제 관행'을 살펴보는 데에 있어서, 사실 토지 소유권 문제만큼 적절한 주제도 별로 없을 것이다. 20세기 초 이래 중국에서는 토지 소유권의 '근대화'(또는 '서구화')를 위한 일련의 시도가 이루어졌다. 청 말 신정(新政) 시기의 법제 개혁 과정에서 처음으로 근대적 민법 체계의 도입을 위한 준비가 진행되었고, 이때 근대적 (토지) 소유권의 도입을 위한 준비도 함께 이루어졌다. 청조(清朝)의 이러한 시도는 비록 준비에 그쳤지만, 이후 중화민국 베이징 정부 시기에도 그 연장선 위에서 토지 소유권의 근대화를 위한 시도가 이어졌고, 결국 난징 국민정부 시기에 이르러 제도적으로는 일차적으로 완성되었다. 그러나 중국의 토지제도는 1949년에 중화인민공화국이 수립되면서 여러 차례의 굴곡을 겪게 되었다. 1950

년대 초의 토지개혁에 이어서 사적 토지 소유권의 폐지와 농업 집단화가 진행되었고, 이후 1970년대 말부터는 집체(集體) 소유 아래에서의 생산청부제도가 시행되어 현재에 이르고 있다.

토지 소유권과 관련된 급격한 제도적 변화에도 불구하고, 중국 사회에서는 토지 소유권을 둘러싼 사회 관행에서 일정한 지속성이 발견된다. 특히 20세기 전반기에는 이러한 현상이 두드러지게 나타났다. 중화민국 베이징 정부와 난징 국민정부의 제도 개혁에도 불구하고, 20세기 전반기의 중국 농촌사회에서는 명·청 시대 이래 형성되어온 중국 사회의 관행이 강한 영향력을 유지하였다. 서구 사회의 제도를 모델로 삼은 토지 소유권의 근대화 시도는 수백 년에 걸쳐 형성된 중국 사회의 관행 앞에서 굴절과 반사를 겪어야 하였다. 또한, 농업 집단화가 시행되었던 20여 년 동안은 중국 사회의 토지 소유 관행 역시 일정한 단절을 겪어야 했지만, 집단화가 해체된 이후에는 시간이 흐름에 따라 곳곳에서 과거의 토지 소유 관행과 유사한 현상들이 다시 나타나고 있다. 토지 소유권과 관련된 근대 중국의 사회 관행을 살펴보는 것은 중국 사회를 장기적인 안목에서 이해하고 전망할 때 매우 유의미한 작업이 될 것이다.

이처럼 중차대한 주제를 제대로 소화할 수 있는 능력이 과연 필자에게 있는가 자문해본다면, 솔직히 자신 있게 '그렇다.'라고 대답할 수 없다. 2015년 하반기에 처음 연구교수로 사업단에 참여하게 되면서 이 책을 기획하게 되었고, 이후 약 3년 동안 다른 업무와 연구를 수행하면서 틈틈이 관련 자료를 읽고 정리하여 책을 완성하였다. 3년이라는 기간이 결코 짧은 시간은 아니지만, 워낙 큰 주제일 뿐만 아니라 읽어야 할 자료도 방대하여 필자가 감당하기에는 역부족을 느낄 때가 많았다. 토지문제에 대해서는 이미 훌륭한 연구성과들이 많이 축적되어 있지만, 비교적 최신의 연구성과들을 중심으로 내용을 정리할 수밖에 없었다. 게다가, 지역별로 문화와 관행이 다른 중국 사회를 너무 단순화해서 정리하는 것은 아닌지 염려가 되기도 한다. 중간중간의 서술 속에서 지역적 차이를 반영하려고 노력은 했지만, 넓디넓은 중국 사회의 지역적 다양성을 제대로 정리할 수는 없었다.

다만, 그럼에도 불구하고 이 책이 기여할 수 있는 부분이 없지는 않다. 먼저, 이러한 기획 자체가 (무모한 것일지는 몰라도) 비교적 신선한 시도라고 할 수 있다. 다루기가 워낙 어려운 주제이기 때문이기도 하겠지만, 중국의 토지 소유 관행을 명·청 시대부터 이어지는 장기적 맥락 속에서 설명하는 개설서를 찾는 것 자체가 힘들다. 중국의 복잡한 토지 소유 관행을 비교적 평이하게 설명하면서, 이를 근대와 현대로 이어지는 장기적인 관점에서 평가해보려는 시도 그 자체에 약간의 의미는 부여할 수 있을 것 같다.

두 번째로는, 명·청 시대의 토지 소유 문제에 대해서는 방대한 연구성과가 축적되어 있지만, 근대 중국의 토지문제에 관한 연구는 상대적으로 빈약하다는 점에서도 이 책이 갖는 장점을 찾아볼 수 있다. 이 책의 1장과 2장에서는 근래의 연구성과들을 참고하여 명·청 시대의 토지 소유 관행을 최대한 간략하게 정리하였고, 3장에서 6장까지는 이러한 관행이 민국 시기에 들어와 어떠한 변화를 겪었는지, 또는 겪지 않았는지 설명하였다. 그동안 학계에서 활발하게 다루지 않았던 20세기 전반기의 토지문제에 대해서 일종의 개설적인 안내서 역할을 할 수 있기를 기대한다.

마지막으로, 1949년 이후 중국의 토지 소유 문제를 명·청에서 근대로 이어지는 사회 관행의 흐름 속에서 정리하였다는 점도 이 책의 특징이라고 할 수 있다. 전체적으로는 근대 중국의 사회 관행에 주목하기 때문에 민국 시기에 비해서는 소략하게 다루어졌지만, 7장에서 근대 중국의 토지 소유 관행이 1949년 이후에 어떠한 변화를 겪게 되었는지 정리하였고, 에필로그에서는 현대 중국에서 나타나는 토지 소유 양상의 변화가 근대 중국의 토지 소유 관행과 갖는 접점을 제시해보고자 하였다.

원고를 완성하기까지 갈등했던 부분들이 많았다. 필자가 오랜 시간 전문적으로 다뤄온 주제도 아닌데 너무 무모한 시도를 한 것은 아닌지, 현실적으로 모든 자료를 소화할 수 없는 상황에서 어떤 부분을 포기하고 어떤 부분은 포기하지 않을 것인지, 괜히 깜냥도 안 되면서 이 책을 쓰기로 해서 논문 쓸 시간을 뺏긴 것은 아닌지 등등. 그러나 부족한 부분은 많아도 이 책이 중국의 토지문제나 사회 관행에 관심을 가진 독자들에게 약간의 도움이라도 줄 수 있기를 기대하면서 스스로 위로하고자 한다. 끝으로, 이 정도의 책이라도 쓸 수 있을 만큼의 역량을 키워주신 은사님들, 그리고 부족한 필자를 물심양면으로 지지해준 가족에게 한없는 감사의 말씀을 올리고 싶다.

2019년 3월 26일
이원준 씀

목차

'중국적 토지 소유권'과 사회 관행

'근대적 소유권'의 개념

비록 근대적 의미의 권리 개념과는 다른 것이었다고 하더라도, 소유권은 역사적으로 어느 시대나 지역에서나 모두 존재하였다. 그 의미와 구체적인 형식에서는 시대와 지역에 따른 차이가 있었지만, 개인은 어떤 형태로든 일정한 자산을 소유하고 이용해왔다. 제도와 문화, 사회 관행 등의 차이로 인하여 시대와 지역에 따라 소유권의 범위와 형식에서는 다양한 양상이 존재해왔지만, 어떤 방식으로든 역사적으로 개인 또는 집단이 일정한 자산을 소유해왔던 것은 분명하다. 고대에도 이미 특정 대상을 소유한다는 개념이 존재하였고, 소유자가 대상에 대한 충분한 통제력을 행사할 수 있는 권리를 갖고 있었다. 이러한 포괄적 의미에서의 소유권 개념은 고대부터 존재해왔다. 근대 이전의 중국 사회에서도 마찬가지였다.

소유권에 대해서는 학술적으로 크게 두 갈래의 정의가 내려졌다. 한 가지는 영·미 근대 법학의 발달에 큰 영향을 미친 블랙스톤(William Blackstone, 1723~1780)의 정의로서, '특정 대상에 대한 독점적이고 절대적인 지배권'을 의미한다. 이는 근대적 소유권에 대한 가장 고전적인 정의라고 할 수 있다. 또 다른 정의는 소유권을 특정 물질적 대상에 대한 배타적 지배권을 의미하는 것이 아니라, '권리와 의무로 이루어진 사회적·법적 관계의 총체'로서 정의하는 것이다. 후자의 정의는 중국의 소유권을 이해하는 데 중요한 시사점을 제공한다. 근대 이전의 중국에서는 근대 유럽에서와 같은 소유권에 대한 구체적 정의와 표현들이 발달하지 않았지만, 그렇다고 해서 소유권의 개념 자체가 존재하지 않았던 것은 아니다. 구체적 언어로서 표현되지는 않았지만, 다양한 법적·규범적 규제와 관행을 통하여 실제로는 자산에 대한 다양한 권리·의무 관계가 형성되었기 때문이다.

오늘날 우리에게 익숙한 근대적 의미의 소유권 개념은 근대 유럽의 역사적 변화 속에서 형성되었다. 그리고 이러한 개념은 제국주의 침략과 함께 서구의 문화와 제도, 관념 등이 세계 곳곳으로 확산되면서 비(非)서구 세계에도 유입되었다. 특히 서구의 제도와 문화가 오랜 기간 '근대'의 표준으로 설정되면서, 중국을 포함한 식민지·반(半)식민지 세계에서는 서구식 제도와 문화를 도입함으로써 '근대'를 달성하려는 시도들이 이어져 왔다. 근대 중국의 토지 소유권 문제를 살펴보기에 앞서 먼저 근대 유럽에서 탄생한 소유권의 개념이 어떤 것이었는지 알아봐야 하는 이유도 여기에 있다.

근대적 소유권의 개념을 비교적 간단하게 이해하는 방법은 근대 유럽에서 제정된 민법전의 규정들을 살펴보는 것이다. 독일 민법 제903조에서는 소유권을 '소유자가 법률과 제3자의 권리에 반하지 않는 한도 내에서 그 소유물을 임의로 처리할 수 있고 그 작용에서 타인을 배제'할 수 있는 권리로 정의하였다. 오스트리아 민법 제354조에서도 '물건 그 자체와 용익권(用益權)을 자의적으로 처분하고, 그로부터 다른 이들을 배제할 수 있는 권리'라고 규정하였다. 프랑스 민법 제544조에서는 '법령이 금지하는 사용을 하지 않는 한, 절대적으로, 무제한으로 물건을 사용하여 이익을 거두거나 물건을 처분할 수 있는 권리'라고 설명하였다. 요컨대, 법률의 범위를 벗어나지 않는 한도 내에서 타인의 간섭 없이 임의로 소유 대상을 이용하여 이익을 획득하거나 처분, 사용할 수 있는 권리로 정의하고 있다.

19세기 이래로 서구 사회에서는 근대적 소유권의 기원 내지는 근거를 설명하기 위하여 신수설(神授說), 법정설(法定說), 자연권설(自然權說) 등 다양한 학설들이 제기되었다. 이러한 해석들 가운데 상대적으로 가장 널리 받아들여지고 있는 설명은 근대 소유권의 법적 기원을 고대 로마법에서 찾는 것이다. 로마법에는 상속, 계약, 재산권, 시민권 등에 관한 규정들이 많이 포함되어 있었으며, 소유권에 관한 다양한 세부 규정들이 갖추어져 있었다. 유럽에서는 로마 시대부터 소유권에 관한 법률적 정의와 규범이 비교적 구체적으로 발달해왔다.

로마법에서 '소유권'을 의미하는 '도미니움(Dominium)'은 본래 '통치'·'지배'·'통제' 등을 의미하였으며, 법률 체계가 발전하면서 '재산에 대한 권리'라는 의미로서 '프로프리에타스(Proprietas)'라는 개념도 사용되기 시작하였다. '소유'는 특정 대상에 대한 '통제'와 동일시되었다. 그리고 대상에 대한 '통제'의 형식도 다양한 형태로 세분화되었다. 로마법에서 소유권은 점유권, 사용권, 용익권(用益權), 처분권 등 몇 가지 하위 개념으로 구분되었으며, 이러한 개념은 포괄적인 의미에서 현대 법학에서의 소유권 개념으로도 이어지고 있다.

로마법에서 나타나는 소유권의 특징은 다음과 같이 몇 가지로 요약할 수 있다. 첫째, 소유권은 사용권·용익권·처분권 등의 개별적 권리들을 종합한 것으로서, 이러한 각종 권리들의 근거가 되는 추상적 권리이다. 둘째, 소유권은 공법(公法)상의 권리·의무와는 별개인

사법(私法)상의 권리이다. 셋째, 소유자는 개인 또는 법인으로서, 대상을 단독으로 소유하거나 공유(共有)할 수 있을 뿐, 공유(公有)할 수 없다. 넷째, 소유의 대상은 재산에 국한되며, 봉건시대의 지주-소작인 관계에서처럼 신분적 관계는 성립되지 않는다. 다섯째, 가족과 이웃, 촌락, 국가 등에 의한 제약을 받지 않는 배타적·독점적 권리이다. 여섯째, 지상권(地上權), 영구소작권, 용익권, 담보물권 등의 제한적 물권과는 다른 절대적 권리이다.

한편, 법과 제도의 보호를 받는 유·무형 자산의 이익에 대한 권리를 의미하는 '재산권' 개념은 근대 자본주의의 발달 과정에서 등장하였다. 법적으로 '재산권'과 '소유권'에는 약간의 차이가 있다. 법률적 의미에서 '소유권'은 어떠한 자산에 대한 점유·사용·수익·처분의 권리, 그리고 타인의 간섭을 배제할 수 있는 권리를 가리키는데, 이는 '재산권'의 한 부분에 해당한다. 재산권은 이러한 소유권의 범주 이외에도, 근대 민법에서 규정하는 용익물권(用益物權)이나 담보물권(擔保物權)처럼, 타인의 자산에 대해서도 일정한 영향력을 행사할 수 있는 권리까지 포괄하는 개념이다. 유럽의 근대 자본주의 발달 과정에서 베니스와 네덜란드, 영국 등지에서 법률을 통하여 계약이 효과적으로 보호되고 안정적인 조세제도가 확립되기 시작하였고, 이러한 자본주의의 발전 과정에서 '재산권' 개념이 점진적으로 형성되었다. 로마법에서 출현한 '소유권' 개념이 자본주의의 발전 과정에서 '재산권'이라는 개념으로 더욱 확장되었다고 볼 수 있다.

근대적 소유권 개념의 형성과 변화

유럽에서 근대적 의미의 소유권 개념이 본격적으로 형성되기 시작한 것은 17세기였으며, 그 중요한 토대를 제시한 인물은 로크(J. Locke, 1632~1704)였다. 로크는 이 세상의 모든 산물이 신으로부터 주어진 것으로서 전체 인류의 공유물이라고 보았다. 그리고 이러한 인류 전체의 공유물은 인간의 개별적 노동을 통해서 개인의 소유물로 분화된다고 주장하였다. 있는 그대로의 상태인 자연은 인간이 노동과 자본을 투입하여 개량하고 가치를 더함으로써 개인의 소유물이 된다는 것이다. 로크의 이러한 관점은 일반적으로 '노동소유론'으로 분류된다. 다만, 수많은 개인이 노동을 통하여 공유물로서의 자연을 개인 소유물로 전환하게 되면, 자연스럽게 그 과정에서 경쟁과 충돌이 발생하게 된다. 이에 로크는 자연상태 아래에서 개인의 소유권이 입게 될 피해를 방지하기 위하여 사회가 형성된다고 주장하였다. 즉, 개인들의 배타적 소유권을 조정하고 보호하기 위하여 사회와 국가가 등장한다는 것이다.

칸트(I. Kant, 1724~1804)는 '법에 의한 점유'를 소유권의 본질적 개념으로서 강조하였다. 칸트 역시 토지와 지상의 모든 물건은 근본적으로는 인류 전체가 공유하고 있는 것인데, 시민사회의 등장과 함께 법적·제도적 장치를 통한 강제력 행사가 가능해지면서 소유권이 확립된다고 보았다. 그는 물권(物權)을 '다른 사람들과 공유하고 있는 것 중의 어떤 물건을 사적으로 사용할 수 있는 권리'라고 정의하였는데, 이러한 권리가 성립되기 위해서는 그에 대한 타인의 동의가 전제되어야 하였다. 바로 이 사회적 동의를 체현하고 있는 것이 법률이므로, '법에 의한 점유'가 소유권의 핵심 기초가 되었던 것이다. 칸트에게 있어서 소유는 개인과 사물의 관계에서 형성되는 것이 아니라, 개인과 개인(사회)의 관계에서의 합의를 통해서 실현되는 것이었다.

헤겔(G. Hegel, 1770~1831)의 소유 개념은 로크와 칸트의 해석을 모두 포괄하는 것이었다. 헤겔은 소유의 형성 과정을 크게 세 갈래로 설명하였다. 개인이 어떤 대상을 직접 그대로 점유하거나('육체적 취득'), 또는 특정 대상에 작용을 가하여 자신의 것으로 만들거나('형성작용'), 아니면 어떤 대상에 대하여 그것이 본인의 소유임을 표시함으로써('표지') 소유권을 확립할 수 있다고 보았다. 앞의 두 가지 경우는 로크의 '노동소유론'과 유사한 입장이며, 세 번째 경우는 소유권을 대상과의 사회적 관계 속에서 확인한다는 점에서 칸트의 '법에 의한 점유'와 유사하였다.

로크는 개인은 자신의 노동을 통하여 창출한 산물에 대하여 무한한 권리를 가지며, 국가와 사회는 바로 이러한 개인의 무한한 권리를 보호하기 위해서 존재한다고 보았다. 반면, 칸트는 개인의 소유권은 개인과 대상 사이의 상호작용에 의해서가 아니라, 개인과 타인(사회)과의 관계 속에서 인정되는 것이라고 주장하였다. 헤겔은 두 가지 주장을 모두 종합하였다. 그는 로크와 마찬가지로 자연에 대한 개인의 작용(노동)이 소유권 형성의 하나의 원천임을 인정하면서, 동시에 대상에 대한 개인의 점유가 정당한 소유권으로서 확립되기 위해서는 타인의 합의, 즉 사회적 승인이 이루어져야 한다는 것도 중시하였다.

이들이 활동했던 17~18세기는 유럽에서 이성주의와 계몽주의 등 인간 중심의 사고가 발달했던 시대였다. 특히, 헤겔은 소유권을 개인의 자유의지 발현이라는 관점에서 해석하였다. 개인의 자유의지는 소유를 통해서 최초로 실현되므로, 소유권은 개인의 인격과 기본권을 보장하는 근본적인 권리가 된다는 것이 그의 입장이었다. 이러한 논리에 따라서 소유의 주체 또한 자유의지를 가진 개인이 될 수밖에 없었다. 개인은 절대적 자유의지를 가진 존재로서 인간 이외의 모든 존재를 소유하는 주체가 되었다. 다른 시대나 지역의 소유권 개념과 구분되는 근대적 소유권의 특징은 이러한 배타적·독점적 권리를 누리는 주체가 '개인'으로만 설정되었다는 점에 있었다. 중세에서 근대로 넘어가면서 유럽에서는 '개인'이 우주의 중심이자 사회의 기본 단위로 부상하였고, 이러한 변화에 따라 소유의 주체도 개인으로 확립되었다.

이러한 의미에서 근대 유럽에서 소유권은 개인의 자유를 나타내는 척도로 인식되었다. 그리고 그 권리는 타인의 간섭을 받지 않는 배타적 권리로도 인식되었다. 근대의 소유권 개념은 법적으로 '권리'의 일종이며, 이러한 '권리'의 개념은 서구 개인주의와 자유주의 발전의 산물이었다. 소유권과 개인의 자유를 연결하여 사고하는 관념은 영국에서 개인주의 조류가 발전하면서 확립되었고, 정부는 개인의 자유(소유권)를 보호하기 위하여 존재한다는 관념이 대의민주주의의 기본 가치를 이루게 되었다. 소유권 개념으로부터 근대 시민사회가 형성되었고, 소유권은 국가권력에 대항하여 개인의 자유를 지키는 방화벽이 되었다.

자본주의의 발달은 이러한 개인주의적 소유권 개념의 발달과 함께 진행되었다. 개인의 소유권을 제약하는 공동체적 규범과 가치의 영향력은 사라져갔고, 시장에서는 배타적 소유권을 가진 개인들이 서로 거래하며 자신의 소유권을 행사하였다. 중세 시대 공동체의 틀이 무너지면서 개인의 절대적 소유권 행사를 제한할 수 있는 기제도 무력해졌으며, 소유의 새로운 주체로 등장한 '개인'의 자유의지가 가장 중요한 요소가 되었다. 근대 유럽에서 개인의 소유권은 개인의 자유와 기본권을 상징하는 핵심적인 표상이 되었으며, 사회 질서와 법률 체계의 가장 근본적인 전제가 되었다. 근대로 이행하는 과정에서 중세 시대의 공동체적 물권 체계가 개인주의적이고 배타적인 개인 소유의 체계로 대체되었던 것이다.

중세 유럽에서 개인은 배타적 소유권을 행사할 수 없었으며, 그 권리는 공동체의 유지와 구성원들의 생존권이라는 공공의 목적에 따라 제한되었다. 중세 유럽의 소유권에는 일종의 공유적 물권 개념이 내포되어 있었다. 위에서 본 것처럼, 이후 근대 사회로 진입하면서 시장 경제의 발달과 함께 개인의 소유권이 점차 확립되었으며, 그 배타성은 시간이 흐를수록 확대되어갔다. 중세 시대의 공유적 물권 개념은 시간이 지남에 따라 빈민의 '복지권(welfare rights)' 등의 개념으로 변하였으며, 이마저도 점차 '권리'에서 '도덕적 의무'로 축소되었다가, 결국에는 경제적 불평등이 신의 섭리이자 생존 경쟁의 합당한 결과라는 인식으로까지 변질되었다.

그런데, 개인의 절대적 소유권을 강조하는 이러한 관념은 19세기 말에 이르러 자본주의의 폐해에 대한 문제의식이 점차 커지면서 수정될 수밖에 없었다. 배타적·절대적 소유권 개념에 기초한 자본주의의 발달은 빈부격차의 확대와 사회적 분열, 갈등을 초래하게 되었으며, 이에 따라 사회적 공공성이 강조되었기 때문이다. 이때부터 유럽에서는 공공의 이익이나 사회적 목적에 따라서 개인의 소유권을 부분적으로 다시 제한하기 시작하였고, 큰 틀에서 보면 이러한 추세는 지금까지 이어지고 있다고 볼 수 있다. 특히, 20세기에 들어와 사회주의 국가가 등장하면서 새로운 공동체주의적 소유 개념이 등장하게 되었고, 이에 따라 체제 경쟁의 과정에서 극단적인 배타적 소유권 개념도 수정될 수밖에 없었다.

전근대 중국의 토지 소유권

현대 자본주의 사회에서의 소유권은 기본적으로 위와 같은 과정을 통해서 형성된 개념을 바탕으로 하고 있다. 오늘날의 우리에게는 매우 익숙한 개념이지만, 이러한 개념 자체가 근대 유럽의 역사적 산물이라는 점에 유의할 필요가 있다. 근대 중국의 토지 소유권을 이해하기 위해서는 중국의 근대화 과정에서 도입된 근대적 소유권의 개념을 이해해야 하지만, 동시에 그것이 중국의 토양에서 발전되어 온 토지 소유의 관념·관행과는 다른 것이었을 수 있다는 점을 유념해야 한다는 것이다.

근대 이전의 중국 사회에서 토지는 개인의 부(富)의 주요 원천이자, 국가 재정수입의 핵심 토대였지만, 유럽의 토지법과 같은 별도의 법률 체계가 발달하지는 않았다. 또한, 고대부터 일상적인 거래에서 계약서가 널리 사용되었음에도 불구하고 유럽에서와 같은 계약법이 발달하지도 않았다. 근대 소유권 개념의 중요한 근거가 되는 로크의 관념, 즉 사유 재산이 전제 권력으로부터 개인의 자유와 권리를 보장하는 원천이라는 의식도 중국에서는 등장하지 않았다. 사회경제적·법적 관념과 이론은 개별 사회의 특수한 역사적 맥락에서 형성되는 것으로서, 근대 서구에서 발달한 소유권 개념을 하나의 객관적인 기준으로 삼아, 이를 전근대 및 근대 중국의 토지 소유 관행을 설명하는 틀로 활용하는 것에 대해서는 주의를 기울여야 한다.

중국에서도 일찍부터 토지의 사유(私有)가 이루어졌다. 진(秦)에서 청(淸)까지 토지는 크게 '민전(民田)'과 '관전(官田)'으로 구분되었고, 관전은 '공전(公田)'으로도 불리었다. 사실, 민전은 사유지라는 의미에서 기본적으로 '사전(私田)'이라 할 수 있지만, '관전'은 엄밀한 의미에서는 '공전'이 아니었다. '관전'과 '공전'은 원칙적으로 다른 것이었다. 개념적으로 '공전'이라는 것은 특정 주체가 소유하지 않는 '공유(公有)'의 대상이었지만, '관전'은 기본적으로 국가가 소유하는 토지라는 의미에서 '공유지(公有地)'가 아니었다. 근본적으로 국유(國有)나 민유(民有)나 모두 주인이 있다는 의미에서 '사유(私有)'라 할 수 있다. 춘추전국시대(春秋戰國時代)를 거치면서 읍(邑) 단위의 씨족공동체가 붕괴된 이후로 엄밀한 의미에서의 '공전'은 사실상 사라져갔다.

전국시대 이후 약 2,000년의 역사 속에서 백성들은 정상적인 상황에서는 자신의 재산(토지)에 대한 통제권을 갖고 있었으며, 모든 왕조는 사유 재산에 대한 권리라는 일반적 의미에서의 '소유권'을 기본적으로 보호하였다. 당대(唐代)까지는 여러 왕조에서 왕토사상(王土思想)에 기초하여 국가가 민(民)에게 토지를 분배하는 다양한 형태의 수전(授田) 제도를 시행했는데, 학자들에 따라서는 이러한 수전제도를 토지 국유제도 시행의 근거로 이해하기도 한다. 하지만, 일단 국가가 농민에게 토지를 수여하면, 그 토지는 사실상 토지를 분배받은 사람의 재산이 되었다.

근대적 의미의 소유권과는 다른 것이었지만, 전국시대부터 토지소유권은 법률에 의하여 보호되었다. 민간의 토지 소유를 제한하기 위해 제정된 한(漢)의 명전제(名田制)[1]나 위(魏)·진(晉)의 점전제(占田制)[2], 국가의 토지 분배를 규정한 북위(北魏)·수(隋)·당(唐)

---

1) [명전제(名田制)] '명전택(名田宅)'이라는 표현은 전국시대부터 확인된다. 명전제는 진(秦)·한(漢) 시대의 토지제도로서, 기본적으로 작제(爵制)의 등급에 따라 지급되는 토지의 면적을 차등 규정하는 제도이다. 원칙적으로 제도에서 규정된 한도를 초과하여 토지를 소유할 수 없었다.

의 균전제(均田制)[3] 아래에서도 토지에 대한 민(民)의 소유권은 법적으로 인정되었다. 송(宋) 이후로는 이러한 경향이 더욱 명확해졌으며, 명(明)·청(淸) 시기에는 이러한 소유권에 대한 보호가 더욱 강화되었다.

전근대 중국 사회에서 인정된 소유권이 근대적 의미의 소유권과는 다른 것이었지만, 백성의 토지 소유권은 엄연히 법적으로 인정되었고, 이러한 권리는 송대 이후로 더욱 발전하였다. 송대는 이전 시대와 달리 '불립전제(不立田制: 국가에서 (균전제와 같은) 토지제도를 시행하지 않는다)' 또는 '불억겸병(不抑兼幷: 토지의 겸병을 억제하지 않는다)'을 그 특징으로 하는데, 이에 따라서 민간에서는 다양한 형식의 토지 거래가 발달하였다. 이러한 흐름은 명·청 시대에도 이어져 토지 소유권 거래와 관련된 다양한 사회 관행과 법적 제도가 성숙되었으며, 결과적으로 서구와는 다른 독자적인 토지 소유의 관행들이 규범화되었다.

전근대 중국의 법률 체계에서는 소유권의 범주에 대한 로마법과 같은 구체적인 규정이 존재하지 않았으며, 서구 법률제도에서의 '사법(私法)'에 대응되는 법률 체계가 존재하지 않았다. 근대적 소유권의 개념을 원용하여 전근대 중국의 토지 소유권을 '점유권'·'사용

---

2) [점전제(占田制)] 신분에 따라 보유할 수 있는 토지의 한도를 제한하는 제도이다. 관료는 평민보다 많은 토지를 소유할 수 있었고, 관료 사회 내에서는 품급(品級)에 따라 소유할 수 있는 토지의 한도가 차등적으로 정해졌다.

3) [균전제(均田制)] 북위에서 수·당에 걸쳐 시행된 토지제도로서, 시기에 따라 구체적인 내용에서는 차이가 있었지만, 기본적으로 인구수에 따라 국가에서 토지를 균등하게 분배하기 위하여 고안된 제도였다. 단, 균전제 아래에서도 국가에서 지급된 토지의 일부는 민간에서 세습될 수 있었으며, 국가권력 또한 이러한 토지의 사적 소유권을 인정하였다.

권'·'수익권'·'처분권' 등으로 세분화하여 설명하려는 연구들도 많이 이루어졌지만, 근대 서구의 법적 개념을 적용하여 중국 전통 사회의 토지 소유권을 설명하는 데에는 많은 한계가 존재할 수밖에 없다. 전근대 중국에서는 '소유권'·'지배권'·'사용권'·'수익권' 등의 개념이 존재하지 않았고, '업(業)'·'관업(管業)' 등의 개념들로 표상되는 독자적인 권리 개념이 형성되었기 때문이다.

서구에서 '소유' 또는 '재산'은 일종의 권리로서 인식되었고, 소유의 대상은 실체가 있는 물체뿐만 아니라 추상적인 권리까지도 포함하는 것이었다. 하지만 전근대 중국에서 소유의 대상은 형체가 있는 물체에만 국한되었고, 추상적인 권리는 소유의 대상에 포함되지 않았다. 소유의 대상이 동산인 경우에는 그것을 '물(物)'이라 칭하고 그 소유자를 '물주(物主)'라 불렀으며, 소유 대상이 부동산인 경우에는 그것을 '업(業)'·'관업(管業)'이라 칭하고 그 소유자를 '업주(業主)'라 불렀다.

토지의 소유자인 전주(田主)는 일반적으로 '업주'로 불리었다. 토지매매 계약서에서는 대부분 "토지를 ○○에게 판매하여 업(業)으로 삼게 한다[將地賣與某某管業(爲業)]" 등의 문구가 사용되었으며, 법률 문서에서도 '관업(管業)'이나 '위업(爲業)' 등의 표현이 사용되었다. '업'이나 '관업'은 토지 자산만을 가리키는 개념은 아니었으며, 수익을 가져올 수 있는 일정한 단위의 자산을 가리키는 용도로 포괄적으로 사용되었다. 토지를 누구에게 판매하여 '업'으로 삼게 했다는 것은 판매자가 해당 토지를 타인이 수익의 원천으로 사용할 수 있도록 양도했다는 것을 의미하였다. 그런 의미에서 '업'은 토지의 실물 그 자체뿐만 아니라, 해당 토지를 경영하여 수익을 획득할 수 있는 권리 또한 포함하는 개념이었다. 토지의 실물 그 자체를 가리키지 않는 '전저(田底)'나 '전면(田面)'⁴⁾도 '관업'으로 표현되었고, 토지의 담보 거래에서도 담보권을 '관업'으로 표현하기도 하였다. 전통 시대 중국 사회에서 '업'은 구체적인 부동산 자산 그 자체를 가리킬 뿐만 아니라, 그 자산을 활용하여 수익을 획득할 수 있는 권리까지도 포함하는 개념이었다.

전근대 중국의 국가권력과 소유권

전근대 중국의 국가권력은 개인과 개인 사이의 경제적 교환에 대해서 적극적으로 개입하지 않았고, 거래 당사자들이 서면으로 작성한 계약서가 양자의 권리·의무 관계를 확인하고 보호하는 기능을 하였다. 따라서 민간 사회의 경제 질서는 주로 지역 사회의 사적 규범과 관행에 의하여 유지되었다는 것이 일반적인 설명이다. 대체로 중국의 역대 왕조는 토지세를 확보하는 데 문제가 되지 않는다면, 복잡하고 중층적인 토지 소유의 관행에 개입하지 않았다. 심지어는 불법적인 토지 사용에 대해서도 적극적으로 금지하지 않기도 하였다. 국가권력의 제일의 관심사는 안정적으로 토지세를 징수하는 것에 있었으며, 민간의 토지 소유 관행이 이 목적에 어긋나지 않는 한 대체로 개입하지 않았다.

20세기 이전까지 중국에서는 토지 소유와 관련된 법률 조항이 율

----

4) ['전저(田底)'와 '전면(田面)'] 토지의 소유자와 경작자가 분리되어 있을 때, 경작자의 토지 사용권이 하나의 독립적인 권리로 확대된 경우에 토지에 대한 권리가 '전저'와 '전면'으로 구분되었다. '전저'는 토지의 법적 소유권에 해당하고, '전면'은 토지에 대한 일종의 타물권에 해당한다. 자세한 내용은 1장을 참고할 것.

(律)5)의 한 부분에 포함되어 있었으며, 서구 사회와는 달리 형법 체계와 구분되는 독립적인 민법 체계가 발달하지 않았다. 중국의 역대 왕조들은 토지를 등기하여 소유권의 귀속을 분명히 함으로써 토지 소유를 둘러싼 분쟁의 발생을 억제하고, 이로써 토지세 과세 대상을 명확하게 만드는 것을 토지 행정의 핵심 목적으로 삼았다. 토지 관련 규정을 형법 체계에 포함시켜 규정 위반자를 국가에서 처벌한 것도 국가가 토지 관리 문제를 통치의 문제와 직결시켜 이해하였기 때문이다. 애초에 법의 제정 목적 자체가 중국에서는 국가권력의 통치 수단으로 법률을 활용하기 위한 것이었고, 근대 서구에서는 개인의 권리(소유권)를 국가로부터 보호하는 것이었기 때문에, 토지의 소유권과 관련된 법률의 규정과 그 성격은 서로 다를 수밖에 없었다. '법치(法治)'의 개념 자체가 근대 서구에서는 통치자의 자의적 권력 행사를 법과 제도로 견제한다는 의미였지만, 전근대 중국에서는 '법(法)으로 다스린다(治)'는 의미였다.

고대부터 형법을 중심으로 발달해왔던 전통시대 중국의 법률 체계에서는 개인의 권리·의무 관계를 다루는 근대적 민법에 해당하는 영역이 독립적으로 발달하지 못했으며, 소유권에 대해서도 법적으로 구체적인 정의가 내려지지 않았다. 이처럼 소유권에 대한 개념이 법적으로 명확하게 확립되어 있지 않았던 상황에서 지역에 따라 다양한 토지 거래의 관행이 형성되면서, 결과적으로 토지 소유를 둘러싼 각종 분쟁이 발생하게 되었다.

---

5) [율(律)] 중국에서는 수(隋)·당(唐) 시대에 이르러 '율(律)'·'령(令)'·'격(格)'·'식(式)'으로 구분되는 법률 체계가 완성되었다. '율'은 오늘날의 형법과 유사한 형식의 법률 체계로서, 전통시대 중국 법률의 대부분을 차지하였다.

특히, 송대 이후로 국가 주도의 토지제도가 시행되지 않으면서 민간의 사적 토지 거래가 더욱 확대되었고, 그에 따라 토지에 대한 소유권의 개념도 훨씬 복잡하고 중층적으로 분화되면서, 다양한 형식의 토지 소유 및 거래 관행이 발달하게 되었다. 하지만 민간에서 형성된 이러한 토지 소유의 관행들이 국가권력에 의하여 법적 테두리 안으로 들어오기까지는 많은 시간이 필요한 경우가 많았다. 이 경우 민간의 관행과 법적 규범 사이에는 일정한 간극이 형성될 수밖에 없었고, 이 간극으로 인하여 다양한 사회 문제와 분쟁들이 발생하였다. 이러한 문제들을 해결하는 과정에서 전통시대 중국의 지방관들은 주로 민간의 관행이 갖는 사회적 합법성을 인정하는 경우가 많았다.

이러한 상황에서 소유권의 귀속을 확인하는 데 중요한 근거가 된 것은 거래 당사자들이 작성한 계약서였다. 명·청 시대에 민간에서는 다양한 거래에서 계약서가 광범위하게 사용되었으며, 낯선 사람들 사이에서뿐만 아니라, 서로 잘 아는 사람들, 친족들 사이에서도 계약서가 이용되었다. 계약서는 자산의 소유 관계를 입증하는 핵심 근거였으며, 계약으로 인해 발생하는 권리·의무 관계를 상세하게 규정하였다. 특히, 계약서의 신뢰도를 높이는 방법으로써 증인을 세우는 관행이 발달하였다. 이에 따라 지방관은 계약서와 사회 관행을 근거로 민간의 소유권 분쟁을 해결하였다.

하지만 그렇다고 해서 전근대 중국 사회에서 국가권력이 경제 질서의 규범을 유지하고 관리하는 데 아무런 역할을 하지 않은 것은 아니었다. 비록 법률에서 소유권에 대해서 명확하게 정의하지는 않았지만, 개인 또는 가족, 집단의 소유권을 침해할 수 있는 다양한 행위에 대해서 형법의 테두리 내에서 처벌이 이루어질 수 있도록 규정하였고, 아울러 민간에서 소유권을 둘러싸고 분쟁이 발생하는 것을 억제하기 위하여 규정을 보완하기도 하였다. 근대적 의미의 소유권은 아니라 하더라도, 이러한 규정들은 전근대 중국에서도 소유권에 대한 일정한 사회적 합의와 규범이 존재했음을 시사한다. 또한, 명·청 시대 국가권력은 이미 사회적으로 장기간에 걸쳐 형성된 거래 관행을 법적 테두리로 끌어들여 명문화하기도 하였다. 그리고 빈민과 약자들이 착취를 당하거나, 매점매석으로 인하여 시장가격이 비정상적으로 폭등하지 못하도록 관리하고 규제함으로써, 민간의 경제 질서와 사회 관행이 안정적으로 작동할 수 있도록 조절하는 역할을 하였다.

절도에 대한 금령이 발달한 것도 역시 사유 재산에 대한 법적 보호를 나타내는 지표가 되었다. 당률(唐律)에서 타인의 재산을 절도하는 것은 중요한 범죄로 간주되었으며, 그 범위 또한 매우 광범위하게 정의되었다. 이러한 형법의 발달은 타인의 소유권에 대한 침범을 금지함으로써 재산에 대한 사적 소유권을 보호해주는 기능을 하였다.

명·청 시대 중국의 법률에서 재산의 상속에 대하여 매우 상세한 규정을 갖추고 있었다는 것은 전근대 중국의 국가권력이 사유 재산에 대하여 구체적으로 관리하고 보호하기도 하였음을 보여주는 중요한 사례이다. 모든 적자(嫡子)는 아버지의 자산에 대하여 동등한 지분을 상속할 수 있는 권리를 보유하였고, 서자(庶子)는 적자의 절반에 해당하는 몫을 상속받을 수 있었다. 사망한 형제가 있는 경우에는 사망한 형제의 아들이 그 몫을 상속하도록 하였고, 아들이 없거나 양자로 삼을 친족 남성이 없는 경우에는 딸도 상속을 받을 수 있었다. 과부는 어린 아들 몫의 유산을 관리할 수 있는 권리가 있었고, 재혼하지 않으면 사망한 남편 몫의 자산을 상속받을 수 있었다.

또한, 송대 이후로 발달한 민간의 각종 사회경제적 관행과 이를 뒷받침하는 윤리적 규범들은 개인의 경제적 선택의 폭을 제한하는 기능을 하였다. 사회적 관행과 규범에서 벗어나는 것은 일반적으로 용납되지 않았으며, 그로 인하여 분쟁이 발생했을 때 지방관은 관행과 규범에 비추어 판결을 내렸다. 따라서 비록 전근대 중국에서 소유권에 대한 개념이 구체적으로 확립되어 있지 않았다고 하더라도, 개인 또는 집단이 행사할 수 있는 소유권에 대해서는 일정한 사회적 합의가 형성되어 있었다고 할 수 있다. 물론, 그 소유권의 개념과 범위는 근대 서구에서 발달한 소유권의 그것과는 엄연히 다른 것이었다.

비록 국가권력이 토지의 소유권을 명확히 규정하기 위하여 적극적으로 개입하지는 않았지만, 민간에서 발달한 다양한 거래 관행이나 계약 체결의 관행들이 토지 소유권을 명확하게 하는 데 기여했기 때문에 민간의 경제 질서는 비교적 안정적으로 작동될 수 있었다. 근대 소유권의 관점에서 보면 전근대 중국의 소유권이 매우 불분명한 것으로 보일 수 있지만, 실제 당시 중국 사회에서 소유권을 보유했던 당사자들에게는 비교적 명확한 것으로 인식되었던 것이다. 전근대 중국에서 소유권에 대한 법적·제도적 정의는 명확하지 않았지만, 수백 년에 걸쳐 형성된 사회적 관행과 규범의 작용으로 인하여 민간에서는 토지 자산에 대한 명확한 권리·의무 관계가 형성되었기 때문이다. 이러한 권리·의무 관계는 유럽에서 발달한 근대적 소유권의 개념과는 다른 것이었으며, 근대 이후의 여러 법적·사회적 변화 속에서도 강한 생명력을 보이며 그 형태를 이어갔다.

관행 이해의 중요성

사회 관행은 일종의 내적 질서로 사회집단 내에서 통용되는 규범적 관념 내지는 문화, 의식으로서, 한편으로는 법률적 제도의 영향과 구속을 받으면서도, 다른 한편으로는 오랜 시간에 걸쳐 형성되어온 역사적 관성에 의하여 그로부터 일정 정도의 독립성을 지닌다. 사회적 인간의 행위를 규제하는 것으로는 법과 제도의 규정을 통한 속박도 있지만, 법규로서 명문화되지 않은 사회 공동의 행위규범에 의해서도 인간의 행동은 속박을 당한다. 어떠한 사회적 관행이 어떤 시대 또는 사회에서 보편적으로 수용되면, 그러한 행위 방식은 일종의 사회적 규범으로서 기능하게 되기 때문이다.

따라서 이러한 사회 관행을 규명하는 것은 어떠한 사회나 시대를 이해할 때 매우 중요한 요소이다. 특히, 법규나 제도와 달리 국가권력의 개입에 의해 즉각적으로 소멸되거나 확산되지 않는다는 점에서, 사회 관행은 역사적 과거와 현실을 이해하는 중요한 연결고리가 된다. 오랜 기간에 걸쳐 사회 구성원들 사이에서 공유되어온 사회적 행위규범은 제도와 정책의 변화에 영향을 받으면서도, 동시에 형태를 달리하며 사회적으로나 문화적으로나 장기간 존속되는 경우가 많기 때문이다. 명(明)에서 청(淸)으로 왕조가 교체되어도 민간의 계약질서와 그로 인해 형성된 재산권은 계속 유지되었고, 민국 시기에 들어와서도 민간의 토지 거래 관행으로 형성된 재산권은 바뀌지 않았다.

그러한 의미에서 중국 사회의 토지 소유 관행을 이해하기 위해서는 근대 서구에서 비롯된 법적 개념에 중심을 두기보다는, 중국에서 오랜 시간에 걸쳐 형성되어온 민간의 사회 관행을 이해하는 것이 중요하다. 장기간에 걸쳐 토지 시장의 반복적인 작동 과정에서 형성된 관행은 중국 사회에서 일종의 사회적 규범으로서 준수되었기 때문이다. 전통사회에서 근대적 소유권 개념이 부재했다고 해서, 재산에 대한 주체 간의 권리·의무 관계 자체가 존재하지 않았던 것은 아니다.

한 사회의 사회적 관행은 사회 질서를 유지하기 위한 구성원들의 본능적인 동기에 의해서 형성되기도 하지만, 다른 한편으로는 인간의 자연적 본능과 무관하게 형성된 역사적 결과물로서의 측면도 갖고 있다. 소유권과 관련된 사회적 관행은 한편으로는 구성원들의 재산을 보호하기 위해서 상호 간에 자연적으로 형성된 행위규범이다. 하지만, 다른 한편으로는 재산 보호의 구체적인 범위나 내용은 한 사회의 역사적 발전과 변화에 따라서 규정되기 때문에 시대와 지역에 따라서 차이를 보이기 마련이다. 즉, 소유권을 둘러싼 사회적 관행은 기본적으로 소유를 향한 인간의 자연적 본능에 따라서 형성되는 자연적 산물이지만, 그 구체적인 내용과 형식은 다양한 요인의 상호작용으로 결정되기 때문에 역사적 산물이기도 한 것이다. 따라서 중국 사회에서의 소유권을 이해하기 위해서는 중국 사회의 다양한 관행에 대한 분석과 이해가 필요하다.

법적·제도적 변화로부터 일정한 독립성을 갖는 관행의 지속성을 고려할 때, 현대 중국 사회의 면면을 이해하는 데에 있어서도 근대 중국의 사회 관행을 분석하는 것은 매우 중요하다. 근대 중국은 서구 열강들에 의하여 강제적으로 세계체제에 편입되면서, 침략의 결과 또는 자체적 근대화의 수단으로서 서구의 다양한 문물을 흡수하였다. 서구의 문물은 근대화의 모델로서 도입되었고, '신중국(新中國)' 건설을 위한 분투의 과정에서 중국의 전통문화나 사회 관행은 부정되기도 하였다. 토지 소유를 둘러싼 여러 법률과 제도의 발전 과정 또한 마찬가지였다. 20세기 중국의 근대화 과정에서 국가권력 은 서구의 근대적 소유권 개념을 도입하면서 이를 법제화하였고, 이 과정에서 기존의 사회적 관행은 배제되기도 하였다.

하지만 근대적 소유권 개념에 기초한 제도가 사회적 마찰 없이 이 상적으로 적용되기 위해서는 법적 규제와 무관하게 사회 구성원들 이 근대적 소유권을 자연스럽게 수용하여 내면화해야 하는데, 이를 위해서는 서구 사회에서와 같은 근대적 시민사회의 형성이 전제되 어야 한다. 즉, 서구에서 근대적 소유권 개념이 등장한 사회적 배경 과 구조가 중국에서도 뒷받침되어야 근대적 의미의 소유권이 온전 히 뿌리 내릴 수 있다는 것이다. 이러한 이유에서 근대 중국에서는 근대적 소유권 개념이 제도적으로나 사회문화적으로나 정착되지 못 하였고, 이전 시대의 사회적 관행이 형태를 달리하며 근대 이후에도 계속해서 영향을 미치게 되었다. 중국 사회의 토지 소유 관행이 근 대에 들어와 어떻게 변화하고 지속되었는지 살펴보는 것은 현대 중 국의 토지제도나 소유제도를 이해하는 데에 있어서 매우 중요한 시 사점을 던져줄 것이다.

근대 중국의 사회 관행을 이해하는 것은 한편으로는 전근대 중국 사회의 역사 발전의 결과물로서 형성된 중국의 독자적인 사회 관행 이 근대에 들어와 어떠한 변화를 겪었는지 살펴보는 것임과 동시에 ('관행의 시간적 격차'), 서로 다른 발전경로를 거쳐 형성된 서구와 중국의 사회적 관행이 서로 접촉하고 충돌하는 과정에서 중국 사회 의 관행을 어떻게 변화시켰는지 살펴보는 것이기도 하다('관행의 지 역적 격차').

토지 소유권 분석의 개념적 도구

이 책의 1장과 2장에서는 근대 중국의 토지 소유권을 분석하기에 앞서서, 그 기초가 된 명·청 시대의 토지 소유권에 대하여 살펴볼 것이다. 20세기 전반기의 중국 사회에서 통용되던 토지 소유의 관행들은 대부분 명·청 시대에 완성된 사회 관행의 연장선 위에 있었다. 따라서 이 책에서는 명·청 시대의 토지 소유 관행들이 민국(民國) 시기에 들어와 어떻게 유지 또는 변화되었는지 살펴보는 방식으로 근대 중국의 토지 소유권과 사회 관행을 설명하고자 한다.

이에 앞서서 이 책에서 사용될 몇 가지 개념에 대해서 언급해 둘 필요가 있다. 위에서 언급했듯이, 중국 사회에서 형성되어온 토지 소유권의 내용을 근대적 소유권의 개념을 그대로 적용하여 설명하면 일정한 오류가 발생할 수밖에 없다. 그리하여 이 책에서는 가능한 한 중국 사회에서 통용되어왔던 개념들을 이용하여 중국적 토지 소유권의 내용을 서술할 것이다. 다만, 이 책에서는 전근대 중국 사회의 토지 소유 관행을 정리하는 것 이외에도, 토지 소유권의 근대화 과정에서 나타난 변화와 지속의 문제를 함께 다루기 때문에, 필요한 부분에서는 근대적 소유권과 관련된 몇 가지 개념들을 활용할 것이다.

(1) '소유권'과 '재산권', 그리고 '지권(地權)': '소유권(ownership)'이란 특정 재산에 대한 최종적인 권리와 그 귀속을 의미하며, '재산권(property rights)'은 '소유권'에서 파생되는 여러 권리의 집합체로서, 개념상의 외연은 '소유권'에 비하여 넓다. 일반적으로 중국 학계에서는 토지와 관련하여 중국 사회에서 형성된 다양한 권리들을 '지

권(地權)'이라는 개념으로 포괄하여 사용한다. '소유권'이라는 표현이 가져올 수 있는 오해를 방지하기 위하여 '토지에 대한 권리'라는 보다 광범위한 개념을 활용하는 것이다. 하지만 '지권'이라는 표현 자체가 한국어에서는 다소 어색한 개념이기 때문에, 이 책에서는 '소유권'과 '재산권'의 개념을 적절하게 사용하도록 할 것이다. 중국 사회에 존재했던 다양한 종류의 '지권'도 결국은 '소유권'에서 파생된 다양한 유형의 '재산권'을 가리키는 것이라고 볼 수 있다.

(2) '물권(物權)': '물권'은 특정한 재산을 배타적으로 지배할 수 있는 권리를 뜻하는데, 일반적으로는 '소유권'과 '물권'이 하나의 주체에 귀속된다. 하지만 '소유권'과 '물권'의 주체가 분리되어 '소유권자'와 '물권자'가 달라지는 경우도 발생하는데, 이때의 '물권'을 '타물권(他物權)'이라 하여, 소유권자와 물권자가 같은 경우의 '자물권(自物權)'과 구분한다. '물권'은 '용익물권(用益物權: 대상을 사용하여 수익을 획득할 수 있는 권리)'과 '담보물권(擔保物權: 대상을 담보로 활용할 수 있는 권리)'으로 구성된다. 즉, '타물권'이라 함은 타인의 소유물을 사용하여 수익을 획득하거나 담보로 활용할 수 있는 권리를 뜻한다. 전통시대의 중국에서는 국가와 민간사회에서 이러한 '타물권'을 관행적으로 보호하였으며, '전면(田面)'이 이러한 사례에 속한다. 한편, '사용권'이 단순히 대상을 사용할 수 있는 권리를 뜻한다면, '용익물권'은 대상을 사용하여 수익을 획득할 수 있는 권리로서, 조금 더 포괄적인 개념이라고 할 수 있다.

전통시대 중국에서 토지에 대한 '소유권'은 법률적으로 인정된 권리로서 국가의 장부에 등록되었으며, 소유권을 보유한 사람은 정기적으로 국가에 토지세를 납부하였다. 이때 '소유권'과 '물권'의 관계는 다음의 네 가지 경우로 나뉘었다.

① 토지의 소유권과 물권이 하나의 주체에 귀속되는 경우: 이 경우 토지 소유자는 '자물권'을 행사하게 된다. 일반적으로 소유자 본인이 토지를 직접 경작하거나 농업 노동자를 고용하여 토지를 경영한 경우가 이에 해당된다.

② 토지 소유권자가 물권의 일부를 타인에게 양도한 경우: 토지의 소유자가 본인이 직접 토지를 경영하지 않고 소작을 주는 경우가 이에 해당한다. 이때 소유권자는 토지의 사용권을 소작인에게 넘겨주게 되는데, 그 대가로 소유권자는 소작료를 받게 된다. 소유권자는 자물권의 일부인 용익물권을 정해진 기간 동안 소작인에게 양도하는 것이다.

③ 토지 소유권자가 물권 전부를 일시적으로 타인에게 양도한 경우: 토지 소유권자가 '전(典)'의 방식으로 토지에 대한 물권 전부를 일정 기간 타인에게 양도하는 경우이다. '전(典)'을 통하여 토지의 물권을 양도받은 사람은 정해진 기간 내에서는 토지에 대한 용익물권과 담보물권을 모두 보유하게 된다. 단, 물권을 양도해도 소유권자는 바뀌지 않기 때문에 소유권자는 계속해서 소유권을 보유하게 된다.

④ 토지 소유권자가 물권 전부를 타인에게 완전히 양도한 경우: 토지 소유권자가 '전면(田面)'에 대한 권리를 타인에게 양도한 경우가 이에 해당한다. 토지에 대한 권리가 '전저(田底)'와 '전면'으로 분리되면서, 소유권자는 법적 소유자로서 '전저'에 대한 권리만 갖게 되고, '전면'에 대한 권리를 갖게 되는 사람은 토지의 물권을 영구히 갖게 된다. 다만, 이때 토지에 대한 권리는 두 층위로 나뉘기 때문에,

소유권자는 토지에 대한 용익물권은 완전히 상실하게 되지만 '전저'에 대한 담보물권은 유지하게 된다. 반대로 '전면권'을 보유한 '전면주(田面主)'는 토지에 대한 소유권은 갖지 못하지만 완전한 용익물권을 갖게 되며, '전면'에 대한 담보물권도 갖게 된다.

  토지에 대한 권리가 소유권, 재산권, 용익물권, 담보물권 등 다양한 층위로 분리될 수 있었다는 점, 그리고 각각의 권리에 대해서 활매(活賣), 절매(絶賣),[6] 전(典), 저압(抵押)[7] 등 다양한 형식의 거래가 가능했다는 점에서, 근대 이전의 중국 사회에서는 토지의 권리를 둘러싼 거래가 매우 다양하고 활발하게 이루어졌다. 전국시대부터 수·당에 이르기까지 토지의 거래는 주로 소유권의 매매나 사용권의 임대차(소작)라는 두 가지 형식으로 이루어졌지만, 송대부터 소작과 매매 사이에 '전(典)'이라는 형식의 새로운 거래 형식이 등장하여 확산되었고, 명·청 시대에는 소작과 '전' 사이에 '압조(押租)'[8], 그리고 '전'과 '절매' 사이에 '활매(活賣)' 등의 거래 형식이 출현하였다. 특히, 청대에는 토지 지분에 대한 거래도 활발하게 이루어졌다.
  전근대 중국 사회에서 토지의 소유권과 재산권은 다양한 층위로

---

6) [활매(活賣)와 절매(絶賣)] '활매'는 판매자에게 나중에 토지를 되살 수 있는 권리를 인정하는 유형의 매매 방식이며, '절매'는 이를 인정하지 않는 유형의 매매이다. 자세한 내용은 2장을 참고할 것.

7) [전(典)과 저압(抵押)] '전'과 '저압'은 일종의 담보 거래에 해당된다. '전'은 토지 소유자가 채무를 상환할 때까지 토지의 물권을 채권자에게 양도하는 유형의 담보 거래이며, 이와 달리 '저압'은 채무자가 토지의 물권을 계속 유지하면서 채무를 상환하는 유형의 거래이다. 자세한 내용은 2장을 참고할 것.

8) [압조(押租)] '압조'는 지주가 소작인에게 보증금을 받고 토지를 임대하는 유형의 소작 거래이다. 자세한 내용은 1장을 참고할 것.

분할되어 거래 당사자 각자의 필요에 따라 합의된 형식을 활용하여 거래될 수 있었다. 하지만 근대 이전에 발전해온 중국의 이러한 토지 소유 관행은 근대 이후 서구의 법률 체계를 통해서 유입된 개념으로는 모두 포괄될 수 없었다. 근대화의 과정에서 도입된 토지 소유권의 법률적 개념들은 중국 사회에서 자체적으로 형성되어온 다양한 종류의 토지 소유 관행을 정확하게 반영할 수 없었기 때문이다.

이하 1장과 2장에서는 명·청 시대의 토지 소유 관행을 살펴봄으로써 근대 진입 시점의 중국 사회에서 토지 소유권이 어떠한 양상으로 통용되고 있었는지 살펴볼 것이다. 이후 3장부터 6장까지는 민국 시기의 토지 소유 관행들을 살펴봄으로써, 전근대 중국의 토지 소유 관행이 근대 중국에서 어떠한 형태로 변화 또는 유지되었는지 확인할 것이다. 마지막으로 7장과 에필로그에서는 1949년 이후의 토지 제도 변천사를 개괄적으로 정리함으로써 근대 중국의 토지 소유 관행이 현대 중국에 던지는 시사점을 찾아볼 것이다.

제 1 장

근대 이전의 소작제도와 '일전양주(一田兩主)' 관행

　전근대 중국의 토지 소유권과 관련하여 두드러지는 특징 가운데 하나가 바로 '일전양주(一田兩主)', 또는 '일전다주(一田多主)'[1]의 관행일 것이다. 그런데 명·청 시기를 거쳐 확대된 '일전양주'의 관행은 당시 소작제도의 발전과 밀접하게 연관되어 있었다. 따라서 소작제도에 대한 이해는 중국 사회에서의 토지 소유권의 중층성(重層性)을 이해하는 데에 있어서 매우 중요한 단서가 된다. 이 장에서는 명·청 시대의 소작 관행에 대해서 먼저 살펴본 뒤, '일전양주'의 관행에 대하여 정리할 것이다.

소작제도 발전의 추세

　중국에서 일반적인 지주-소작 관계는 토지의 사유가 발달하기 시작한 전국시대부터 나타나기 시작하였다. 이 시스템은 토지를 임

---

1) ['일전양주(一田兩主)'·'일전다주(一田多主)'] '일전양주'는 하나의 토지에 두 명의 주인이 있는 상황, '일전다주'는 하나의 토지에 여러 주인이 있는 상황을 나타내는 표현이다.

대하는 사람은 소작인이 납부한 소작료로 임대 수입을 획득하고, 소작인은 자신의 노동력과 자본을 투입하여 지주에게 납부한 소작료를 제외한 나머지 수입을 차지하는 방식이다. 초기에는 지주와 소작인 사이에 '인신예속(人身隷屬)의 관계'가 형성되어 지주가 소작인 개인과 토지 경영에 대해서 적극적으로 지배하였지만, 위·진 시대 이후로는 지주가 노동력을 제외한 생산수단을 제공하면 소작인은 노동력을 제공하는 방식의 '노동의존(勞動依存) 관계'가 형성되었다. 소작인에 대한 지주의 개별적 인신 지배는 약해졌지만, 소작인은 여전히 독립적으로 토지를 경영할 수 있는 자본이 없었기 때문에 여전히 지주에 대해서 의존적인 관계를 유지하였다.

하지만 송대부터는 소작인의 독립적 생산 능력이 향상되면서 지주와 소작인의 관계에 변화가 나타났다. 소작인이 지주가 제공하는 생산수단 없이도 독립적으로 토지를 경작할 수 있는 능력을 갖추게 되면서, 지주와 소작인의 관계가 계약관계로 바뀌기 시작한 것이다. 종종 혈연관계나 지연관계를 이용하여 지주와 소작인 사이의 의존적 관계를 유지하려는 노력이 이루어지기도 하였지만, 기본적으로 양자의 관계는 계약을 통하여 생산 자원을 교환하는 관계로 변모하였다.

이러한 추세는 명·청 시대에 더욱 확고하게 자리 잡았다. 명·청 시대에는 많은 소작농이 토지에 대한 노동력 및 자본 투입, 압금(押金)2) 지불, 토지 전입(典入)3) 등의 다양한 통로를 통하여 토지에 대

---

2) [압금(押金)] 소작 계약이 성립되는 시점에서 소작인이 지주에게 지불하는 금액으로, 소작료에 대한 일종의 보증금으로서의 의미를 갖는다.
3) [전입(典入)] '전(典)' 방식의 거래를 통하여 토지의 물권을 확보하는 행위를 말한다. '전'을 통하여 채권자는 채무자에게 자금을 제공하는 대가로 채무자의

한 물권을 획득하기까지 하였다. 이러한 과정을 통해 소작인들이 확보한 '전면(田面)'에 대한 권리는 단순한 사용권 이상의 물권으로서의 성격을 갖고 있었고, 이를 통해서 소작인들은 실질적인 유산자(有産者)가 될 수 있었다. 이러한 특징은 중세 유럽에서는 찾아볼 수 없는 중대한 차별점이었다.

명대 초기에는 국가가 토지 개간을 적극적으로 장려하면서 자작농의 비중이 상승하였고, 소작의 비중은 오히려 송대보다 낮았다. 게다가, 요역의 부담을 회피하기 위하여 농민들이 자신의 토지를 유력자의 명의로 올려놓고 그 노비가 되는 '투헌(投獻)'이 유행하면서, 대지주들은 노비를 활용하여 대토지를 직접 경영하기가 수월해졌다. 하지만 명대 후기에 일조편법(一條鞭法)[4]이 실시되면서 요역이 토지세에 합산되어 토지 면적에 따라 징수되었기 때문에, 농민들이 대지주에게 '투헌'하지 않고 토지를 팔기만 해도 요역을 피할 수 있게 되었다. 그 결과 대지주들도 노비를 확보하기 어려워졌고, 결과적으로 자신의 토지를 농민들에게 소작을 주는 경우가 많아졌다. 이에 따라 명대 후기로 접어들면서 전체적으로 소작의 비중이 높아졌다.

청대에 들어오면서 소작은 더욱 확산되었다. 청조에서 투헌을 엄격히 금지하면서 농민들이 투헌으로 요역을 피하기 어려워졌고, 특히 '지정탄입(地丁攤入)'[5]이 시행되어 정세(丁稅)가 사실상 폐지되

토지에 대한 용익물권과 담보물권을 일정 기간 확보할 수 있었다.

4) [일조편법(一條鞭法)] 명 만력(萬曆) 연간에 전국적으로 확대 실시된 조세제도로서, 그동안 따로 징수해왔던 토지세, 요역, 잡세 등을 하나의 항목으로 통합하여 소유지 면적에 따라 차등 부과한 제도이다.

5) [지정탄입(地丁攤入)] 청 초기에 별도로 부과되어왔던 토지세와 인두세를 하나로 통합한 조치이다. 강희(康熙) 연간에 1712년 이후로 늘어나는 인구에 대

면서 요역을 피하기 위한 투헌의 필요성 자체가 사라졌다. 게다가, 옹정(雍正) 5년(1727)에 천민(賤民) 해방이 이루어지면서, 노비를 이용한 경작이 성행했던 강남(江南)⁶⁾과 북부 지방의 대장원에서도 점차 소작제를 활용한 토지 경영이 확산되었다. 황실과 귀족의 장원, 또는 기인(旗人)들에게 분급되었던 기지(旗地)⁷⁾의 경영에서도 점차 소작제를 주로 채택하기에 이르렀다. 기지의 경우, 기인이 농사에 익숙하지 않아 원소유자인 한인(漢人) 농민에게 소작을 주어 경작시키거나, 다른 농민을 모집하여 소작을 주는 관행이 널리 나타났다. 이러한 소작관계는 모두 계약의 체결을 통하여 성립되었다.

지대(地代) 납부의 관행

중국에서 소작제도가 출현한 이후로 지대는 크게 두 가지 방식으로 납부되었다. 할당제는 수확물의 일정 비율을 소작료로 납부하는 방식이며, 정액제는 수확물의 양과 상관없이 해마다 일정한 양의 소작료를 납부하는 방식이었다. 할당제의 경우에는 관행적으로 수확물의 50% 수준에서 소작료가 정해졌는데, 지주가 토지 이외에 종자나 농기구, 소, 가옥 등을 제공하면 그 비율이 상승하기도 하였고,

---

해서는 인두세를 부과하지 않기로 하면서 지역별로 납부해야 하는 인두세가 고정되었는데, 이 인두세를 소유지 면적에 따라 토지세에 합산하여 부과한 것이다. 이와 같은 조세제도를 지정은제(地丁銀制)라 한다.

6) [강남(江南)] 단어 자체의 의미는 '창장(長江) 이남'이지만, 지리적으로는 주로 장강 하류 삼각주 일대의 비옥한 지대를 가리킨다.

7) [기지(旗地)] 청조의 팔기(八旗)에 속한 기인(旗人)들에게 지급된 토지이다. 산해관(山海關)을 통하여 중국 대륙을 정복한 만주족은 한족 농민들의 토지를 몰수하여 기지로 제공하였다.

반대로 소작인이 담보물이나 선금 등을 지불하면 그 비율이 줄어들기도 하였다. 지대 납부의 방식이나 규모는 지주가 일방적으로 결정할 수 없었으며, 지주와 소작인 쌍방의 협의를 통하여 결정되었다.

명·청 시기에도 정액제와 할당제가 병존하였다. 정액제에서는 소작료를 '고정된 액수'라는 의미에서 '경조(硬租)'라 하였으며, '경교불양(硬交不讓)', 즉 고정된 액수를 양보 없이 전액 소작료로 징수하는 것이 관행이었다. 한편, 할당제가 적용되는 경우에는 소작료의 비율이 이전 시대와 마찬가지로 약 50% 선에서 결정되었다. 이때 지주는 수확량을 직접 조사하여 감독한 뒤에 수확물을 배분해야 하였는데, 이를 '감분(監分)'이라고 하였다. 이러한 할당제는 대체로 1년 1모작이 시행되는 지역에서 많이 시행되었으며, 청 중기 이후로는 각지에서 할당제가 정액제로 대체되어가는 추세가 나타났다.

한편, 때로는 두 가지 요소가 혼합되기도 하였다. 평시에는 정액제를 적용하되, 자연재해나 특별한 상황으로 작황이 나빠지면 지주가 상황을 조사한 뒤에 할당제로 변경하여 지주와 소작인 쌍방이 수확물을 균분(均分)함으로써 소작인의 위험을 공동 부담하기도 하였다. 지주의 입장에서 정액제는 토지 경작의 결과에 대해서 크게 신경 쓸 필요 없이 안정적으로 일정한 수입을 확보하는 방식이었으며, 소작인의 입장에서는 생산의 동기를 부여하는 것이기도 하였지만 작황이 나쁠 때는 큰 부담으로 작용할 수 있었다. 위의 관행은 작황이 나빠졌을 때 소작인이 지게 되는 부담을 완화해주기 위한 것으로서, 지주가 위험 부담을 함께 지는 방식이었다.

특히, 이러한 관행은 명·청 시기에 강남지역에서 유행했던 '정조제(正租制)'를 낳았다. 정조제는 풍년일 때의 최고 생산량을 기준으로 삼아 그 50%에 해당하는 금액을 정액제 형태로 매년 납부하도록 하되, 해마다 실제 생산량을 측정하여 최고 생산량과 실제 생산량 사이의 격차를 계산하여, 그만큼을 소작료 액수에서 줄여주는 방식이었다. 지주는 해마다 수확량을 조사하여 최고 생산량에 미달하는 만큼의 수확량을 계산하여 그 비율만큼을 정조액(正租額)에서 감하였고, 이를 '양조(讓租)'라 하였다. 정조제를 택하는 경우에는 소작 또는 매매 계약서에 정조액을 기재하여 해당 토지의 생산력을 나타냈다. 정조제를 통해서 지주는 소작인에게 최고 수확량을 생산하도록 유도할 수 있는 측면이 있었으나, 실제로 지주가 정조액을 전액 수취하는 경우는 적었다. 매년 얼마간의 '양조'가 발생하는 것이 일반적이었으며, 평균적으로는 정조액의 약 70% 정도가 실제로 징수되었다.

명·청 시대에 지대는 대체로 할당제에서 정액제로 변화해가는 흐름을 보였다. 할당제의 '감분' 방식이나 정조제의 비중은 점차 감소한 반면, '경조'의 비중은 증가하였다. '경조'의 액수는 대체로 정조액의 약 60~70%에 해당되었는데, 이는 정조제에서 관행적으로 '양조'되었던 부분을 제외한 실제 징수액과 거의 비슷한 규모였다. 즉, 정조제 아래에서 실제로 징수되었던 만큼의 액수를 고정 소작료로 삼는 정액제가 정착되어간 것이다. 다만, 정액제 아래에서도 수확의 상황이 너무 나쁘면 지주가 '양조'해야 하는 것이 관행이기도 하였다. 따라서 정액제가 채택된 경우에도 지주들이 항상 소작료를 전액 수취할 수 있었던 것은 아니었다.

'압조(押租)'의 관행

'압조'는 전근대 중국 사회에서 남북의 구분 없이 비교적 보편적으로 존재하였다. '압조'는 소작 관행의 한 유형으로, 소작인이 지주에게 먼저 '압금(押金)'이라는 명목의 금전이나 실물을 지불하고 토지를 경작한 뒤, 나중에 소작이 끝날 때 이를 돌려받는 방식이었다. 압조는 원래 지주가 소작인의 소작료 체납['흠조(欠租)'] 또는 납부 거부['완전(頑佃)']에 대비하기 위하여 일종의 예방책으로서 사전에 보증금을 받는 관행이었다.

압금은 지역에 따라서 '진장례(進莊禮)'·'비경은(批耕銀)'·'비두은(批頭銀)'·'압전은(押佃銀)'·'정경은(頂耕銀)·'정수은(頂首銀)·'전전은(典佃銀)'·'정금(頂金)' 등 매우 다양한 명칭으로 불리었다. '진장례'라는 표현에서도 나타나듯이, 압조의 기원은 원래 새로운 소작인이 지주를 만날 때 선물을 주는 것에서 시작되었다. 이때 소작인이 건내는 예물은 소작권의 보장과는 아무런 관련이 없었지만, 시간이 지나면서 '진장례'는 소작권의 대가로서의 의미를 갖게 되었고, 결과적으로 소작인이 소작을 시작할 때 미리 지불하는 일종의 보증금으로 기능하게 되었다. 압조는 소작인이 금액을 지불하고 지주로부터 소작권(토지 사용권)을 획득하는 것으로서, 토지 소유자가 금액을 받고 토지 사용권을 소작인에게 이양하는 것이었다.

한편, 지역에 따라서는 소작인이 지불하는 압금에 대하여 이자를 계산하여 해마다 납부하는 소작료에서 그만큼을 삭감하는 '압구(押扣)'가 이루어지기도 하였다. 소작인이 먼저 압금을 선물로 지급하는 대신에 그 이자를 계산하여 차후에 납부할 소작료에 반영하는 방식이었다. 압금에 대한 이자를 계산하여 소작료에서 공제했다는 것은 소작인이 압금을 지불함으로써 토지 소유자의 수익권 중 일부를 확보하게 되었다는 것을 의미하였다. 압조의 관행이 발달하고 그 액수도 커지면서 결과적으로 토지 소유권의 분할이 확대된 것은 바로 이러한 과정을 통해서 이루어졌다.

　일반적으로 압금의 액수가 클수록 소작인이 매년 부담하는 소작료가 낮게 책정되었고, 압금의 액수가 적을수록 소작료는 높게 책정되었다. 이론적으로 압금의 액수가 계속 높아져서 압금에 대한 이자가 해마다 납부해야 하는 소작료와 같아지는 단계에 이르게 되면, 소작인은 지주에게 소작료를 납부하지 않아도 되었다. 이러한 소작인을 사천(四川) 지역에서는 '대전(大佃)'·'대압전(大押佃)'이라 불렀다. 이러한 상황에 이르면 압조제는 사실상 토지의 '전(典)'과 동일한 것이 되었다. 즉, '대전'이 지주의 토지를 '전입(典入)'하는 것과 마찬가지의 상황이 되는 것이며, 이때 소작 기간은 '전기(典期)'[8]와 같은 의미를 갖게 되었고, 압금은 곧 '전가(典價)'[9]와 같은 것이 되었다. 소작 기간이 종료되어 지주가 소작인에게 압금을 상환하게 되면, 압조로 인해 분할되었던 토지 소유권은 다시 하나로 합쳐졌다. 압조든 '전(典)'이든 토지의 법적 소유권에는 영향을 미치지 않았다.

소작권의 보장

　북송(北宋) 말기에 이르러 각 지역에서 장기 소작계약이 체결되기 시작하면서, 지주-소작인 관계가 안정되기 시작하였다. 심지어

---

8) [전기(典期)] '전' 방식의 거래에서는 채무의 상환 기간이 정해져 있었다. 이를 '전기'라 하며, 채권자는 '전기' 동안 토지에 대한 물권을 확보할 수 있었다. 일반적으로 '전기'가 끝났을 때 채무의 상환이 이루어지지 않으면 재차 연장되는 경우가 많았다.
9) [전가(典價)] '전'의 거래가 이루어질 때 채권자가 채무자에게 제공하는 금액을 말한다.

관립 학교의 토지인 학전(學田)의 경우에는 장기 소작계약을 체결한 소작인의 이름을 비석에 새겨놓기도 하였다. 그런데, 이와 같은 장기 소작계약이 확산되면서, 토지 소유권의 변경과 무관하게 소작권은 계속 유지되는 현상이 나타나기 시작하였다. 토지를 새로 매입한 사람이 기존에 토지를 경작하고 있었던 소작인에게 계속해서 토지를 소작하게 한다는 내용을 토지 매매문서에 분명하게 기재하는 경우가 많아졌다. 이러한 소작인을 '토지에 딸려오는 소작인'이라는 의미에서 '수전전객(隨田佃客)'이라 하였다.

명·청 시대가 되면 이러한 관행이 더욱 확산되어, 오늘날 '영전제(永佃制)'라고 불리는 방식의 소작 관행이 형성되었다. 이는 소작인에게 같은 토지를 영구적으로 계속해서 소작할 수 있는 권리를 인정해주는 관행이었다. 때로는 지주가 자신의 토지를 매입한 사람에게 기존의 소작인에게 계속해서 소작을 줄 것을 요구하고 이를 매매계약서에 기재하기도 하였지만, 계약서에 그러한 내용이 명확히 기재되어 있지 않더라도, 지주들은 일반적으로 사회 관행에 따라서 가능한 한 소작인을 바꾸지 않으려 하였다. 소작인은 지주에게 신분적으로 예속되어 있지 않았고, 지주도 소작인을 바꿀 수 있는 '철전(撤佃)'의 권리를 갖고 있었지만, 소작인의 경우에는 같은 토지를 장기적으로 경작하는 것이 유리하였고, 지주도 어차피 새로운 소작인을 찾아야 했기 때문에 가능한 한 사회적 관례에 따라서 소작인을 임의로 바꾸려 하지 않았다.

한편, 청대에 영전제가 발달한 것과 소작제도에서 정액제가 확산된 것 사이에는 밀접한 연관성이 있었다. 사실상 정액제 아래에서만 토지의 소유권과 사용권이 완전히 분리될 수 있었다. 정해진 액수의 지대만 고정적으로 납부함으로써 지주와 소작인이 서로 간섭하지 않을 수 있는 조건이 성립되었기 때문이다. 할당제에서는 소작료의 액수를 책정하기 위하여 지주가 '감분(監分)'하는 방식으로 토지의 경작에 대하여 어떤 형식으로든 개입할 수밖에 없었지만, 정액제에서는 지주가 개입하는 여지가 대폭 축소되었기 때문이다. 명·청 시대에 영전제와 정액제가 모두 남방에서 성행한 것은 우연의 일치가 아니었다. 영전제가 성행한 지역에서는 일반적으로 자작농의 비율이 낮고 소작인의 비율이 높지만, 영구소작권을 보유하고 있는 소작인의 경우에는 실제 생활 수준의 측면에서 자작농과 큰 차이가 없었다.

사실, '영전권(永佃權)'은 유럽에서 들어온 근대법의 개념이며, 전근대 중국에서는 물론 이러한 개념이나 표현이 존재하지 않았다. 민국 시기에 사용된 '영전(永佃)'이라는 개념은 청대까지만 하더라도 중국에서 사용되지 않았다. 유사한 개념으로 '영원히 소작할 수 있다'는 의미에서 '영원경전(永遠耕佃)'·'영원경종(永遠耕種)'·'영원경작(永遠耕作)'·'영원승경(永遠承耕)'·'영원위업(永遠爲業)' 등과 같은 표현은 사용되었지만, 청대까지 '영전(永佃)'이라는 표현은 사용되지 않았다. 그러한 의미에서는 명·청 시기 소작 관행의 한 유형을 '영전제'라는 개념으로 서술하는 것이 부적절할 수도 있다. 하지만 그렇다고 해서 명·청 시기에 영구 소작의 권리나 사실이 존재하지 않았던 것은 아니기 때문에 이 책에서는 영전제라는 표현을 계속 사용하겠다.

다양한 요인들이 장기적인 또는 영구적인 소작 관행의 출현에 영향을 미쳤다. 일반적으로 소작인이 황무지를 개간하거나 현존하는 농경지의 개량에 많은 노동력과 자금을 투입하면, 지주가 그 대가로 소작인에게 토지에 대한 일정한 권리를 나눠주었으며, 그것이 영구

소작의 권리를 인정해주는 방식으로 나타나기도 하였다. 또한, 보증금을 내고 소작계약을 체결하는 압조제(押租制)에서도 압금(押金)이 일종의 영구소작권 구입 대금의 성격을 갖게 되기도 하였다. 지주가 소작권을 박탈하기 위해서는 압금을 상환해주어야 했는데, 지주에게 그러한 여력이 없는 경우에 압금은 결과적으로 소작인이 영구소작권을 구입하기 위하여 지불한 대가가 되었다.

한편, 명대에 투헌(投獻)이 유행하면서, 토지를 기탁한 농민이 이후에도 계속해서 해당 토지를 영구적으로 사용할 수 있는 권리를 갖는다고 약정하는 경우가 많았는데, 이러한 과정을 통해서도 사실상의 영구소작권이 형성되었다. 아울러, 일부 노비들도 지주와 장기계약을 맺어 토지를 경작하였으며, 그 대가로 일정한 권리를 인정받을 수 있었다. 주인으로부터 얻은 토지 사용권과 가옥을 상속하거나 이를 갖고 분가(分家)하는 경우도 있었다. 청 옹정(雍正) 연간에 노비들은 천민 신분에서 해방되었지만, 그 뒤에도 이들은 계속해서 원래 경작하던 토지를 경작할 수 있는 권리를 보유하였다. 사실상 영구소작권을 갖고 있는 것이나 마찬가지였다.

위의 경우들이 기존의 소작인에게 영구 소작의 권리를 부여하는 방식이었다면, 이와 달리 토지 매매의 과정에서 원래의 토지 소유자에게 영구소작권을 인정해주기도 하였다. 송대 이후로 토지를 매매할 때 원래의 소유자에게 본인이 판매한 토지를 나중에 다시 사들일 수 있는 '회속(回贖)'의 권리를 인정해주는 '활매'의 관행이 있었는데, 토지 매매 이후에 원소유자가 소작인의 신분으로 해당 토지를 경작하면, 결과적으로 소작인에게 토지 소유권의 일부를 인정해주는 것과 유사한 상황이 되었다. 또한, '회속'의 권리를 인정하지 않는 '절매'의 경우에도, 매입자의 특별한 허락 아래 원소유자가 계속해서 원래의 토지에서 영원히 소작할 수 있는 권리를 갖기도 하였다.

그런데, 지주가 소작인에게 영구적인 소작권을 인정해주었다고 해서, 그것이 곧 소작인이 본인의 소작권을 자유롭게 처분할 수 있는 권리까지도 획득하게 되었다는 것을 의미하지는 않았다. 영구소작권은 말 그대로 소작인이 해당 토지를 영원히 소작할 수 있는 권리이며, 지주의 임의적인 결정으로 인하여 소작권을 박탈당하지 않는다는 것을 뜻한다. 원래 지주들은 일반적으로 소작인들이 토지의 경작권을 자유롭게 양도하는 것을 용인하지 않았다.

하지만, 시간이 흐르면서 소작인들 사이에서 몰래 불법적으로 소작권을 거래하는 관행이 확산되었고, 지주들도 이를 묵인하다가 결국에는 공개적으로 인정하기에 이르렀다. 소작권의 매매를 원 소작인의 입장에서는 '퇴(退)'라 칭하고, 새 소작인의 입장에서는 '정(頂)'이라 칭하였다. 토지의 매매와 비교해서 보면, '퇴'는 곧 판매(賣), 그리고 '정'은 곧 구매(買)에 해당하는 것이라 할 수 있다. 소작권이 또 다른 사람에게 재차 매매될 경우에는 앞에 '전(轉)'을 추가하여 '전퇴(轉退)', '전정(轉頂)'이라 칭하였다.

영구소작권의 자유로운 양도가 '향규(鄕規)'·'속례(俗例)'라는 이름의 사회 관행으로 정착되면서 일종의 '합법성'을 갖게 되었고, 결과적으로 소작인들이 갖고 있었던 토지의 영구 사용권은 하나의 물권으로서 토지에 대한 부분적 소유권으로 발전하게 되었다. 즉, 애초에 영구소작권이 인정되었을 때는 소작인에게 토지에 대한 사용권만이 주어졌지만, 시간이 흐르면서 이 사용권은 물권으로 확장되었던 것이다. 바로 이 지점에서 영구소작권은 '전면권(田面權)'으로 발전하였으며, 그에 따라 토지 소유권도 '전저권(田底權)'과 '전면권'으로 분리되었다. 이것이 가능했던 이유는 지주의 입장에서는 결국 소작인이 누구로 바뀌든 간에 약속된 소작료만 안정적으로 확보할 수 있으면 그만이었으므로 사회적 관행을 어기고 본인의 체면을 깎으면서까지 소작권의 양도에 개입할 이유가 없었기 때문이다.

요컨대, 영전제 형성의 초기 단계에서는 영구소작권이 특정 농가에만 귀속되어 타인에게 양도될 수 없는 사용권에 제한되는 것이었지만, 영전제 발전의 후기 단계에서는 일종의 물권으로 확대되어 결과적으로 토지 소유권의 분화를 촉발하였다. 그리고 이는 결과적으로 하나의 토지에 두 명의 주인이 있는 '일전양주(一田兩主)'의 상태를 초래하게 되었다.

토지 소유권의 분화: 전저(田底)와 전면(田面)의 분리

영구적인 소작권을 인정하는 관행이 발전하면서 점차 영구소작권의 자유로운 처분이 가능해졌고, 그럼으로써 영구소작권은 토지의 사용권에서 용익물권과 담보물권까지 포함하는 권리로 확대되었다. 그리하여 영구소작권을 보유한 소작인은 토지의 사용권뿐만 아니라 물권까지 확보하게 되었고, 결과적으로 토지 소유권은 두 개의 층위로 분할되었다. 토지에 대한 권리는 토지의 법적 소유자가 보유한 최종 소유권으로서의 '전저(田底)'와, 영구소작권을 보유한 소작인이 보유한 타물권으로서의 '전면(田面)'으로 분화되었다.

토지의 표면에 대한 권리를 의미하는 '전면' 또는 '전피(田皮)'라는 표현은 20세기 이전의 중국 사회에서 보편적으로 사용되었고, 이에 대응하는 개념으로는 '전저'와 '전근(田根)', '전골(田骨)' 등의 표현이 사용되었다. '전면'과 '전저'는 하나의 토지를 상층과 하층으로 나누어 상층에 대한 권리를 '전면'·'전피'로, 하층에 대한 권리를 '전저'·'전골' 등으로 분류하는 개념이었다. '전면'과 '전저'는 물리적으로 구분되는 공간의 개념은 아니었으며, 동일한 토지에 대해서 분화된 소유권을 개념화하기 위한 허구적인 공간 개념이었다. 하나의 토지에 대해서 전저권과 전면권이라는 서로 다른 범주의 권리를 보유한 사람들을 강남(江南) 지역에서는 '전저주(田底主)'와 '전면주(田面主)', 복건(福建) 일대에서는 '전근주(田根主)'·'대묘주(大苗主)'와 '소묘주(小苗主)' 등으로 구분하였다.

전면주는 전면권의 소유자이면서 동시에 소작인이었다. 전면주는 토지에 대한 소유권의 일부를 보유하고 있었기 때문에 해당 부분에 대하여 자유롭게 매매하거나 양도·상속할 수 있었다. 하지만 동시에 소작인이기도 했기 때문에 전저주에게 소작료를 납부해야 하는 의무를 지고 있었으며, 천재지변 등의 상황에서 전저주에게 소작료의 감면을 요구할 수 있는 권리도 갖고 있었다. 반대로 전저주는 전저권을 근거로 지주로서 전면주로부터 소작료를 징수할 권리를 보유하였으며, 그와 함께 국가에 토지세를 납부해야 하는 의무를 졌다. 토지세는 전저권에 대하여 부과된 것이었고, 소작료는 전면권에 대하여 부과된 것이었다.

전면주가 토지를 경작하여 수확한 후에 전저주에게 일정한 액수의 소작료를 지불한다는 점에서 양자의 관계는 일반적인 지주-소작인 관계와 별반 다르지 않았으나, 소작인이 토지를 경작할 수 있는 권리의 원천이 어디에서 비롯되었는가에 있어서는 큰 차이가 있었다. 전면권이 없는 소작인은 일반적으로 중개인의 소개를 통하여 지주에게 소작을 신청하였고, 이에 대하여 지주의 허가를 얻어야만 토지를 경작할 수 있었다. 이때 소작인은 소작료의 액수와 납부기한, 소작료 납부 의무 준수 등과 관련된 내용을 증명서로 작성하여 지주에게 제출하였다.

반면, 전면권이 설정되어 있는 토지를 소작하기 위해서는 먼저 기존의 소작인인 전면주와 교섭해야 하였다. 전면주와의 교섭에서 합의가 이루어진 뒤에야 전저주인 지주에게 가서 소작권을 인수하는 절차를 밟을 수 있었다. 이때 지주는 기존의 소작인과 새 소작인 사이에 이루어진 합의에 대하여 거부권을 행사할 수 없었다. 지주는 전면권의 양도 과정에 개입할 수가 없었으며, 소작료 납부자가 바뀌었다는 사실을 통보 받는 것이나 다름 없었다. 이때 새 소작인과 지주 사이에서는 별도의 계약을 체결하지 않은 채, 지주의 소작료 장부(收租簿)에 기입된 이름만 고치는 것으로 절차를 마무리하기도 하였다. 물론, 이와 반대로 토지를 매매할 때 관아에서 토지대장에 기재된 소유자의 명의를 바꾸는 절차를 거쳤던 것과 마찬가지로, 새 소작인과 지주 사이에서 '과호(過戶)' 또는 '과할(過割)'[10]이라 불리었던 절차를 밟기도 하였다.

전면주와 일반 소작인 사이에서는 경작권의 보호라는 측면에서도 큰 차이가 있었다. 전면권이 없는 일반 소작인은 안정적인 경작권을 확보하지 못하였으며, 지주가 토지를 직접 경작하거나 판매할 때, 또는 소작인이 소작료를 체납했을 때는 소작인의 경작권을 박탈('奪佃')할 수 있었다. 하지만, 소작인이 전면권을 갖고 있는 경우에는 전저주인 지주가 토지를 판매할 때도 경작권을 유지할 수 있었다.

---

10) ['과호(過戶)'·'과할(過割)'] 토지대장에 기재된 소유자 명의를 변경하는 행정적 절차를 의미한다. 명·청 시대에는 일반적으로 토지 거래와 함께 곧바로 소유자의 명의를 변경하지 않았고, 관아에서 주기적으로 토지대장을 일괄적으로 수정하였다. 이때 실소유자의 명의를 등기하는 것을 '과할'이라 하였다. 자세한 내용은 2장을 참고할 것.

기존의 전저주와 새로운 전저주 모두 전면주의 경작권을 인정해야
했으며, 새로운 전저주는 전면주로부터 소작료를 걷는 것 외에는 다
른 요구를 강제할 수 없었다.

물론, 전면주의 권리가 무제한적으로 보장된 것은 아니었다. 전면
주가 소작료를 체납한다고 하더라도 전저주는 원칙적으로 소작료를
추징하는 '추조(追租)'만 할 수 있고 그 경작권을 박탈할 수는 없었
지만, 체납된 소작료의 액수가 커져서 전면가(田面價)¹¹⁾에 상응하게
되면 전면권을 몰수할 수 있었다. 전면주가 아닌 일반 소작인의 경
우에는 소작료를 체납했다는 사실 자체가 지주가 소작권을 취소할
수 있는 근거가 되었지만, 전면주의 경우에는 소작료를 체납한다고
'탈전(奪佃)'을 당하는 것이 아니라, 체납한 액수가 반드시 전면가보
다 높아져야 경작권을 상실하였다. 이때 전저주는 전면권을 회수함
으로써 체납된 소작료의 피해를 보상받을 수 있었다.

전저권과 전면권을 각각 소유권과 사용권으로 구분하는 경우도
있지만, 엄밀한 의미에서 이는 잘못된 구분법이다. 일반적인 소작제
도가 토지의 소유권으로부터 사용권만을 분리해내는 것이라면, 전
면권은 토지의 소유권으로부터 물권이 분리되어 나온 것이라고 할
수 있다. 전면권은 토지에 대한 소유권을 제외한 물권을 획득함으로
써 형성되는 것으로서, 전면주는 토지를 자유롭게 지배하고 관리하
면서 그 수익과 손해에 대한 책임을 지었다. 전면권은 토지에 대한
용익물권과 담보물권 등의 재산권을 포함하고 있기 때문에 단순한
사용권이 아니라 타물권으로서의 의미를 내포하고 있으며, 그 권리
는 배타적으로 인정된다는 의미에서 하나의 독립된 권리에 해당된

---

11) [전면가(田面價)] 전면권의 시장 가격을 의미한다.

다. 전면주는 시장을 통해서 토지에 대한 물권을 자유롭게 판매하거나 임대할 수 있는 권리를 갖고 있었다.

이러한 점에서 전면권은 근대적 개념의 '영전권'과도 다른 개념이었다. 근대 유럽에서 들어온 영전권 개념은 말 그대로 '영원히 토지를 경작할 수 있는 권리'를 뜻하는 것으로서, 영구적인 토지 사용권을 의미하는 것이었다. 영전권을 가진 소작인도 지주로부터 임의로 쫓겨나지 않는다는 점에서는 전면주와 유사했지만, 그 권리의 범위라는 측면에서 영전권과 전면권은 매우 달랐다. 영전권은 토지의 사용권을 영구적으로 보장하는 것에 국한된 것이었다면, 전면권은 사용권을 넘어 수익권과 담보물권 등을 포함하는 포괄적인 타물권의 개념이었다. 영전권이 토지의 소유권과 사용권이 영구히 분리된 것이라면, 전면권은 토지 소유권의 일부가 분화되어 나온 것이라고 볼 수 있다. 그러한 의미에서 '일전양주' 관행에서의 전면권을 영전권이라는 개념과 동일시하는 것은 부적절하다.

근대적인 소유권은 소유 대상에 대한 전면적 지배권을 포함하지만, 일전양주의 시스템 아래에서는 전면권을 보유한 전면주와 전저권을 보유한 전저주가 각자의 권리에 대해서 상호 불간섭의 배타적 권리를 가졌다. 이는 하나의 완전한 토지 소유권이 전저권과 전면권이라는 두 층위의 권리로 분화된 것을 의미하였으며, 여기서 전면권은 하나의 독립적 재산권으로서 존재하였다. 일반적인 소작제도 아래에서는 소작인이 토지에 대한 재산권을 갖지 않았기 때문에 토지대장에도 소작인의 성명은 기재되지 않았다. 하지만, 전면권을 가진 전면주로서의 소작인의 이름은 토지대장에 기재되었는데, 이는 전면권을 일종의 재산권으로 간주하였기 때문에 전저주와 함께 전면주의 이름을 나란히 기입한 것이라고 볼 수 있다.

전저권은 토지의 법적 소유자에게 귀속되었고, 토지의 궁극적 소유권이 누구에게 있는가를 가리킨다는 점에서 근대적 의미의 소유권과도 일정 부분 상통한다. 하지만, 일종의 타물권으로서의 전면권이 분리되면서 완전한 의미에서의 소유권은 해체되었다. 전면권은 타물권으로서 소유권과는 다른 개념의 권리이다. 완전한 타물권으로서의 성격을 지닌 전면권에 대해서는 토지 소유자인 전저주가 임의로 그 권리의 행사를 방해할 수 없었고, 국가권력에서도 이를 보호하였다. 전면주가 소작료를 체납해도 전저주에 의하여 쫓겨나지 않았던 것도, 전면주가 하나의 완전한 토지 소유권으로부터 분화된 물권(전면권)을 보유하였기 때문이다. 체납액이 전면가와 같아져 전면권을 박탈당할 때에도 전저주는 전면주가 토지 가치의 상승에 기여한 만큼의 보상을 제공해야 하였다.

소작인이 독립적인 재산권으로서의 전면권을 획득한 뒤에는 '업주(業主)'인 전저주의 간섭 없이 전면권을 자유롭게 활용할 수 있었다. 본인이 토지를 직접 경작할 때는 토지 경작에 관한 제반 사항을 전저주의 간섭없이 자유롭게 결정할 수 있었으며, 본인이 직접 경작하지 않을 때는 타인에게 재차 소작을 주거나, 담보로 활용하여 차입을 하거나, 아예 전면권을 판매할 수도 있었다. 전면권을 제3자에게 판매할 때는 쌍방의 협상을 통해 가격을 결정하였다.

전면권은 일종의 독립된 재산권이었기 때문에 그에 대한 시장 가치가 형성되었고, 시장에서 가격을 지불하고 구입할 수도 있었다. 전저권과 전면권 각각에 대하여 독립적인 시장이 형성되었고, 전저권과 전면권의 시장 가격은 각각에 대한 시장의 수요 공급 상황에 따라서 결정되었다. 전면권을 제3자에게 판매할 때는 매매계약서를 작성하지 않고 별도의 명칭을 가진 계약서를 작성했는데, 안후이성

(安徽省) 남부 지역에서는 이를 '퇴소매전비(退小賣田批)'라 불렀다. 여기서 '비(批)'는 주로 소작계약서를 지칭하는 용어이며, 전면권을 판매할 때는 '매(賣)'가 아닌 '퇴(退)'라는 표현을 사용하였다.

한편, 전면권 개념의 등장은 추상적인 재산권 개념이 등장했다는 점에서 중국의 소유권 역사에서 하나의 큰 변화였다. 전면권은 토지와 그 수확물이라는 실물에 기초를 두고 있었지만, 전저권은 시간이 지날수록 점차 추상화되어 수많은 전저주들이 본인의 토지가 어디에 있는지도 모르는 상황에서 그 권리를 거래하기도 하였다. 국가권력의 주요 목적은 토지세 징수에 있었기 때문에 국가의 토지 행정도 주로 '업주'인 전저주를 기록하여 관리하는 것을 중심으로 이루어졌으며, 그로 인하여 전면주에 대해서는 엄밀하게 파악하지 않았다. 게다가, 일반적으로 전면권은 소작인들 사이에서 빈번하게 거래되었기 때문에 전저주는 전면주가 누구인지도 모르는 경우도 많았다. '업주'인 전저주와 소작인인 전면주 사이의 관계는 갈수록 형식적인 것이 되었다.

지주의 입장에서 보면, 영구소작권 및 전면권의 발전은 토지에 대한 지주의 권리가 점차 축소되어가는 과정이기도 하였다. 전면권이 발달하기 전에는 지주가 토지에 대한 사용권을 완전히 장악하며 토지의 경작에 대하여 소작인을 지휘할 수 있었다. 하지만 소작인들이 독립적인 재산권인 전면권을 취득하면서 토지의 사용권을 장악하게 되었고, 지주는 토지의 경작에 대해서 간섭할 수 없게 되었다. 게다가 소작권을 박탈할 수 있는 '철전(撤佃)'의 권리도 제한당하는 상황에서 지주는 토지의 사용권뿐만 아니라 수익권, 즉 소작료 징수권까지 침해당하기도 하였다. '철전'이 어려운 상황에서는 소작료를 징수할 수 있는 강제력이 사라졌기 때문이다. 그래서 전면권이 발달한 지역에서는 지주들이 수익권을 보호하기 위하여 외부의 강제력을 동원하여 소작료를 징수하였다. 주로 '조잔(租棧)'이라 불리었던 중개인을 두어 소작료를 대신 걷도록 하였는데, 이들은 왕왕 무뢰배들을 고용하여 소작인들을 위협하거나 지방의 서리들과 결탁하여 소작료를 강제 징수하였다. 전저주의 권리가 축소되어간 상황은 전저권과 전면권의 시장 가격 차이에서도 나타났다. 대부분의 경우 전면가(田面價)가 전저가(田底價)보다 높게 형성되었다.

'일전양주(一田兩主)' 관행의 형성 배경

이처럼 하나의 토지에 대하여 전저주와 전면주가 병존하게 되는 '일전양주'의 현상은 남송(南宋) 시기에 나타나기 시작하여, 명·청 시기를 지나며 하나의 사회 관행으로 자리를 잡게 되었다. 송대 이후로 개별 소농의 독립적 생산능력이 향상되었고, 명·청 시대에는 이러한 추세가 더욱 확대되어 소작인의 완전한 독립적 생산이 가능해졌다. 이러한 변화에 따라 남송 시기부터 토지 소유권의 분층화(分層化) 현상이 나타나기 시작했으며, 명·청 시기에는 농촌에서 인구가 크게 증가한 반면에 토지는 그만큼 증가하지 못하면서, '일전양주' 또는 '일전삼주(一田三主)'의 관행이 더욱 확산되었다. 이러한 관행은 특히 강남 지역과 남부 중국 일대에서 널리 나타났다.

명대의 소작계약서 양식에서는 '불한년월(不限年月: 기한에 제한을 두지 않는다)'이나 '영원경작(永遠耕作: 영원히 경작하도록 한다)'과 같은 표현들이 등장한다. 또한, 명대의 자료에는 동일한 토지에 대해서 '매가(買價)'와 '승가(承價)'라는 두 개의 가격이 책정되어 있었음이 확인된다. 일반적으로 지주는 토지를 구입한 가격인 '매가'

에 대한 권리만을 갖고 있었으며, '승가'는 소작인이 토지의 개량에 기여한 만큼의 가치를 금액으로 환산한 가격으로서 소작인에게 귀속되는 것이었다. '매가'와 '승가'는 따로 독립적으로 거래가 가능했는데, 이는 동일한 토지에 대한 소유권이 분화되었음을 의미한다. '매가'가 전저권에 대하여 책정된 '전저가'라면, '승가'는 전면권에 대하여 책정된 '전면가'인 것이다.

명 중기 이후로 일전양주의 관행은 쟝쑤(江蘇)·푸젠(福建)·안후이(安徽) 등 남동 지역에서 유행하기 시작하여, 청대와 민국 시기에 이르러서는 남부 중국에서 광범위하게 나타났다. 일전양주 관행이 청대 이후 전국 대부분의 성(省)으로 확대되었다는 관점도 있으나, 민국 시기의 농촌조사 자료들을 살펴보면, 주로 남부에서 많이 시행되었던 것으로 보인다.

'일전양주'의 관행이 형성된 배경에는 여러 가지 사회경제적 요인이 작용하였는데, 소작인에게 전면권이 부여된 가장 일반적인 경우는 소작인이 토지 개간에 참여했을 때 그 공헌한 바를 인정하여 토지에 대한 일정한 권리를 부여하는 경우였다. 새로운 황무지의 개간이 이루어질 때 농민들이 지주에게 약간의 자금을 지불하거나 스스로 장비를 조달하여 토지를 개간하면, 투입된 자본에 상응하는 만큼의 권리를 획득할 수 있었다. 황무지나 미개간지가 많지만 지주가 노동력이나 자금이 부족하여 직접 토지를 개간할 수 없을 때, 부득이하게 소작인에게 영구소작권을 허락하는 방식으로 개간자를 모집하기도 하였다. 소작인들은 본인의 노동력과 자본을 투입하여 토지를 개간함으로써 발생한 토지 가치의 상승 부분에 대한 권리를 영구소작권의 형태로 획득한 것이다. 푸젠에서는 전면권을 '배전(賠田)'이라 불렀는데, 이는 토지의 개량에 기여한 농민들에게 보상을 한다는 의미로서, 소작인들이 토지 가치의 상승에 기여한 것에 대하여 지주에게 토지에 대한 장기 사용권을 요구하는 과정에서 전면권이 발생했음을 잘 보여준다.

하지만 지주가 소작인에게 영구소작권을 부여했다고 해서, 그것이 곧 소작인에게 물권으로서의 전면권을 부여한 것이라고 볼 수는 없었다. 원칙적으로 보면, 소작인이 토지 개간에 투입한 비용을 지주가 보상하면 소작인의 특수한 권리도 사라지게 된다. 토지 개간 후 몇 년 동안은 소작료를 받지 않는 경우도 많았기 때문에, 이 기간에 면제된 소작료를 토지 개간에 투입된 비용에 대한 보상으로 간주할 수도 있었다. 이러한 방식을 통하여 토지를 개간한 소작인에 대한 보상이 이루어지면, 양자의 관계는 일반적인 지주와 소작인의 관계로 전환되기도 하였다.

그런데 어차피 개간된 토지를 계속해서 소작을 주어야 하는 지주의 입장에서는 굳이 추가 비용을 들여 소작인의 토지 개간 비용을 보상하여 영구소작권을 회수할 필요가 없었다. 토지를 개간한 소작인에게 보상을 해서 토지에 대한 온전한 권리를 회복한다고 하더라도, 어차피 새로운 소작인을 찾아 토지를 경작하게 해야 하기 때문에, 지주의 입장에서는 추가적인 비용을 들이지 않고 현상을 유지하면서 소작인의 경작권을 계속 인정해주는 것이 더 합리적이었기 때문이다. 이 경우 소작인은 토지를 개간한 대가로 확보한 권리를 제3자에게 양도함으로써 자신이 투입한 비용을 보상받을 수도 있었고, 이것이 가능해지면서 토지 개간의 대가로 받은 영구소작권은 물권으로서의 속성을 갖게 되었다. 이러한 방식을 통하여 지주는 토지 경영에 대한 통제권을 포기하는 대가로 토지 개간에 투입된 비용의 상환을 계속 연장할 수 있었고, 소작인은 자신이 투입한 비용을 새로운 소작인을 통하여 회수할 수 있었다. 새로운 소작인은 또 다음의 소작인으로부터 자신이 지불한 비용을 회수하는 것이 가능하였다. 이러한 과정에서 영구소작권은 전면권으로 발전하게 되었다.

한편, 이미 개간된 토지라 하더라도 소작인들이 오랜 기간에 걸쳐 노동력과 자본을 투입하여 지질을 개선하거나 수리 시설을 개선하는 등의 방식을 통하여 토지의 가치를 상승시켰을 때도 소작농의 기여분을 인정하여 토지에 대한 물권(전면권)을 부여하기도 하였다. 이 경우에 소작인들은 황무지 개간에 대한 대가가 인정되듯이 본인들이 토지 가치의 상승에 기여한 것에 대한 대가를 요구하였고, 민간에서는 이를 '구전성업(久佃成業: 오랜 기간 소작을 하면서 재산이 되었다)'이라 표현하였다. 이때 소작인들이 토지 가치 상승에 투자한 자본을 '분토은(糞土銀)'이라 불렀다. 결과적으로 소작인은 '분토은'을 지불하고 토지의 전면권을 획득하였던 것이다. 특히, 동남 지역의 각 성(省)에서는 많은 지주들이 사람들을 동원하여 수리 시설을 건설하였는데, 이때 작업에 참여한 농민들도 지주로부터 일부 토지에 대한 전면권을 제공받았다. 이러한 관계는 국가와 농민 사이에서도 형성되었으며, 국유 황무지를 개간할 때 농민들이 토지 개간의 조건으로 전면권을 요구하기도 하였다.

상대적으로 토지가 적고 인구가 많은 지역에서는 토지가 부족한 농민들이 지주에게 일정한 비용을 지불하고 소작권을 획득하면서 토지 소유권의 분할이 이루어지기도 하였다. 압조제 역시 이러한 맥락에서 이해할 수 있는데, 농민들이 지주의 토지를 소작할 때 압금을 미리 선불로 납부하면, 지주에게 제공된 이 금액은 지주의 입장에서는 소작료에 대한 보증금이었지만, 소작인의 입장에서는 자신이 획득한 경작권에 대한 대가이기도 하였다. 이는 곧 소작인들이 지주에게 압금을 지불하고 일정한 기간 동안의 토지 사용권을 획득한 경우로서, 소작인이 압금을 지불하면 지주들은 압금을 상환하지 않는 이상 소작인을 임의로 축출할 수 없었다. 압조제 아래에서는 소작인이 소작료를 체불하지 않으면 소작권을 취소하지 않았기 때문에 장기간의 소작이 이루어지면서 자연스럽게 소작인에게 전면권이 인정되기도 하였다.

압조제는 소작 관행의 한 유형으로, 원래 영구소작권이나 전면권과는 무관하였다. 원래 지주와 소작인은 계약을 체결하여 맺어진 관계로서, 쌍방이 모두 계약을 해지할 수 있는 권리를 가졌다. 지주가 소작인으로부터 압금을 받고 영구소작권을 인정했다고 하더라도, 원칙적으로 그 권리는 당사자에게만 국한되는 것으로서 타인에게 양도할 수 없는 것이었다. 하지만 시간이 지나면서 압금의 액수가 높아지고 지주의 입장에서도 압금을 상환하기 어려워지면서, 결과적으로는 지주가 현실적으로 소작권을 회수하지 못하는 상황에 이르렀다. 소작인이 소작료를 압금의 액수 이상으로 체납하지만 않으면, 사실상 영원히 소작권을 유지할 수 있었다.

만약에 소작인이 계약을 해지하고 압금을 돌려받고 싶은데 지주가 압금을 돌려줄 수 없는 상황이 되면, 이때 가능한 해법은 소작인이 자신을 대체할 다른 소작인을 직접 찾아서 새로운 소작인으로부터 자신이 지주에게 지불했던 압금을 대신 받고 소작권을 넘겨주는 것이었다. 이러한 방식이 하나의 관행으로 정착되면서 소작권의 양도에 대한 지주의 동의 여부는 무의미해졌고, 압금을 내고 사실상 영구소작권을 보유하고 있었던 소작인들은 그 권리를 자유롭게 상속하거나 매매, 양도할 수 있게 되었다. 이 경우에도 원래는 경작권(사용권)이었던 소작인의 권리가 타물권으로 확대되어 전면권이 되었던 것이다. 지주는 토지를 제3자에게 판매할 때도 압금을 지불한 소작인의 경작권을 보장해야 하였으며, 새로운 지주 역시 기존의 소작인이 갖고 있는 경작권을 인정해야 하였다. 결과적으로 지주는 압금을 받고 소작인에게 전면권을 양도하는 셈이 되었다.

한편, 소작인의 권리에 대한 보상이라는 맥락과는 다른 측면에서, 지주의 필요에 따라 전저권과 전면권이 분화되기도 하였다. 먼저, 지주가 채무를 변제하기 위하여 토지의 소유권(전저권)을 채권자에게 양도하면서 자신은 경작권(전면권)만 유지하는 경우도 있었다. 채무자는 채권자에게 전저권을 양도하되 전면권은 보유함으로써 토지를 계속 경작할 수 있었고, 채권자(전저주)에게 소작료를 납부하는 대가로 토지로부터 계속 노동 수입을 획득할 수 있었다. 이 경우 원래의 지주는 채무를 변제하기 위하여 채권자에게 전저권을 양도하였고, 대신에 자신은 소작인이 되어 전면권을 보유하면서 토지를 경작하였던 것이다. 이 과정에서 원래 통합되어 있었던 토지의 소유권이 전저권과 전면권으로 분화되었다.

지주들이 부역(賦役)의 부담을 회피하기 위하여 토지의 권리 일부를 매도함으로써 일전양주의 현상이 발생하기도 하였다. 지주가 납세의 부담을 줄이기 위하여 토지 수익권의 일부로서 전저권을 타인에게 판매하면, 새로운 전저주가 된 매입자는 이제는 전면주가 된 과거의 지주를 대신하여 조세를 납부하는 대신에 옛 지주인 전면주로부터 소작료를 징수하였다.

또한, 송대 이후로 토지의 전(典) 거래가 확산되면서 지주들 중에서는 토지를 전출(典出)하면서 전입자(典入者)에게 본인을 소작인으로 삼아달라고 요구하는 경우도 많았다. 이를 '취행전임(就行佃賃)'이라 표현했는데, 이때 원 소유자는 회속(回贖)이 가능한 전기

(典期) 동안에는 계속해서 원래의 토지를 소작할 수 있었다. 경우에 따라서는 토지를 절매(絶賣)할 때도 원래의 소유자가 새 소유자에게 소작권을 요구하기도 하였다. 명대에 농민들이 부호들에게 '투헌'하면서 경작권을 확보했던 것도 이와 유사한 맥락에서 가능하였다.

도시에 거주하는 부재지주의 경우에는 본인 소유의 토지로부터 멀리 떨어져 있었기 때문에 직접 토지를 관리하거나 소작료를 걷기가 어려웠으며, 이에 따라 소작인에게 토지에 대한 물권을 양도함으로써 전면권을 부여하기도 하였다. 특히 강남 지역에서는 부재지주와 소작인 사이에 서로 전혀 알지 못하는 경우도 많았기 때문에, 통상 조잔(租棧) 등의 중개인을 두어 소작료를 징수하였다.

마지막으로, 집단 또는 기관 소유의 토지도 많은 경우에 그 물권이 경작자에게 양도되었다. 사묘전(寺廟田)과 족전(族田), 학전(學田) 등의 토지는 특정 개인이 아닌 집단이나 기관의 소유지였는데, 소유자가 직접 토지를 경작할 수는 없었기 때문에 실제 경작은 소작인에게 영구소작권을 주는 방식으로 이루어지는 경우가 많았다. 이때 소작인은 소작료만 체납하지 않으면 소작권이 계속 유지되었기 때문에 소작권이 장기간 지속되었고, 결과적으로는 토지 사용권이 타물권(전면권)으로 확대되기도 하였다.

전면권(田面權)의 거래

'일전양주'의 관행 아래에서는 하나의 토지에 대한 소유권이 전저권과 전면권으로 분화되어 각각의 권리를 향유하는 주체가 따로 존재하였다. 전면주는 비록 전저주에게 소작료를 내야 하는 의무를 지고 있었지만, 전저권과 전면권은 모두 각각 독립적으로 매매와 상속,

임대, 저당 등이 가능하였다. 전면주는 형식상 소작인이기는 하였지만, 자신이 보유한 전면권을 자유롭게 사용하거나 처분할 수 있었다. 만약에 제3의 농민이 기존의 소작인인 전면주를 대신하여 해당 토지를 경작하고 싶은 의향이 있다면, 반드시 먼저 전면주와 상의하여 전면가를 지불해야 하였으며, 전저주인 지주에게는 통보하기만 하면 되었다. 그만큼 전면권은 전저주와 무관한 전면주의 배타적인 권리였다.

늦어도 청대에 이르면 여러 지역에서 농민들 사이에서 전면권을 매매하는 거래가 널리 행해졌다. 전면주는 해당 토지의 전면권을 자유롭게 매매하거나 양도할 수 있었고, 전면권을 매입하는 데 필요한 돈만 있으면 누구나 시장을 통해서 전면권을 구입하여 자신의 재산으로 삼을 수 있었다. 특히, 전면권을 구입하는 것이 토지 소유권 전체를 구입하는 것보다 비용이 적게 들었기 때문에, 소득이 적은 농민들의 입장에서는 재산을 일구는데 있어서 하나의 중요한 수단이 될 수 있었다.

명·청 시대에 토지 거래가 발달하고 전저권과 전면권이 분화되면서, 토지 시장에서의 거래 행위는 더욱 더 복잡한 양상을 보이게 되었다. 상이한 종류의 거래에 따라 사용된 계약서의 형식에서도 일정한 차이가 나타나기도 하였다. 전저권과 전면권이 분화되지 않은 온전한 형태의 소유권이 보존되어 있는 '전업(全業)' 토지를 매매할 때는 계약서에 전저와 전면에 대한 별도의 언급이 기재되지 않았지만, 전저권이나 전면권의 거래가 이루어질 때는 이와 관련된 구체적인 내용이 표시되었다. 전면권은 보류한 채 전저권만 판매할 경우에는, "위의 전골을 계약을 체결하여 ×××라는 사람에게 판매한다(將前項田骨立契出賣與×××名下)" 등과 같은 문구를 통하여 해당 거래가 전저권의 거래에 국한됨을 분명히 나타냈다. 반대로 전저권은 보류한 채 전면권만 판매할 경우에는 계약서 자체를 '매계(賣契)'라 칭하지 않고 '퇴전계(退田契)' 또는 '퇴계(退契)'라 칭하였다. 전면권을 양도하는 사람은 '출퇴인(出退人)', 구입하는 사람은 '수퇴인(受退人)'으로 표기하였으며, 전저권을 보유하고 있는 사람은 '대매방(大賣方)'으로 구분하였다. 전저주인 '대매방'은 전면권의 거래에 대해서 어떠한 영향력도 행사할 수 없었으며, 일반적인 상황에서는 퇴계에서 아예 언급되지도 않았다.

전면권을 매도하는 '출퇴인'은 퇴계에 해당 전면권을 획득하게 된 연원을 '자치(自置: 직접 확보)', '자퇴(自退: 구매)', '승조유수(承祖遺受: 선조로부터 상속)', '승부유수(承父遺受: 부친으로부터 상속)' 등과 같은 방식으로 명기해야 하였다. 아울러, 해당 전면권이 온전한 것임을 확인하기 위하여 '미증출전(未曾出典: 出典한 적 없음)' 또는 '무중복교역(無重複交易: 이중으로 거래한 적 없음)' 등의 내용을 기재해야 하였다. 일반적인 매계에서는 해당 매매가 절매(絶賣)인지 활매(活賣)인지, 활매인 경우에 회속(回贖) 기한이 언제인지 등을 명기하는 것이 중요했지만, 퇴계는 대부분 절매에 해당되었기 때문에 이 문제는 부차적인 것이었다. 간혹 전면권의 활매가 이루어지기도 했는데, 이 경우에는 관례적으로 12년 정도의 회속기한이 인정되었으며, 이 기한이 지나면 절매로 전환되는 것으로 간주되었다.

일반적으로 전면권의 매매 절차는 소유권의 매매 절차보다 훨씬 더 간편하였다. 중국의 역대 국가권력은 세원을 확보하기 위하여 사유 토지에 대한 등기를 중시했는데, 토지에 대한 관리는 명·청 시대에 들어와 더욱 체계화되고 엄밀해졌다. 전저주는 납세의 의무를 지고 있었기 때문에 국가권력의 입장에서는 이들을 '전업(全業)' 업주를 관리하는 것과 똑같은 방식으로 관리할 필요가 있었다. '전업' 또는 전저권의 양도가 이루어질 때는 원 업주가 부담하던 납세의 의무를 새로운 업주가 승계해야 했기 때문에 토지대장의 내용을 변경하여 소유권의 이전을 명시하는 행정 절차를 밟아야 했으며, 이 절차를 거치는 것을 '과할(過割)'이라 하였다. '과할'은 수시로 이루어지는 것이 아니라, 주기적으로 새로운 부역황책(賦役黃冊)을 작성할 때 이루어졌다. 새로운 부역황책에는 그동안의 변경된 토지 소유 현황이 반영되었다. 각 농가별로 그동안 판매된 토지는 '개제(開除)' 항목에, 매입된 토지는 '신수(新收)' 항목에 기재되었다. 전저권의 양도가 발생한 때에는 매입자측에서 토지 가격의 3%에 해당하는 계세(契稅)를 관아에 납부해야 하였다.

반면에 전면권은 과세의 대상이 되는 자산이 아니었기 때문에 국가권력 또한 토지대장을 통하여 엄밀하게 관리할 필요가 없었다. 전면주는 납세의 의무를 부담하지 않았기 때문에 전면권의 양도 절차에 대해서 복잡한 규제가 가해지지 않았으며, 매매 쌍방이 계약서를 작성하여 서로 합의하기만 하면 곧바로 권리의 양도 절차가 마무리되었고, 별도의 계세를 납부할 필요도 없었다.

한편, 이론적으로 전저권과 전면권의 시장 가격을 합한 것이 해당 토지에 대한 완전한 소유권, 즉 '전업(全業)'의 가치라고 할 수 있다. 다만, 전저권과 전면권의 거래는 별도의 토지시장에서 개별적으로 이루어졌기 때문에 전저가와 전면가 사이에는 아무런 연관관계가 형성되지 않았다. 대체로 많은 경우에 전면가가 전저가보다 높게 형성되었으며, 일반적으로 강남 지역에서는 대체로 전면가가 토지 가격의 2/3, 전저가가 나머지 1/3 정도에 해당되었다. 전면권을 거래할 때는 거래 시점에 따라서 그 가치가 달라졌다. 전면권을 거래할 때 수확이 끝난 토지는 '광판전(光板田)' 또는 '공전(空田)'이라 불리었고, 파종된 뒤에 아직 농작물이 자라고 있는 토지는 '청묘전(靑苗田)'이라 불리었다. 당연히 후자의 경우에 전면가는 더욱 높게 책정되었다.

전면권의 임대

전면주가 토지를 직접 경작하거나 타인에게 양도하지 않을 때는 다른 농민에게 다시 소작을 줄 수도 있었는데, 이를 '전조(轉租)' 또는 '전전(轉佃)'이라 하였다. 소작인이 토지의 사용권만을 갖고 있다면 자신의 사용권을 타인에게 임대하여 수익을 얻는 전조가 원칙적으로 불가능하지만, 전면주는 용익물권을 갖고 있었기 때문에 토지의 사용권을 이용하여 수익을 얻는 것이 가능하였다. 이때 전면주는 자신이 보유한 용익물권 중에서 사용권을 제3자에게 임대함으로써 전조가 이루어졌다.

전조가 이루어지면 하나의 토지에 대해서 소작료를 받는 사람이 2명이 되는데, 이때 토지의 업주인 전저주가 받는 소작료를 '대조(大租)'라 하고, 전면주가 받는 소작료를 '소조(小租)'라 하였다. 소작인은 전저주와 전면주 모두에게 소작료를 납부하게 되는데, '대조'는 '지조(地租)'·'정조(正租)'·'업주조(業主租)'라고도 하였고, '소조'는 '전조(佃租)'·'전주조(佃主租)'로 불리기도 하였다.

이때 전저주는 '대조주(大租主)'가 되었고, 전면주는 '이지주(二地主)' 또는 '소조주(小租主)', '배주(賠主)'가 되었다. 소조주인 전면주가 소작인으로부터 받는 소조의 액수는 전면주와 소작인 사이의 협의를 통하여 결정되었으며, 전저주인 대조주가 받는 대조와 무관하

70

게 산정되었다. 전저주에게 지급하는 소작료('대조')가 일반적인 소작료보다 많이 낮았을 때에만 전면주는 전조를 통해 소작료('소조')로 이득을 얻을 수 있었다. 소작인의 입장에서는 자신이 부담해야 하는 대조와 소조의 금액을 합한 액수가 다른 일반적인 경우의 소작료보다 적거나 같을 때에만 전조에 응하는 것이 합리적이었기 때문이다.

전저주의 수입인 대조의 액수는 통상적으로 고정되어 있었고, 오랜 시간이 지나도 변경되지 않는 것이 관행이었다. '일전양주'의 소유 구조는 주로 정액제의 소작 관행에서 형성되었기 때문에 업주로서 전저주가 받는 소작료는 고정된 액수인 경우가 많았다. 반면에 전면주의 수입은 수확된 농작물, 즉 실물에 의존하였기 때문에 변동의 폭이 상대적으로 큰 편이었다. 전면주는 본인이 직접 농사를 지어 실물을 수입으로 확보하거나, 제3자를 소작인으로 삼아 소조를 획득할 수도 있었다. 대조의 액수는 고정되어 있었기 때문에 시세를 반영할 수 없었을 뿐만 아니라, 흉작이나 소작인의 저항 등의 문제로 인하여 그마저도 늘 온전히 확보할 수 있는 것이 아니었다. 하지만 사회 질서가 안정된 상황에서 농업 생산이 발달하면 전면주의 수입은 증가하기 마련이었고, 그에 따라 전면주가 전조를 할 경우에 받게 되는 소조의 액수도 높아졌다. 이러한 차이는 결국 토지 시장에서 전면권의 가격이 전저권의 가격보다 높아지는 결과를 가져왔다. 그리하여 자금이 필요한 지주들이 전면권은 유지하면서 전저권만 판매하기도 하였다. 업주에서 소작인으로 전락함에도 불구하고, 그 방법이 더 많은 이득을 가져다주었기 때문이다.

그러나 전쟁이나 대규모 자연 재해 등으로 인하여 사회가 불안정한 상황이 도래하면, 전면권의 시장 가격은 하락했지만 전저권의 가격은 상대적으로 안정되었다. 업주 또는 전저주의 소유권은 등기를 통하여 법적으로 확립되어 있었기 때문에, 전저주는 사회 혼란이 종식된 다음에 고향으로 돌아가도 얼마든지 권리를 되찾을 수 있었다. 하지만 전면권의 거래는 법적으로 확인된 것이 아니라 민간의 계약 관행을 통하여 이루어진 것이었기 때문에 법률적으로 그 권리를 보호받지 못하였다. 따라서 전란이 지난 뒤에 전면주가 자신의 권리를 과연 온전히 되찾을 수 있는가는 미지수였던 것이다. 이러한 상황은 사회 질서가 혼란스러워졌을 때 전면가가 하락한 반면에 전저가는 안정적으로 유지될 수 있었던 배경이 되었다.

한편, 전조가 이루어졌을 때 소작료를 받는 사람은 전저주와 전면주 외에도 더 있을 수 있었다. 위에서 설명했듯이, 전저권을 보유한 업주는 대조를 수취하였고, 전면권을 보유한 전면주는 소조를 수취하였다. 그런데, 여기에 소작인이 다른 사람으로부터 수리 시설이나 소를 빌려서 토지를 경작했다면, 수리시설과 소의 주인도 각자 '수조(水租)'와 '우조(牛租)'를 받을 수 있었다. 토지의 실제 경작자인 소작인은 위의 여러 비용을 제외한 나머지 수확물을 차지하였다. 수확물에 대한 지분은 각각의 주체들이 투자한 자본의 규모에 따라 정해졌다.

'일전다주(一田多主)'의 다른 형식: 공동 경작 및 소유의 관행

근대 중국의 '합과(合夥)' 기업과 마찬가지로, 토지의 경작에서도 합과의 관행이 존재하였다. 일반적으로 토지를 여러 사람이 공동으로 소작하는 것을 '합업(合業)'·'공업(共業)'·'과전(夥佃)'·'공전(共佃)' 등이라 하였는데, 이때 합과에 참여하는 주체들은 계약을 체결하여 공동으로 토지 경작에 필요한 자금과 노동력을 출자하였다. 이들은 토지 경작에서 발생하는 수익과 손해를 함께 분담하면서 채무에 대해서도 무한의 연대 책임을 지었다. 토지의 경작에서 나오는 수입은 개인이 출자한 자본과 노동력에 따라 차등적으로 배분되었으며, 합과 방식으로 경영하던 토지를 제3자에게 전조(轉租)할 때도 합과 당사자들의 기여도에 따라 그들이 수취하게 될 소조(小租)가 차등적으로 배분되었다.

토지 경작권을 공동으로 행사하는 합과 관행과 달리, 복수의 개인 또는 집단이 하나의 토지를 공동으로 소유하면서 본인의 투자분에 따라 일정한 지분에 대한 권리를 갖는 관행도 형성되었다. 지분은 개인 또는 집단의 출자에 의하여 획득할 수 있으며, 제3자에게 양도할 수도 있었다. 토지로부터 발생하는 수익과 손해에 대해서는 소유하는 지분에 해당하는 만큼의 유한 책임만 인정되었으며, 토지에서 발생한 수익은 출자한 지분의 양에 따라서 분배되었다.

이러한 지분 소유제에서는 개인 또는 집단이 소유하는 지분이 전체 토지 재산권의 일부분에 불과하며, 각각의 지분이 '일전양주' 관행에서의 전저권과 전면권처럼 하나의 독립적인 재산권으로서 기능하지는 못하였다. 지분 소유제 아래에서는 여러 지분이 합쳐져 하나의 재산권을 형성하였고, 각각의 지분은 분산적이고 독립적이어서 하나의 지분을 타인에게 양도해도 전체 재산권에는 아무런 영향을 미치지 않았다.

민국 시대에도 농촌에서 농민들이 자금을 출자하여 단체를 조직하고 공동으로 토지를 구입하기도 하였다. 복수의 농가에서 하나의 회사를 설립하여 자금을 모아 토지를 구매한 뒤, 여러 해에 걸쳐 토지를 함께 경작하면서 수익을 저축하고, 축적된 자금을 이용하여 토지를 추가로 구매하는 방식으로 토지를 늘려갔다. 토지의 규모가 확대되면 출자한 자본과 노동력, 경제 수준 등에 따라서 토지를 분배하여 각자 따로 관리하기도 하였다.

이러한 지분 소유의 관행은 특히 산림지역에서 많이 나타났다. 산림지역은 주로 목재를 통해서 수익을 획득하는데, 나무를 심어서 목재를 얻기까지는 통상 10~20년이 소요되었기 때문에 단기간에 수익을 확보할 수가 없었다. 수익을 얻기까지 긴 시간을 기다려야 했기 때문에 그 비용을 감당하기 위해서 여러 사람들이 공동으로 출자하여 산지를 구입하는 경우가 많았던 것이다.

한편, 여러 개인 또는 집단이 각자 소유하고 있는 실물 토지를 출자하여 공동으로 경영하면서, 출자한 토지에 대한 소유권을 계속 유지하는 경우도 있었다. 경영의 효율성을 위하여 합과와 유사한 방식으로 토지를 공동 경작하면서, 지분 소유제에서처럼 토지에서 발생한 수익을 출자한 토지의 지분에 따라서 배분하는 것이다. 지분 소유제는 본래 여러 지분이 모여 하나의 토지에 대한 재산권을 형성하는 것이지만, 이 경우에는 각각의 지분이 하나의 토지 재산권으로서 행사될 수 있었다는 점에서 차이가 있다.

이러한 특수한 형태의 지분 소유제는 특히 타이완의 족전(族田)에서 비교적 많이 나타났다. 타이완의 지분 소유제에서 각각의 지분은 구체적인 실물 토지로 표현되었고, 지분 소유자들은 출자한 토지만큼의 수익을 나눠가졌다. 출자한 토지를 다시 분리해내어 독립적으로 경영할 수도 있었고, 이 토지를 매매나 임대, 저당 등의 다양한 방식으로 거래할 수도 있었다.

전면권과 중국의 토지 소유 구조

송대 이후로 토지의 사유가 확대되면서 장전(莊田)·족전(族田)·둔전(屯田)·학전(學田) 등과 같은 공유지의 면적이 전체 토지 면적에서 차지하는 비중이 점차 축소되었고, 관전(官田) 또한 점차 민전(民田)으로 바뀌는 추세가 이어졌다. 송대부터 '불립전제(不立田制)'의 시대가 이어지면서 토지의 자유로운 매매가 확산되어 토지 시장이 발달하였는데, 토지 시장의 확대는 기본적으로 토지 소유권의 집중을 초래하는 요인이 되었다. 하지만 중국에서는 다른 요인들이 토지 소유권의 집중을 억제하는 작용을 하였고, 결과적으로 전근대 유럽에 비하여 상대적으로 토지 소유가 분산되는 결과를 가져왔다.

토지 소유의 분산을 초래한 가장 대표적인 요인은 중국의 상속제도였다. 역사적으로 중국에서는 '제자균분(諸子均分)'의 상속 관행이 존재했기 때문에 세대를 거듭할수록 토지는 분산화되는 경향을 나타낼 수밖에 없었다. 특히, 인구가 큰 폭으로 증가했던 명·청 시대에는 이러한 요소가 더욱 큰 영향력을 발휘하였고, 당시 유행하던 조혼(早婚)의 풍습은 각 세대 사이의 시간적 격차를 좁혔기 때문에 가산(家産)의 분배 주기도 더욱 짧게 형성되었다. 이러한 상황에서 중국의 상속제도는 토지 소유의 집중을 억제하는 요소로서 강력한 작용을 하였다.

'일전양주'의 관행은 명·청 시대 중국의 토지 소유 구조를 한층 더 복잡하게 만드는 요인이 되었다. 공식적인 자료를 통해서 확인되는 토지 소유의 현황은 전저주를 지주로, 전면주를 소작인으로 전제하고 있지만, 이러한 구분법은 실제 현실의 토지 소유 현황을 온전히 반영할 수가 없다. 토지에 대한 소유권이 전저권과 전면권으로 분할된 상황에서 전저권만을 토지 소유권으로 인정하는 것은 당시의 사회 현실에 부합하지 않기 때문이다. 이런 유형의 토지에서 소유권과 재산권은 사실상 2명 이상에게 있었다고 보는 것이 역사적 현실에 더 부합하며, 전저권을 보유한 지주만을 유일한 토지 소유자로 간주하여 명·청 시기에 토지 소유의 집중이 발생했다고 평가하는 것에는 신중할 필요가 있다.

전저권과 전면권의 분화는 하나의 토지에 대한 소유권과 재산권을 복수의 농민들에게 분산시키는 작용을 하였고, 그에 따라 결과적으로 농촌의 토지 재산권을 분산시키는 결과를 가져왔다. 비록 공식 자료에서는 전면주가 소작인으로만 분류되었지만, 현실에서 전면주는 토지에 대한 독립적인 재산권을 소유하고 있었다는 점을 감안하면, 중국 농촌의 토지 소유 구조는 공식 자료를 통해서 확인할 수 있는 것보다는 더 분산적이었다고 볼 수 있다. 전면주는 수확한 후에 일정한 소작료를 전저주에게 납부한다는 점에서만 차이가 있었을 뿐, 토지에 대한 본인의 권리를 자유롭게 행사할 수 있었다는 점에서 자작농과 큰 차이가 없었다. 재산권이라는 관점에서 보면 전면주는 일반적인 소작농보다는 오히려 자작농에 가까운 편이었다.

전면권은 일종의 독립적 재산권이었기 때문에 전면권을 점유한 소작인을 '무산계급(無産階級)'으로 분류하는 것은 정확하지 않다. 따라서 중국의 토지 소유 현황을 보다 정확하게 파악하기 위해서는 전저권뿐만 아니라 전면권도 고려하여 평가할 필요가 있다. 특히, 중국 농촌에서는 토지 소유권의 분산을 유발하는 균분상속과 같은 다양한 관행들이 있었는데, 분가(分家)와 상속의 과정에서 토지 소유자들은 토지의 권리를 전저권과 전면권으로 분할하여 아들들에게 상속하기도 하였다. 일전양주 관행이 가장 발달했던 곳은 쟝쑤(江蘇) 남부 지역이었는데, 이러한 곳에서는 토지 재산권이 더욱 세밀하게 분화되었고, 그로 인하여 제한된 토지를 둘러싸고 수많은 영세 농민들이 일정한 권리를 보유하는 양상이 나타났다. 그리하여 대량의 잉여 농촌 인구가 영세 농지에 묶여 있게 되었고, 이러한 잉여 노동력을 수공업 등 부업 생산에 투입함으로써 '과밀형(過密型) 생산방식'12)이 발달하였다. 이러한 구조는 결과적으로 농촌 노동력의 유출을 억제하는 요인이 되기도 하였다.

---

12) [과밀형(過密型) 생산방식] 중국의 역사학자 황쭝즈(黃宗智)가 명·청 시대의 농촌에 대하여 분석하며 제기한 개념이다. 이 시기 중국에서는 인구 증가로 1인당 경지 면적이 감소하면서 단위 면적당 투입 노동량은 증가했지만, 그로 인해 증가한 생산량은 추가 투입된 노동량에 비례하여 증가하지는 못하였다. 이에 농민들은 보다 높은 소득을 올리기 위하여 상품작물 재배로 전환했지만, 상품작물 재배에는 훨씬 더 많은 노동력 투입이 필요했기 때문에 결과적으로 노동생산성은 더욱 감소하였다. 황쭝즈는 이러한 상황을 '과밀형 생산' 또는 '내권형(內圈型) 생산'으로 개념화하였다.

제2장
근대 이전의 토지 매매와 담보

토지 시장의 발달

근대 이전 중국의 토지제도는 유럽의 봉건적 토지제도와는 매우 다른 모습을 보였다. 춘추전국시대에 봉건제가 폐지된 이후로 중국 사회에서는 사실상 사유 재산에 기초한 토지 시장이 형성되었다. 전국시대와 진·한 시기에는 토지 사용권의 임대(소작)가 이미 널리 이루어졌으며, 위·진 시대에는 토지에 대한 담보 거래의 기록들이 확인된다. 진·한 시기에도 이미 토지의 사적 소유 또는 소유권 이전 등에 대한 다양한 규범들이 형성되었다. 사유지는 지방 관아에 등기하도록 하였고, 토지를 매매할 때는 쌍방이 문서로 계약을 체결하도록 하였다. 재산권이 양도될 때는 쌍방이 문자로 관련 내용을 명확히 기록하거나, 때로는 비석을 세워 거래 내용을 돌에 새기기도 하였다. 이때 거래되는 토지의 위치와 가격 등이 세세히 기록되었다.

토지 겸병 및 대토지 소유의 확대를 제한하기 위하여 전한 후기부터 시행된 다양한 한전법(限田法), 그리고 특히 북위에서 수·당에 걸쳐 시행된 균전법(均田法)은 1인당 소유 가능한 토지를 제한함으로써 토지 시장의 발달을 위축시키기도 하였지만, 이러한 국가 주도의 토지제도는 장기간 효과적으로 작동하기는 어려웠다. 결국, 당 후기에 양세법(兩稅法)을 실시하여 개별 호구(戶口)의 자산 규모에 따라 과세하는 방침이 채택되면서, 이후 시기에는 국가권력이 민간의 토지 소유에 대하여 세세하게 개입하여 통제하기보다는 민간의 토지 자산 규모를 정확히 파악하여 효율적으로 과세하는 것에 중점을 두게 되었다. 그리하여 송대 이후에는 토지의 재산권 개념과 토지 시장도 다시 발전하게 되었다.

송대 이후의 흐름은 명·청 시대에 이르러 더욱 확대 발전하였다. 1장에서 살펴보았듯이, 명·청 시대에 이르러 토지 재산권 자체가 여러 갈래로 분화되었다. 게다가 곧이어 살펴볼 바와 같이 명·청 시대에는 재산권 거래의 형식도 더욱 다양해졌는데, 이러한 배경 속에서 중국 사회에서는 다양한 갈래의 재산권에 대하여 다양한 형식의 거래가 이루어지게 되면서, 광범위한 지역에서 토지 시장이 활발히 작동되었다. 토지에 대한 재산권을 보유한 농민들은 자신의 재산권을 활용함으로써 토지 시장에서 자본을 획득할 수 있었다. 토지에 대한 재산권은 융통성 있는 자본이 되었고, 토지 시장은 금융시장의 기능을 하기도 하였다. 토지 시장은 농촌의 자본과 노동력이 효율적으로 결합할 수 있는 매개가 되었다.

일반적으로 생각하는 토지 거래는 주로 토지의 소유권을 양도하는 방식의 거래이지만, 명·청 시대 중국 사회에서의 토지 거래는 소유권 이외에도 다양한 종류의 재산권을 둘러싸고 이루어졌다. 토지의 소유권과 사용권, 수익권, 담보물권 등은 모두 분화가 가능하였고, 이러한 재산권의 분화는 명·청 시대에 발달한 다양한 형식의 거래 방식과 결합하여 토지 시장의 발달을 촉진하였다.

'절매(絕賣)'와 '활매(活賣)'의 관행

일반적으로 토지 매매는 토지의 소유권을 양도하는 행위를 가리킨다. 근대적 소유권의 관점에서 보면, 매매 행위를 통해서 이전된 소유권에 대해서 새로운 소유자는 절대적이고 배타적인 소유권을 갖게 된다. '절매(絕賣)'는 바로 이러한 방식의 토지 매매를 지칭하는 개념으로서, 원래의 업주(業主)는 절매를 통하여 토지에 대한 소유권과 재산권을 모두 상실하며, 새로운 업주 또한 거래를 통해 획득한 토지에 대해서 배타적인 권리를 갖게 되었다. 즉, 토지 소유권의 완전한 이전이 이루어졌다.

하지만 명·청 시대에는 토지 소유권의 완전한 양도가 이루어지는 절매와 달리, 토지를 판매한 원래의 업주에게 자신이 판매한 토지를 나중에 되살 수 있는 권리를 인정해주는 관행이 형성되었다. 원래의 업주(판매자)가 새 업주(구매자)에게 판매 원가를 지불하고 토지를 되사들이는 행위를 '회속(回贖)' 또는 '속회(贖回)'라 하였다. 청대 이전까지는 옛 업주가 판매 원가만 지급하고 회속할 수 있었지만, 청대에 들어와 상품경제의 발달과 토지 매매의 확대에 따라 토지 가격이 상승하면서, 옛 업주도 판매 당시의 원가가 아니라 회속 시점의 시장 가격을 지불해야 하였다.

명·청 시대의 국가권력은 이러한 관행이 소유권과 관련된 분쟁을 조장한다는 이유로 금지하기도 하였지만, 활매 관행은 사람들의 관념 속에서 하나의 합리적인 사회 관행으로서 뿌리내렸다. 활매에서는 일반적으로 옛 업주가 언제부터 토지를 회속할 수 있는지를 계약서에 기재하였다. 일정한 기간 내에는 회속이 금지되었는데, 새 업주는 이 기간을 활용하여 토지 경영의 수익을 보장받을 수 있었다.

한편, 활매가 이루어진 뒤에는 소유권의 최종적인 이전이 이루어지기 전까지, 즉 절매를 통하여 소유권이 완전히 이전되기 전까지는 몇 차례의 추가 거래 행위가 이루어질 수 있었다. 이러한 추가 거래 행위로는 크게 '가절(加絶)'과 '找價(조가)'의 행위가 있었다.

먼저, 가절은 토지를 구매한 새 업주가 토지를 판매한 옛 업주에게 추가로 일정 금액을 지불하고 완전한 소유권을 획득하는 행위를 지칭한다. 활매는 토지 소유권의 완전한 이전이 아니었기 때문에 활매 가격은 자연스럽게 절매 가격보다 낮을 수밖에 없었다.[1] 새 업주가 일단 활매로 토지를 구매한 뒤에 나중에라도 절매 가격과의 차액을 지불하면 활매는 절매로 전환될 수 있었다. 이러한 행위를 새 업주(구매자)의 입장에서 가절 또는 '단골(斷骨)'이라 칭하였다. 원칙적으로 가절은 단 한 차례의 추가 거래로 이루어졌다.

활매는 결과적으로 토지의 최초 거래 가격을 낮추는 효과를 가져왔다. 구매자가 토지 소유권의 완전한 이전(절매)에 필요한 만큼의 가격을 지불할 능력이 없었을 때, 일단 그보다 낮은 가격을 지불하고 소유권을 획득한 뒤(활매), 그 차액을 사후에 가절의 형식으로 지불하는 것이다. 이는 토지 대금을 사실상 두 차례에 나누어 지불하는 것과 유사한 거래 형식으로서, 결과적으로 토지 거래의 문턱을 낮추고 명·청 시대에 토지 시장이 활성화될 수 있는 하나의 배경이 되었다.

가절이 토지의 구매자인 새 업주의 이익을 반영하는 것이었다면,

---

[1] 청대 중기의 쓰촨(石倉) 지역에 대한 사례 연구에 의하면, 활매 가격은 토지 가격의 약 60%에 해당하였으며, 1930년대의 화북(華北) 지역에 대한 사례 연구에서도 약 60~70%에 달했음이 확인된다.

토지의 판매자인 옛 업주의 이익을 반영하는 것으로는 조가 관행이 있었다. 조가라는 것은 토지의 활매가 이루어지고 일정한 시간이 지난 뒤, 옛 업주가 토지 가격 상승 또는 경제적 궁핍 등의 이유로 새 업주에게 추가적인 보상을 요구하는 행위를 가리킨다. 이러한 관행은 '조첩(找貼)'·'조세(找洗)'라고도 불렸으며, 국가권력으로부터 인정을 받아 법률 조문에도 분명하게 기록되었다. 원칙적으로는 조가 회수가 제한되어 있었지만, 민간에서는 회수의 제한 없이 여러 차례 이루어지는 경우가 많았다.

한편, 조가 관행이 기존의 소작제도와 겹쳐지면서 매우 독특한 현상이 발생하기도 하였다. 토지 소유자가 본인의 토지를 소작인에게 활매하면 양자 사이의 지주-소작인 관계는 해체되었다. 하지만 옛 지주가 나중에 조가를 요구하면서 소량의 곡물 또는 금액을 해마다 달라고 요구하기도 하였는데, 이로 인하여 결과적으로는 마치 예전의 지주-소작인 관계가 복원된 것 같은 착시 현상을 일으키기도 하였다. 이 밖에도, 활매 관행은 토착민과 이주민 사이의 갈등 구조와 연동되기도 하였다. 토착민이 이주민에게 토지를 판매한 경우, 이주민들은 토착민들의 압력에 굴복하여 여러 차례의 불합리한 조가 요구를 수용할 수밖에 없었다.

원래 절매는 토지 소유권의 최종적인 양도가 이루어지는 형태의 매매로서, 옛 업주가 회속이나 조가를 요구하지 못하는 것이 원칙이었다. 하지만 이러한 원칙과 달리, 현실에서는 옛 업주가 토지를 절매한 뒤에도 경제적 궁핍, 토지 가격의 상승 등을 이유로 구매자에게 계속해서 조가를 요구하는 경우가 많이 발생하였다. 이러한 요구는 원칙적으로 정당하지 않았지만, 새 업주는 사회 관행에 따라서 마지못해 이를 수용할 수밖에 없는 경우가 많았다. 토지를 판매할 수밖에 없는 상황에 놓인 약자들이 토지를 판매한 이후에도 일정한 수익을 획득할 수 있도록 용인해준 사회적 관행이 형성되어 있었기 때문이다.

'활매' 관행의 형성 배경: '과할(過割)'

이러한 활매 관행이 형성된 배경은 당시의 행정제도와 밀접한 관련이 있었다. 토지 소유권의 이전 절차가 행정적으로 마무리되기 위해서는 새 업주가 지방 아문에 소유권 변경의 사실을 신고하고 세금을 납부하는 절차를 밟아야 하였다. 이 절차를 '과할(過割)' 또는 '추수(推收)'라고 하였다. 거래가 이루어지면 구매자는 계약에 대한 세금을 납부하는 '세계(稅契)'와 법적 소유인을 변경하는 '과할(過割)'의 절차를 밟아야 하였다. 구매자가 관아에 세금을 납부하면('세계') 관아에서 계약서에 관인(官印)을 찍어주었는데, 세계를 이행하여 관인을 받은 계약서를 '홍계(紅契)'라 하고, 세계를 이행하지 않아 관인이 찍혀있지 않은 계약서를 '백계(白契)'라 하였다. 원칙적으로는 홍계만이 법적으로 유효한 계약서였지만, 현실에서는 관행적으로 백계도 그 효력이 인정되었다.

그런데 명·청 시대의 토지 시장 발달로 토지 매매는 수시로 이루어졌지만, 국가권력은 과할이라는 절차를 정해진 시점에 정기적으로 몰아서 실시하였다. 청대에는 토지대장을 5년에 한 번씩 작성하였고, 그 해에 과할 절차를 진행하였다. 따라서 토지대장을 전면적으로 새로 작성하는 시점이 되기 전까지는 토지의 실소유자와 등기된 소유자의 불일치가 발생하였다. 과할 절차가 마무리되어야 토지 소유권의 행정적인 이전이 완료되었고, 법적으로 그 소유권을 보호받을 수 있게 되었다.

따라서 판매된 토지는 과할이 이루어지기 전까지는 법적으로 일종의 '활업(活業: 소유자가 확정되지 않은 재산)'이 되었다. 판매자는 과할이 이루어지기 전까지는 새 업주에게 판매 가격이 너무 낮다는 이유로 땅값 보전 명목으로 추가 금액을 요구하거나('조가'), 토지세를 납부할 돈이 없다는 이유로 추가비용을 요구하거나, 아니면 경제적 상황이 호전되어 자신의 토지를 되사들일 수도 있었다('회속'). 토지 매매로 인한 법적 소유권의 이전이 이루어지지 않은 상황에서는 토지 매매의 결과도 유동적일 수밖에 없었다. 이러한 과도기적 상태에서의 여러 행위가 조가나 회속 등의 관행으로 이어지기도 하였다.

토지 매매의 최종 절차에 해당하는 과할의 실시 여부는 토지 소유권의 귀속을 한층 더 복잡하게 만들었다. 토지 구매자가 과할 절차를 밟게 되면 토지 소유권의 이전이 법적으로 확인되면서 소유권의 소재가 분명해졌지만, 반대로 과할을 거치지 않은 경우에는 토지대장에 기재된 소유자와 실제 소유자 사이에 괴리가 발생하였고, 이러한 모순을 해소하기 위한 나름의 사회적 관행이 형성되었다.

대표적인 것이 '방량과(幇糧稞)'의 관행이다. 과할은 법적으로 의무였지만 실제 현실에서는 세금 납부를 회피하기 위한 목적으로 과할을 하지 않는 경우가 많았으며, 이는 민간에서 백계의 효력이 인정된 이유이기도 하였다. 토지 매매가 이루어진 후에 구매자가 과할의 절차를 밟지 않으면, 법적으로 토지세 납부의 의무를 지닌 주체는 여전히 옛 업주(판매자)였다. 이러한 모순을 해결하기 위하여 새 업주(구매자)가 옛 업주의 납세 부담을 덜어주기 위하여 해마다 '방량과'라는 명목으로 일정 금액을 지불하는 관행이 형성되었다. 즉,

토지 매매가 이루어진 뒤에 예전의 업주(법적 소유자)가 계속해서 부담해야 하는 토지세를 새 업주(실제 소유자)가 지원해주고, 옛 업주는 이 금액으로 토지세를 납부하였던 것이다.

그런데 이는 형식상으로 보면 토지를 '전(典)'하는 관행과 크게 다를 바가 없었으며, '일전양주'의 관행과도 유사한 양상을 보인다. 즉, 토지의 법적 소유자는 실제 물권을 가진 사람으로부터 해마다 일정한 금액을 받을 뿐, 토지의 경영 일체에 대하여 간섭할 수 없으며, 물권을 가진 사람은 법적 소유자에게 일정한 금액을 지불하는 대가로 토지 경영의 전적인 자유를 누렸다. 이러한 관계의 양상은 방량과 지불의 관행이나 '전' 관행, 전저권·전면권 분리의 관행 등에서 모두 기본적으로 동일하게 나타났다.

한편, 토지 구매자가 판매자가 부담할 토지세를 해마다 지급하는 관행은 위와 같은 상황에서 자연스럽게 형성되기도 하였지만, 그와 달리 권력자의 횡포로 인하여 강제적으로 이루어지기도 하였다. 명·청 시대의 환관이나 권세가들이 토지를 판매하면서 구매자에게 과할하지 말고 자신에게 방량과를 줄 것을 강요하는 경우가 많았는데, 이때 판매자가 방량과 명목으로 받은 금액은 판매자가 실제로 납부해야 하는 토지세의 금액을 크게 상회하는 것이었다.

'조가(找價)'와 '회속(回贖)'의 관행

앞에서 설명했듯이, 조가는 이미 판매된 토지에 대해서 판매자가 구매자에게 가격 보상을 요구하는 행위, 또는 그 보상금 자체를 의미한다. 그리고 회속은 판매자가 판매가격 원금을 구매자에게 지불하고 이미 판매한 토지를 되사들이는 행위를 의미한다. 원칙적으로

86

절매가 이루어지면 판매자가 조가나 회속을 요구할 수 없었고, 활매에서는 일정한 기간이 지난 뒤에 토지의 판매자가 회속을 요구할 수 있었다. 그리고 활매를 절매로 전환하는 과정에서도 판매자가 조가를 요구할 수 있었다.

하지만 현실적으로는 절매와 활매의 구분이 불명확한 경우가 많았기 때문에 조가나 회속 등으로 인한 분쟁이 빈발하였다. 명·청 시대의 '매계(賣契: 매매계약서)'에서는 해당 거래가 절매인지 활매인지 명확하게 기입하는 경우가 드물었고, 단지 "○○○에게 판매한다(賣與某人)"라고만 표기된 경우가 많았다. 아울러, 어떤 경우에는 계약서 도입부에 해당 거래가 절매임을 기입했음에도 불구하고, 말미에는 회속 가능 기간을 표기하는 경우도 있었다. 그리하여 구매자는 절매라고 생각하고 토지를 구입했지만, 판매자가 사회 관행을 이유로 조가나 회속을 요구하는 경우가 많았다. 심지어는 절매 계약임이 분명한 상황에서도 판매자가 조가를 요구하는 경우가 광범위하게 발생하였으며, 이러한 현상은 특히 토지 가격이 상승했을 때 많이 나타났다.

청대 법전에서는 계약서에 절매라고 명확히 표기되어 있지 않다면 해당 거래를 활매로 간주하였고, 건륭 연간부터는 계약서에 회속기한이 명기되어 있지 않으면 그 기한을 최대 30년으로 제한하였다. 즉, 판매자의 회속 권리를 최대한 보장하면서도, 동시에 그것을 무제한으로 인정함으로써 시장 질서의 혼란이 발생하는 것은 피하고자 했다고 할 수 있다. 하지만 토지의 회속 기한이 최대 30년으로 제한되었음에도 불구하고, 민간에서는 여전히 많은 사람들이 회속기한에는 제한이 없다고 믿는 경우가 많았다. 19세기 후반의 여러 소송 안건들을 보면, 토지를 판매한 사람들이 매매가 이루어지고

50~80년이나 지난 뒤에도 본인에게 회속의 권리가 있음을 주장하여 분쟁이 발생하는 경우도 있었다.

심지어는 토지를 절매한 경우에도 판매자가 토지의 회속을 요구하기도 하였다. 특히, 매매된 토지 안에 조상의 묘가 있는 경우에 이런 문제가 많이 발생했는데, 법정에서는 사회 관행과 윤리의 문제를 고려하여 묘지가 있는 부분의 토지에 대한 옛 업주의 권리를 인정하기도 하였다. 법전에는 이와 관련된 규정이 없었지만, 법정에서는 이러한 관행을 합당한 것으로 승인하였다. 그리하여 새 업주가 원래 묘지가 있던 곳에 가축을 기르거나 농사를 지을 경우, 옛 업주가 이에 항의하며 고소하는 사례도 많이 발생하였고, 옛 업주가 금전적인 이익을 노리고 고의로 분쟁을 일으키는 경우도 많았다.

청대 중기부터 조가와 회속에 관한 통일된 규정을 정비하려는 노력이 이어졌지만, 민국 초기까지도 활매인지 절매인지 명확하게 구분되지 않는 계약 문서들이 많았다. 특히, 건륭 말년에는 자연재해로 인하여 궁핍해진 농민들이 어쩔 수 없이 싼 가격으로 토지를 절매한 경우라면, 계약과 상관없이 나중에 판매 원가로 토지를 회속할 수 있도록 하였다. 이러한 조치는 결과적으로 회속 문제에 대한 처리 기준을 더욱 모호하게 만들었다.

청대 국가권력의 의도는 민간의 사회 관행에 적극적으로 개입하여 기존의 토지 거래 관행을 바꾸려는 것이 아니었으며, 활매와 절매의 구분을 분명히 함으로써 당시의 사회 관행이 안정적으로 작동할 수 있도록 유지하려는 것이었다. 국가권력은 민간의 사적 계약 질서의 내용을 적극적으로 통제하기보다는, 사회 관행을 수용하면서 그 질서를 보호하는 역할을 하였다.

그렇다고 해서 조가가 완전히 무원칙적으로 이루어진 것은 아니었다. 절매 뒤에도 원 업주가 조가를 요구하는 관행이 일반화되면서, 아예 이러한 관행을 고려하여 절매 뒤에 이루어질 조가의 규모를 미리 거래 가격에 반영하여 시가보다 낮은 금액으로 토지의 절매가 이루어지는 경우도 많았다. 이 경우에 조가는 토지 가격 상승분에 대한 보상의 의미를 갖는다기보다는 토지 매입 대금을 후불로 분할 결제한다는 의미가 더 컸다. 또한, 옛 업주들이 무리하게 조가를 요구하는 경우에는 사회적인 비난의 대상이 되었으며, 이는 평판을 중시하는 전통 사회에서는 상당히 큰 규범적 제약이 될 수 있었다.

조가의 명분은 주로 두 가지, 즉 토지 가격의 상승과 옛 업주의 경제적 곤궁에 있었다. 먼저, 청대에 토지 매매가 증가하고 토지 시장이 발달하면서, 쟝쑤(江蘇)·안후이(安徽)·쟝시(江西)·후난(湖南)·후베이(湖北)·쓰촨(四川)·허난(河南) 등지에서는 옛 업주가 토지 가격의 상승으로 새 업주가 획득한 이익의 일부를 요구하는 풍속이 확산되었다. 이러한 일종의 보상금에 대해서는 '탈업전(脫業錢/후베이)', '괘홍은(掛紅銀)'(후난), '상하은(賞賀銀)'(허난), '획자은(畵字銀)'(쟝쑤·쓰촨·쟝시), '위교잡(謂較雜)'·'희자은(喜資銀)'·'도근은(倒根銀)'(안후이) 등, 지역에 따라서 그 명칭이 달라졌다. 이러한 관행은 '희례(喜禮)'로 불리기도 하였다. 이는 청대에 토지 가격이 꾸준히 상승하면서 새 업주가 획득하게 된 이익을 옛 업주에게도 일정 부분 보상해주었던 관행으로, 옛 업주가 차지하는 몫은 대략 40% 정도였다.

이 밖에도 옛 업주가 조가를 요구할 때는 주로 경제적 곤궁에 호소하는 경우가 많았다. 심한 경우에는 1년에 20여 차례나 조가를 요구하기도 하였다. 하지만 대부분의 경우에는 100문(文)에서 수천 문 정도에 해당하는 소액을 요구하였으며, 이는 빈민 가정의 열흘치 생활비 정도에 해당하는 규모였다. 주로 연말에 빈농들이 부농이나 지주에게 조가를 요구하는 것이 일반적이었으며, 이 경우에는 특별히 토지 가격의 상승분에 대한 보상을 요구한다기보다는, 빈농들이 자신의 토지를 구매한 부유층에게 약간의 생활비 지원을 요구하는 성격이 강하였다. 지방관들은 옛 업주에게 조가의 권리가 없음이 명확한 상황에서도 인도적인 차원에서 새 업주에게 양보할 것을 요구하여 조가를 허용하기도 하였다. 여기에서 조가는 토지에 대한 권리를 둘러싸고 발생하는 분쟁이라고 보기는 어렵다.

조가나 회속의 관행이 형성된 사회적 배경은 어쩔 수 없는 상황에서 토지를 팔아야 하는 약자들에게 토지에 대한 권리를 최대한 보장해주려는 문화에 있었다. 많은 경우에는 옛 업주가 경제적 궁핍에 처하여 구매자에게 간절하게 조가를 요청하였으며, 새 업주는 사실상 시혜를 베푼다는 관점으로 이에 응하였다. 특히, 조가는 토지를 판매한 사람의 입장에서는 시장 가격의 변동에 대한 일종의 보상이자, 취약 계층에 대한 일종의 보호장치였다. 아울러, 토지를 판매한 이후에 발생할 수 있는 경제적 곤궁에 대한 보험과도 같은 기능을 하였다.

한편, 몇 차례의 조가를 거쳐 활매가 절매로 전환될 때, 구매자는 정가(正價) 외에도 몇 가지의 부가 비용을 지출하였는데, 계약서상에는 이러한 모든 부대 비용을 '절가(絶價: 절매 가격)'에 포함하여 기록하였다. 이때 구매자가 부담하게 되는 부대 비용은 주로 계약 체결 과정에 공증인으로 참여한 사람들에 대한 사례비로 구성되었다. 계약을 체결하는 현장에 참석하는 친지들은 해당 토지의 소유권이 구매자에게 있음을 확인해주는 증인으로서, 토지 소유권의 귀속을 밝히는 데 있어서 매우 중요한 존재들이었다. 특히, 옛 업주의 친지들은 해당 토지에 대한 우선 구매권을 가진 사람들로서, 거래에 대해서 이들의 동의를 명확히 확인해두는 것이 중요하였다. 이들을 증인으로서 입회시키는 것은 이들이 나중에 해당 거래에 대해서 이의를 제기하지 않을 것이라는 점을 확인하는 의미를 갖는 것이었으며, 이에 대해서 구매자는 감사의 표시로 이들에게 '상업(上業)'·'친방(親房)' 등의 명목으로 일정한 금액을 지급하였다.

　근대 이전의 중국에서 토지 거래는 자유롭게 이루어졌지만, 토지 소유권에 대한 국가권력의 보증은 취약한 편이었다. 이러한 상황에서 거래에 입회하는 증인들은 토지 소유권의 귀속을 확인하는 데 있어서 매우 중요한 역할을 하였다. 절매가 이루어져도 판매자(옛 업주)와 구매자(새 업주)의 관계는 단절되지 않았으며, 이후에도 옛 업주는 새 업주의 토지 소유권을 보증하는 증인으로서의 역할을 담당하기도 하였다. 아울러, 양자 사이의 인간관계가 이렇게 계속 이어졌기 때문에 절매 이후에도 조가가 계속 이루어질 수 있었다.

토지의 담보 거래: '전(典)'의 관행

　전통 사회에서는 근대적인 금융체계가 발달하지 못했기 때문에 일반 농민들이 필요한 자금을 조달하기 위하여 토지에 대한 자신의 권리를 담보로 자금을 융통하는 관행이 발달하였다. '전(典)'과 '당(當)' 등 토지의 소유권이나 재산권을 담보로 하는 다양한 금융 거래의 발달은 전통 사회에서 농민들이 활용할 수 있는 다양한 금융 수단을 제공하였다. 특히, '전' 형식의 토지 거래에서는 소유권의 변화가 발생하지 않았기 때문에 명·청 시대에는 '전'에 대해서 세금을 부과하지 않았는데, 이에 따라 민간에서는 토지를 매매('활매')하는 대신에 '전'하는 관행이 확산되었다.

'전'은 자금을 차입하는 대가로 채무자가 '전기(典期)'라고 하는 약정 기간 동안 채권자에게 토지의 물권을 양도함으로써, 토지 경영으로 발생할 미래 수익으로 채무에 대한 이자를 상환하는 방식의 거래이다. 채무자가 자금을 차입하는 대가로 토지의 물권을 채권자에게 일정 기간 양도하면, 채권자는 그 기간에 토지 경영에서 발생하는 수익을 채무자에게 빌려준 돈에 대한 이자로 삼는 것이다. 채권자는 물권을 확보하게 되었으므로, 토지를 직접 경작하든지 제3자에게 소작을 주든지 자유롭게 경영할 수 있었다. 약정 기간('전기')이 만료되어 차입금을 상환하면 채무자는 채권자에게 양도했던 토지의 물권을 회수할 수 있었는데, 이때 차입금을 상환하여 물권을 되찾는 행위도 '회속(回贖)'이라 표현하였다. 외형상 '전'과 활매는 매우 유사한 모습을 보이며, 실제로 많은 경우에 '전매(典賣)'라는 표현으로 혼용되기도 하였다. '전'이나 활매 모두 생존 위기에 직면하여 어쩔 수 없이 토지의 소유권 또는 재산권을 처분해야 했던 농민들에게 언젠가는 소유권 또는 재산권을 회속할 수 있는 기회를 제공한 것으로서, 농민의 토지 소유권과 재산권을 최대한 보장해주는 기능을 하였다.

송에서 명·청에 이르기까지 '전' 형식의 거래는 점차 다양한 방향으로 발전하여, 크게 두 가지 유형의 관행이 형성되었다. 첫 번째 유형은 토지를 '전출(典出)'한 채무자가 '전입(典入)'한 채권자에게 전기 동안 토지의 물권(용익물권과 담보물권)을 양도함으로써 자금을 빌리고, 토지는 채권자가 직접 경영하여 그 수익으로 빌려준 돈에 대한 이자를 충당하는 방식이다. 토지의 전출로 경영자가 바뀐다는 의미에서 이를 '전전리업(典田離業)'이라 하였으며, 이것이 가장 일반적인 유형이었다.

두 번째 유형은 채무자가 토지를 전출하면서 물권을 채권자에게 양도하되, 본인이 채권자의 소작인이 되어 토지를 계속 경작하는 방식이다. 이때 채무자는 채권자에게 소작료를 납부하여 차입금에 대한 이자를 상환하였다. 이를 소작료를 납부하여 이자를 충당한다는 의미에서 '납조저식(納租抵息)'이라 하였다.

　'전'의 절차는 일반적으로 당사자들이 중개인을 거쳐 교섭을 진행한 뒤, 토지를 전출하는 채무자가 중개인과 회동하여 '전계(典契: '전' 계약서)'를 작성하여 토지를 전입하는 채권자에게 넘겨주는 방식으로 이루어졌다. 일반적으로 3~5년의 전기가 설정되었으며, 이 기간이 지난 뒤에는 채무자가 차입금인 '전가(典價)' 원금을 상환하고 아무 때나 토지의 물권을 회수할 수 있었다('회속'). 회속이 이루어지면 원래의 계약서는 폐기되었다.

　토지를 전출한 채무자가 차입한 자금의 액수가 클수록 전기도 길어졌다. 기간이 길어질수록 토지에서 나오는 수입의 총량도 많아지므로 고액의 전가에 대한 이자를 상환하는 것이 가능해지기 때문이다. 즉, 전가가 높아질수록 전기도 길어지는 것이다. 이는 토지에서 나오는 수확을 이자로 간주하는 방식으로, 이러한 점에서 채무자가 이자를 별도로 계산해서 직접 상환해야 하는 '당(當)'과는 달랐다.

　한편, 토지를 전입한 채권자는 토지의 사용권만이 아니라 용익물권과 담보물권까지 포함하는 타물권을 획득했기 때문에 자신의 권리를 제3자에게 자유롭게 양도할 수 있었다. 그리고 이러한 '전권(典權)'의 양도는 절매 형식으로 이루어질 수도 있었고, 타인에게 재차 전출하는 방식으로도 이루어질 수 있었는데, 후자의 경우를 '전전(轉典)'이라 칭하였다. 뿐만 아니라, 전권을 계속 유지하면서 이를 담보로 자금을 차입하는 '당(當)'도 가능하였다. 비록 청대 법률에서는 전전 관행을 승인하지 않았지만, 민간에서는 이러한 관행이 널리 시행되었다.

한편, 토지를 전출하여도 법적 소유권은 바뀌지 않았기 때문에 전전을 두세 차례 거듭하여도 업주는 바뀌지 않았다. 1차로 토지를 전입한 '전주(典主)'는 토지를 제3자에게 전전하면 곧바로 전권, 즉 토지에 대한 물권을 상실했지만, 업주의 지위는 처음부터 전전의 영향을 받지 않고 변동 없이 유지되었다. 비록 업주에게 자신이 전출한 물권을 회속할 능력이 없다고 하더라도, 전전 계약서에는 반드시 업주의 성명을 기록해야 하였다.

전권 이전이 거듭되다 보면 자연스럽게 여러 가지 복잡한 문제들이 발생하였다. 1873년 타이완 신주(新竹)의 한 사례에 따르면, 원고 A의 숙모가 그가 부재중일 때 토지를 B의 조부에게 20년 기한으로 전출했는데, 전기가 도래하여 A가 B로부터 토지를 회속하려 하였지만, B가 해당 토지를 제3자에게 저당 잡히고 자금을 차입했다가 상환하지 못했기 때문에 수중에 갖고 있지 않았다. B는 자신이 해당 토지를 전입한 것이 아니라 절매한 것이라 주장하였고, 이에 A가 B를 고소하기에 이르렀다.

이것보다 훨씬 복잡한 상황의 사건들도 많았다. 1879년 신주의 다른 사례에서는, A가 B에게 토지를 전출하고, B는 다시 C의 부친에게 토지를 전전했다가, 몇 년 후에 A가 토지를 회속하려 하면서 분쟁이 발생하였다. 업주인 A의 동생이 전출된 토지에 대하여 남아있는 업주의 권리를 담보로 삼아 B에게 자금을 빌렸다가 이를 상환하지 못했기 때문이다. A는 이전에 420위안(元)에 B에게 토지를 전출하였고, B는 다시 445위안에 C의 부친에게 전전했는데, 토지 가격의 상승을 예상한 C의 부친이 투자 목적으로 560위안에 토지를 절매 형식으로 매입하려 하였고, A에게 계약금으로 10위안을 지불한 상황이었다. A는 토지를 실제로 회속할 의도는 없었지만 가격을 올리기 위하여 회속을 요구했던 것이다. B 역시 이 분쟁에서 일정한 발언권을 갖고 있었는데, A의 동생이 해당 토지에 대한 권리를 담보로 그에게 돈을 빌렸다가 상환하지 못했기 때문이다. 토지의 전권이 두 차례 이동하고 한 차례 담보로 설정되는 과정에서 토지에 대한 소유권도 세 부분으로 분할된 것이다.

또한, 토지를 이미 한 차례 전출한 소유자가 제3자에게 토지를 다시 전출하면서 불법적인 이득을 획득한 경우도 많았다. 1775년의 한 사례에 따르면, A가 토지를 3명에게 따로 전출하고 각각 전가를 받았다가, 나중에 그중 한 명에게 토지를 절매하면서 사실이 드러난 사례도 있었다.

토지를 전출하는 것과 소작을 주는 것은 기본적으로 다른 행위였지만, 경우에 따라서는 양자의 구분이 모호해지기도 하였다. 소작은 정해진 기간에 토지의 사용권(용익물권)을 양도하는 것이었던 반면, '전'은 사용권 이외에도 담보물권까지, 즉 타물권을 약정 기간 동안 양도하는 것이었다. 하지만 토지를 전입한 채권자가 해당 거래를 위장해야 할 필요가 있을 때, 채권자는 이 거래가 압금을 먼저 지불하고 일정 기간의 소작권을 획득한 것이라고 주장할 수 있었다. 1장에서 보았듯이, '압금'의 액수가 커지면 소작인은 해마다 소작료를 납부할 필요가 없었기 때문에, 이 경우 외형상으로는 토지를 전입한 것과 압금을 지불하고 경작권을 확보한 것에는 별 차이가 없었다. 대표적인 사례가 기지(旗地)의 거래이다. 기지를 전출하는 것은 원래 법적으로 금지되어 있었지만, 기지를 전입한 채권자들은 이러한 방식으로 법의 규제를 회피할 수도 있었다.

'전(典)'과 '활매(活賣)'

'전' 형식의 거래에서도 활매에서와 마찬가지로 토지에 대한 권리를 상실한 사람에게 조가와 회속의 권리를 인정해주었다. 〈대청율례(大淸律例)〉에서는 토지를 전출한 채무자가 토지를 회속할 때는 토지를 전입한 채권자가 처음에 지불한 전가 원금만 상환하도록 규정하였다. 반대로, 채권자가 토지를 아예 절매할 의사가 있을 때는 처음에 지불한 전가와 절매 당시 시장 가격의 차액 만큼을 채무자에게 추가로 지불하도록 하였는데, 이를 '조첩(找貼)'이라고 하였다. 조첩이 이루어지면 별도로 절매 계약서를 작성하여 거래를 종결짓도록 하였다. 청대 법전에서는 회속과 조첩에 대한 규정은 있었지만, 채무자가 토지 가격의 상승을 빌미로 채권자에게 반복적으로 보상을 요구하는 것, 즉 조가 행위는 인정하지 않았으며, 채권자가 전권을 제3자에게 양도하는 것도 인정하지 않았다. 법적으로 채무자는 오직 한 차례의 조첩만을 받고 토지를 채권자에게 절매할 수 있었으며, 채권자도 자신의 전권을 제3자에게 매매할 수 없었다. 그러나 이러한 법적 제한에도 불구하고, 민간에서는 토지 가치의 변동에 따라 여러 차례의 조가가 관행적으로 널리 이루어졌다.

전기가 만료되었을 때 채무자가 전가를 상환할 수 없는 상황이라면, 전기를 추가로 연장할 수 있었다. 이를 '연전(延典)' 또는 '속전(續典)', '첨전(添典)'이라 하였다. 이때 쌍방은 전기의 연장에 따라 전가의 증액을 협의하게 되고, 이러한 행위를 '조가(找價)'라고 불렀다. 채무자는 주로 토지 가격이 상승했을 때, 또는 전가가 토지의 가치에 비하여 낮게 책정되었을 때 채권자에게 조가를 요구하였으며, 여기에 대해서 채권자가 동의하거나, 또는 단순히 채권자의 동정심에 따라서 조가의 요구가 수용되었다. 조가가 몇 차례 이루어지면 전가가 지속적으로 상승하여 토지 가격과 동일한 수준에 오르게 되었으며, 이 경우에는 결국 조가를 통하여 토지의 절매가 완성되는 셈이었다.

전통 시대에 농민들은 어쩔 수 없는 상황이 아니라면 가능한 한 토지를 판매하지 않으려 하였고, 이에 시급히 필요한 자금을 융통하기 위하여 '전'이라는 거래 형식을 활용하였다. 이를 통해서 토지의 소유권은 유지하면서 급히 필요한 자금을 획득하고, 약정 기간이 끝났을 때 채무를 상환함으로써 토지에 대한 완전한 소유권을 되찾을 수 있었기 때문이다. 하지만 많은 경우에 궁핍한 상황에 있는 농민들이 실제로 회속을 통해 토지를 되찾기는 어려웠고, 대체로 여러 차례의 전기 연장을 거치면서 마지막에는 결국 토지를 절매하는 단계에 이르렀다. 그런 의미에서 '전'은 사실상 매매로 넘어가는 일종의 과도기적 형태였다고 볼 수도 있다.

다만, 과부나 노인 등과 같이 토지 경영 능력에 제한이 있는 농가에서는 이러한 과정이 불리한 것만은 아니었다. 이들은 토지 경작을 통해서 획득할 수 있는 이익이 적었기 때문에, 계속된 전기 연장을 통하여 생활 자금을 확보하는 편이 더 유리하기도 하였다. 몇 차례의 연전과 조가를 통해 생활에 필요한 현금을 확보하면, 오랜 기간 토지로부터 직접적인 수익을 획득하지 못하더라도, 토지 소유권을 유지하면서 생활 자금을 확보할 수 있었기 때문이다.

표면적 유사성에도 불구하고, '전'과 활매에는 중요한 차이점이 있었다. '전'이나 활매 모두 토지에 대한 권리를 상실한 원래의 업주에게 일정 기간이 지나면 그 권리를 되찾거나('회속'), 아니면 상실한 권리에 대하여 일정한 보상을 받을 수 있는 권리('조가')를 인정해준다는 점에서 두 거래 형식은 매우 흡사한 측면이 있다. 하지만 양자의 가장 큰 차이는 활매에서는 소유권의 이전이 발생하지만, '전'에서는 소유권이 바뀌지 않는다는 점이었다.

활매는 절매와 마찬가지로 토지의 재산권을 포함한 소유권을 타인에게 양도하는 행위로서, 단지 소유권의 양도가 최종적으로 확정된 것은 아니었다는 점에서 절매와 다를 뿐이었다. 그러나 '전'은 업주가 토지의 소유권은 계속 유지하면서 물권만을 타인에게 일정 기간 양도하는 거래 방식이었다. 요컨대, 회속과 조첩, 조가 등의 형식에서 '전'과 활매는 겉으로는 사실상 구분하기 어려울 정도로 유사했지만, 토지의 소유 구조를 보면 소유권의 이동 여부에 따라 그 성격이 달랐다. 활매는 기본적으로 토지의 소유권을 판매하는 매매 행위였다면, '전'은 물권을 저당 잡혀서 자금을 차입하는 금융거래였다.

따라서 활매의 경우에는 토지 소유의 증명서가 구매자에게 양도되었지만, '전'에서는 그러한 절차가 이루어지지 않았다. 즉, 활매에서는 형식적으로 소유권의 (불완전한) 이전이 발생했지만, '전'에서는 형식적으로 소유권의 이전이 발생하지 않았다. 실제로, '전'에서는 소유권의 변경이 이루어지지 않았기 때문에 명·청 시대 국가권력은 이에 대해서는 세금을 부과하지 않았다. 반면, 활매의 경우에는 비록 영구적인 것은 아니라 하더라도 기본적으로 소유권의 이전이 이루어졌기 때문에 국가권력에 의하여 과세 대상이 되었다. '전'에서는 소유자가 바뀌지 않았기 때문에 소유자로서의 권리와 의무 또한 유지되었으며, 이 의무에는 토지세 납부도 포함되어 있었다.

요컨대, '전'은 토지 소유자가 약정 기간 동안 토지의 소유권을 제외한 물권을 타인에게 양도하는 것으로서, 당시에는 법적으로 일종의 채권·채무 관계로 인식되었지만, 활매는 물권을 포함한 소유권의 이전을 의미하는 것이었다. 토지를 전출한 사람은 계속해서 업주로 남아있었고, 토지를 전입한 사람은 '전주(錢主)'로 불리었는데, 이러한 호칭 자체가 '전'이 일종의 금융 거래였음을 의미한다.

조가와 회속에서도 약간의 차이가 있었다. 활매에서의 조가 행위는 소유권의 이전이 이루어진 뒤에 발생하는 것이었던 반면, '전'에서의 조가는 소유권의 양도 이전에 이루어지는 것이었다. 이때 조가는 전기를 연장함으로써 전가를 추가로 받는 것이었기 때문에 전기 연장 이후에도 소유권의 귀속은 변경되지 않았다. 또한, 활매에서의 회속은 애초의 매매 행위와는 별개의 또 한 차례의 거래 행위로 간주되었지만, '전'에서의 회속은 애초의 '전'에 수반되는 부수적인 행위였다. '전'에서의 회속은 해당 거래의 마지막 단계로서, 회속을 통하여 '전'의 거래가 마무리되는 것이었지만, 활매에서의 회속은 이전의 거래와는 무관한 별도의 거래였다. 아울러, '전'에서의 회속은 약정 기간이 끝났을 때 가능한 것이었던 반면, 활매의 회속은 수시로 이루어질 수 있었다.

계약의 체결 방식에서도 차이가 있었다. '전'에서는 '합동(合同)'이라는 계약 형식을 취하여 두 거래 당사자가 계약서를 1부씩 나눠가졌다. 나중에 분쟁이 발생했을 때 증빙 자료로 삼기 위한 것으로서, 할인(割印)을 찍어 정본 여부를 확인할 수 있도록 하였다. 민국 시대에도 '전'에서는 업주가 계약서 두 장을 작성하여 날짜를 기록한 다음에 할인을 찍어 각자 한 부씩 보관하였다. 나중에 전기가 만료되어 회속이 이루어질 때 양측에서 증빙 자료로 활용해야 했기 때문이다. 하지만 활매나 절매와 같은 매매 계약에서는 거래의 과정에서 토지 소유권이 기본적으로 이전되어 그와 함께 토지 소유 증명서도 양도되었기 때문에 이러한 형식의 계약을 채택할 필요가 없었다.

'전(典)'과 '당(當)'

  '전'과 '당'은 동산을 담보로 하는 거래에서는 늘 '전당(典當)'으로 병칭되었는데, 토지와 같은 부동산을 담보로 하는 거래에서는 따로 구분되어 사용되었다. '당'의 함의는 모호한 편이어서 광범위한 형태의 담보 거래 행위를 모두 포괄하였다. 그로 인하여 '전당', '저당(抵當)', '압당(押當)'처럼, 다양한 방식의 담보 거래를 의미하는 다른 용어들과 함께 사용되는 경우가 많았다. 포괄적으로 정의하면, '당'은 토지에 대한 권리를 담보로 삼아 이루어지는 각종 금융 거래의 형식을 아우르는 개념이었다. 이러한 '당'의 담보 거래에는 대체로 아래와 같은 몇 가지 유형이 있었다.

  첫 번째 유형은 토지의 소유권 또는 재산권을 담보로 설정하여 자금을 차입한 뒤, 소작인이 지주에게 소작료를 해마다 납부하듯이 소작료의 형식으로 채무를 상환하는 방식이다. 담보로 설정된 토지를 채무자가 계속 경작하면서 채권자에게 소작료를 납부하여 차입금에 대한 이자를 상환하는 형식이었다. 이러한 방식의 담보 거래는 '저(抵)'나 '압(押)' 등의 개념으로 많이 표현되었다. 토지로부터 얻을 수 있는 미래의 수익을 미리 획득하고, 이에 대하여 해마다 소작료의 형태로 이자를 상환하는 방식이다. '압'과 유사한 개념으로 '질압(質押)'이 있는데, 간혹 토지를 담보로 거래한 행위를 장부에 기록할 때도 '질압'이라는 표현을 사용하기는 하였지만, '질압'은 통상 동산을 담보로 삼을 때의 담보 거래를 가리킨다.

  한편, 이러한 유형과 유사한 형식의 담보 거래로는 타이완과 푸젠(福建) 지역에서 널리 시행된 '태차(胎借)' 방식이 있었다. 태차는 업주가 토지의 재산권을 담보로 자금을 차입할 때 소작료를 담보로 삼으면서 동시에 이자를 상환하는 방식이었다. 이때 업주는 채권자로부터 돈을 빌리면서 자신의 소작인에게 소작료를 직접 채권자에게 내게 함으로써 이자를 상환하였는데, 만약에 채무자가 계약에 따라 기한 내에 채무를 상환하지 못하면, 소작료를 징수할 수 있는 권리가 채권자에게 양도되었다. 다만, 이때 토지의 소유권 자체는 변경되지 않았다.

두 번째 유형은 토지를 담보로 설정하여 자금을 빌리면서, 채권자에게 소작료 형식으로 이자를 상환하지 않고, 별도로 이자를 정하여 현금으로 상환하는 형식이다. 이러한 유형의 담보 거래는 '안(按)'이라고도 불리었으며, '안지게은(按地揭銀)' 등의 표현이 사용되었다. 현재에도 홍콩 등지에서는 부동산 담보 대출을 '안게(按揭)'라고 부른다.

세 번째 유형은 담보로 설정된 토지를 채무자가 계속 경영하는 일반적인 유형의 부동산 담보 거래와 달리, 채무자가 토지 경영의 권리를 채권자에게 약정 기간 동안 양도하는 방식이었다. 이때의 '당'은 일반적으로 담보로 설정된 동산을 전당포에서 관리하는 것과 마찬가지로, 채권자가 담보로 설정된 토지를 직접 관리하는 것이었다. 이 경우 '당'은 표면적으로는 사실상 압조 관행과 매우 흡사하였으며, 이때 채무자의 차입금은 압조제 아래에서 지주가 받은 압금과 거의 동일한 기능을 하였다.

한편, 채권 - 채무 관계가 성립됨에 따라서 지주 - 소작 관계가 함께 형성되기도 하였다. 업주가 채무를 상환할 방법이 없을 때, 토지의 소유권은 계속 유지하면서 물권만을 채권자에게 양도하여 채무를 상환하기도 하였는데, 채무 금액이 큰 경우에는 물권을 영구적으로 양도했기 때문에 일종의 전면권이 형성되기도 하였다. 이렇게 되면 채무자인 업주가 토지 재산권의 일부를 채권자에게 양도함으로써, 형식적으로는 채무자가 지주가 되고 채권자가 영구소작권을 가진 소작인이 되었다. 반대로, 채무자가 채권자에게 전저권을 양도하고 본인은 전면권을 유지함으로써 채무자가 채권자의 소작인이 되는 관계가 형성되기도 하였다.

'전'이나 '당'·'저압(抵押)'은 모두 자금을 필요로 하는 사람들이 토지를 대가로 자금을 빌리는 행위이며, 또한 차입금을 모두 갚음으로써 토지에 대한 온전한 권리를 회복할 수 있었다는 점에서 유사한 형식의 금융 거래라고 볼 수 있다. 실제로, 일반적으로 '전당(典當)'으로 함께 병칭되기도 하였고, 일부 민간 계약서에서는 이 둘이 혼용되기도 하였다.

하지만 두 개념은 엄밀한 의미에서는 서로 다른 개념으로, 구체적인 거래 행위나 권리 – 의무관계에서 양자는 구분되었다. '전'에서는 토지의 소유권을 제외한 물권(용익물권과 담보물권)이 채권자에게 이전됨에 따라 약정 기간 동안 토지 소유권과 재산권의 분화가 이루어지지만, '당'·'저압'에서는 토지의 소유권 또는 재산권이 차입금에 대한 담보로 설정되어 있을 뿐, 실제 물권은 여전히 채무자에게 있었다. '당'의 경우에는 오직 채무자가 부채를 상환하지 못했을 때만 담보로 설정된 권리들이 채권자에게 양도되었다. 즉, '당'은 토지 소유권의 이전이나 분할은 전혀 없이 담보 기능만 설정되는 것이었지만, '전'에서는 토지 소유권과 재산권의 잠정적 분할이 발생하였다.

또한, '당'과 달리 '전'에서는 채무자가 채권자에게 별도의 이자를 지불하지 않았고, '전'에서는 토지 가격의 변동으로 인한 위험을 채권자가 부담하였다. 반면, '당'에서는 이를 채무자가 부담하였다. 즉, '전'에서는 채무자가 차입금('전가') 원금을 상환함으로써 채무가 변제된 반면, '당'에서는 토지 가격의 변동으로 채권자가 손해를 보게 되면, 채권자가 채무자에게 추가적인 보상을 요구할 수 있었다. '전'에서는 토지 가격이 상승하면 채무자가 차입금 원금을 지불하고 토지를 회속한 뒤에 시장 가격에 맞춰 다시 전출함으로써 이득을 얻을 수도 있었다. 반대로 토지 가격이 하락하면 회속을 포기하면 그만이었다.

경우에 따라서는 '전'과 '당'이 뒤섞여 사용되기도 하였다. 특히, '전'과 소작이 동시에 이루어지면, 외견상 '당'과 동일한 구조가 나타날 수 있었다. 채무자가 먼저 토지를 전출하여 채권자로부터 전가를 받고 토지에 대한 물권을 약정 기간 동안 양도한 뒤, 채권자가 토지를 직접 경영하지 않고 채무자에게 다시 소작을 주게 되면, 채무자는 원래 본인이 경영하던 토지를 계속 경영하면서 채권자에게 소작료를 지불하였다. 업주가 토지에 대한 소유권과 경작권은 유지하면서 자금을 차입하고 싶을 때, 그리고 전주(錢主)는 자본을 투자하여 이자를 획득하되 직접 토지를 경영하고 싶은 생각은 없을 때, 이러한 두 가지 수요가 맞아떨어질 때 위와 같은 형식의 '전' 관행이 활용되었으며, 민국 시기에도 보편적인 관행으로 널리 나타났다. 외견상 이는 담보로 설정된 토지를 계속 채무자가 경영하면서 채권자에게 소작료의 형태로 이자를 납부하는 '당'과 완전히 동일한 형식을 취하는 것이었다.

'당'은 토지 소유권 또는 재산권을 담보로 자금을 차입한 뒤, 채무와 이자를 상환하지 못하면 담보로 설정된 권리를 채권자에게 양도함으로써 채무를 상환하는 방식의 거래였다. 전근대 중국의 국가권력은 고리대금에 반대한다는 윤리적 측면에서 각종 제도와 사회 윤리를 동원하여 이러한 거래 형식을 제한하려 하였다. 명·청 시대 국가권력은 '당'을 정당하지 않은 거래 형식으로 간주하였다. 청대의 법전에 '전'에 관한 조항은 있었지만, '당'과 관련된 구체적인 규정은 없었다. 그나마 '당'과 가장 유사한 조항이 '전당(典當)'에 관한 것이 있는데, 이 조항에는 동산에 관한 규정만 있을 뿐, 토지나 부동산에 관한 언급은 없었다. 토지의 '당' 관행은 민간에서 자율적으로 발달한 사회 관행이었다.

제3장
토지 소유 관련 법령의 근대화

청말(淸末)·민초(民初)의 민법 제정 시도

청조(淸朝)는 1901년 이후로 신정(新政)을 추진하는 과정에서 법제의 근대화를 위하여 두 가지 조치를 병행하였다. 한편으로는 새로운 근대적 형법전(刑法典)과 민법전(民法典)의 초안을 작성하기 시작하였고, 다른 한편으로는 기존의 〈대청률(大淸律)〉을 수정하는 작업을 진행하였다. 1911년의 신해혁명(辛亥革命)으로 청조가 몰락하기 전까지 새로운 형법전과 민법전의 초안이 완성되기는 하였지만 끝내 공포되지는 못한 반면, 〈대청률〉 수정은 1909년에 완성되어 1910년부터 시행되었다. 이때 수정된 〈대청률〉의 민사(民事) 관련 조항들은 나중에 국민정부(國民政府)에 의하여 새로운 민법이 제정되기 전까지, 약 20년 동안 사실상 중국의 근대적 민법으로서 기능하였다.

장지동(張之洞)과 유곤일(劉坤一)의 건의로 시작된 청 말의 형법전 및 민법전 편찬 작업은 법학자 심가본(沈家本)의 주도로 1902년부터 시작되었다. 새로운 형법전은 독일의 법전을 모방한 일본의 법전을 표본으로 삼아 작성되었고, 1907년에 초안이 완성되었으나 '예

(禮)'에 부합하지 않는다는 이유로 조정의 반대에 부딪혀 공포되지 못하였다. 민법전 역시 독일 모델을 모방한 일본의 법전을 표본으로 삼았으며, 도쿄고등법원 법관인 마쓰오카 요시마사(松岡義正)가 앞의 세 편(編)—'통칙(通則)'·'채권(債權)'·'물권(物權)'— 을 작성하고, 중국의 법학자 주헌문(朱獻文)과 고종화(高種和)가 뒤의 두 편 —'친속(親屬)'·'계승(繼承)'— 을 작성하였다. 앞의 세 편은 〈대청민률초안(大淸民律草案)〉이라는 이름으로 1911년 10월 26일에 황제에게 올려졌으나, 신해혁명의 정국 속에서 끝내 반포되지는 못하였다.

기존의 〈대청률〉에서는 근대법의 '민사'에 해당되는 사안들을 '세사(細事)'라는 개념으로 표현하였다. 즉, '민사'는 전통시대 통치자의 관점에서 보았을 때 제국의 통치에 중대한 영향을 미치지 못하는 '자질구레한 일'로 간주되었고, 법전에서는 이러한 '세사'에서의 위법행위를 처리하기 위한 처벌 규정만을 제공할 뿐, 실제 업무의 처리는 주현(州縣)에서 자체적으로 처리하도록 하였다. 하지만 1911년에 준비된 새로운 민법전 초안에서는 이러한 '세사'의 관점을 버리고, 근대적인 '권리'와 '의무'의 관계에 입각하여 전체 민사 규정을 별도의 법체계로 정비하였다. 비록 1911년의 민법전 초안이 공식적으로 채택되어 반포되지는 못하였지만, 여기에서 제기된 근대적 '권리'·'의무' 등의 개념은 민국 시기 공화정의 혼란에도 불구하고 법률 개혁의 기본 담론으로 자리 잡았으며, 이후 1925~26년의 민법 초안, 그리고 국민정부의 민법전 초안으로 이어졌다.

한편, 〈대청률〉 수정 작업은 1905년부터 일부분씩 순차적으로 진행되었다. 1905년에는 '능지(凌遲)'[1)]와 '효수(梟首)'[2)], '자자(刺字)'[3)]

---

1) 최고 등급의 사형에 해당하는 형벌로서, 죄인의 살을 여러 차례에 걸쳐 도려내

등 근대적 관점에서 볼 때 부적절한 유형의 형벌을 폐지하는 초안이 마련되었다. 1907년에는 만주족과 한족을 차별하는 조항을 없애고, '이률(吏律)'·'호률(戶律)'·'예률(禮律)'·'병률(兵律)'·'형률(刑律)'·'공률(工律)' 등 육부(六部)에 상응하도록 편성되어있는 법률의 구조를 '전택(田宅)'과 '혼인(婚姻)', '전채(錢債)' 등 조항의 내용에 따라 재분류하는 작업이 이루어졌다. 최종 수정안은 1909년에 헌정편사관(憲政編查館)에서의 논의를 거쳐 정식으로 반포되었고, 1910년부터 〈대청현행형률(大淸現行刑律)〉이라는 이름으로 시행되었다. 법제 개혁에 참여한 인사들은 이미 형법과 민법의 구분을 의식하고 있었지만, 새로운 민법과 형법이 정식으로 공포되기 전에는 청대까지의 방식대로 '형률(刑律)'이라는 이름 아래 민법 관련 내용을 포함시킬 수밖에 없었다.

〈대청현행형률〉의 민사 관련 조항들은 형사 관련 조항과는 달리, 대부분 〈대청률〉의 원안을 거의 그대로 가져왔다. '선사(選嗣: 후계자 선정)', '분가(分家)', 토지 매매 및 전매(典賣), 혼인, 채무 등 주요 민사 관련 조례의 내용은 〈대청률〉의 조항과 유사하였고, 단지 조례 위반 시 가해지는 처벌의 방식과 강도에서만 차이가 있을 뿐이었다. 개인의 권리와 의무를 명확히 규정하는 형식을 취하는 근대적 (서구적) 민법 체계와 달리, 〈대청률〉은 통치자의 입장에서 규정을 위반하는 자들을 처벌하는 형식의 규정을 담고 있었다. 처벌의 방식과 강도에서 부분적인 수정이 가해지기는 하였지만, 〈대청현행형

어 마침내 죽음에 이르게 하는 형벌.
2) 죄인의 목을 베어 성문에 내거는 형벌.
3) 죄인의 신체에 검은색 묵으로 죄목을 나타내는 글자를 새겨넣는 형벌.

률〉도 여전히 이러한 〈대청률〉의 관점과 형식을 계승하였다. 물론, 이러한 '금지'와 '처벌' 속에서 개인의 민사상 권리와 의무를 추출해 낼 수는 있지만, 형식적인 측면에서 그것이 법전의 형태로 정립되는 것은 난징국민정부의 수립을 기다려야 하였다.

1912년에 중화민국 임시정부는 형법과 민법을 완전히 분리하여, 청 말에 반포되지 못한 형법전의 내용을 〈잠행신형률(暫行新刑律)〉이라는 명칭으로 바꿔 독립 편성하였다. 이처럼 〈대청현행형률〉에서 형법 관련 부분이 떨어져나가면서, 〈대청현행형률〉 중의 민사 관련 조항만 따로 취하여 〈현행률(現行律)〉이라는 이름으로 다시 반포되었다. 즉, 중화민국에 들어와 형법에서는 서구의 형법을 모방한 법전을 근본으로 삼으면서, 민법에서는 수정된 구식 법전을 채택한 것이다. 이는 청조나 민국 정부 모두 중국의 사회 현실에 잘 조응하지 못하는 서구적 민법전을 즉각 적용하기보다는 일종의 과도기를 두고자 하였기 때문이다. 〈대청률〉 수정안에 바탕을 두고 있는 이 〈현행률〉은 1930년까지 사실상 중화민국의 정식 민법으로서 기능하였다.

근대적 '소유권' 개념의 도입

근대적 개념으로서의 소유권은 기본적으로 대상에 대한 '개인'의 독점적·배타적 권리를 내포하고 있지만, 전근대 중국 사회에서 재산은 근본적으로 개인에 귀속되는 것이 아니라 가정에 귀속되는 것이었다. 청대의 법전에서 재산, 특히 토지는 부계(父系) 가정의 소유물인 '가재(家財)', '가재전산(家財田産)' 등으로 취급되었다. 가장(家長)이라 하더라도 가산을 임의로 처분할 수 없었고, 상속에 있어서도 가장의 개인적 유언은 사회적 관행보다 효력이 약하였다. 청대에 가산의 상속은 '분가(分家)'와 '입사(立嗣)'라는 두 가지 방식을 통해서 이루어졌는데, 가산을 나누는 일종의 상속행위인 '분가'는 딸을 제외한 '제자균분(諸子均分)'의 원칙에 따라 이루어졌고, 재산을 상속할 아들이 없을 때는 양자를 들여 후계자를 지명함('立嗣')으로써 토지 등 가산을 상속하도록 하였다. 가장은 어떠한 이유에서든 친아들의 상속권을 박탈할 수 없었고, 양친이 생존해있으면 가장은 가산을 처리할 때 부모의 동의를 얻어야 하였다. 근대 민법의 관점에서 보면 토지 소유권의 주체는 (남성 중심의) 가족이었던 것이다.

전근대 중국 사회에서 물권 중 개인이 소유할 수 있는 것은 의복과 물품 같은 소비재에만 한정되었으며, 토지나 자본재는 전체 가족의 소유로 인식되었다. 따라서 '분가'가 이루어지기 전까지는 가족의 개별 구성원이 어떠한 토지재산도 독자적으로 처분할 수 없었다. 공식적인 법률에서는 이와 관련된 자세한 규정이 설정되어 있지 않았지만, 민간사회의 사적 영역에서 가족 및 친족의 토지자산 소유권을 보호하기 위한 관행들이 형성되었다.

명·청 시대에는 토지를 판매할 때 타인에게 양도하기 전에 먼저 친족들에게 구매 의사가 있는지 없는지 확인하는 절차를 거쳐야 하는 것이 관행이었고, 일반적으로 매매 계약서에는 해당 거래에 대하여 친족들이 동의하였다는 내용을 표기하는 경우가 많았다. 또한, '활매(活賣)'나 '전(典)'의 거래에서 '회속(回贖)'이 허용되었던 것도, 경제적 궁핍으로 인하여 부득이하게 토지를 판매한 농민들이 상황이 호전되면 토지를 다시 사들일 수 있도록 허용해줌으로써, 부모로부터 물려받은 가산을 지켜야 한다는 후손으로서의 윤리적 의무를 농민들이 다할 수 있도록 보장해주기 위한 것이기도 하였다.

근대 중국에서 개인의 소유권이라는 것이 하나의 법적 개념으로 도입되기 시작한 것은 19세기 말에 서양의 법제도를 수용하는 과정에서 비롯되었다. 1899년에 양계초(梁啓超)는 〈각국헌법이동론(各國憲法異同論)〉에서 소유권을 '타인이 자신의 소유물을 점탈(占奪)할 수 없는 권리'라고 해석했는데, 여기에서 타인이 점탈할 수 없다는 것은 근대적 소유권 개념이 갖고 있는 배타성을 의미하는 것이었다. 1903년에 왕영보(汪榮寶)와 엽란(葉瀾)이 함께 편찬한 사전인 〈신이아(新爾雅)〉에서는 소유권을 '자신의 의사에 따라서 법률의 범위 내에서 보존하고 처리할 수 있는 것'이라고 정의하였다.

19세기 말에 중국 사회에 소개되기 시작한 근대적 소유권의 개념은 위에서 언급한 청말의 법제 근대화 과정에서 법률의 테두리 안으로 들어오게 되었다. 청조에서 준비하고 있었던 근대적 민법전, 즉 〈대청민률초안〉의 제983조에서는 '소유인(所有人)'이 법령의 한도 내에서 그 소유물을 자유롭게 사용·수익(收益)·처분할 수 있다고 규정하고 있으며, 제984조에서는 소유인이 그 소유물에 대한 타인의 간섭을 배제할 수 있지만, 타인의 생명·신체·자유·재산의 위험으로 인하여 부득이하게 간섭이 이루어질 때, 그리고 소유인의 재산에 간섭함으로써 발생하는 손해보다 그 위험으로 인하여 발생하는 손해가 클 때 이루어지는 간섭에 대해서는 이 규정을 적용하지 않는다고 명시하였다. 소유권은 소유인이 임의로 그 소유물을 처분할 수 있는 권리(적극적 권리), 타인의 간섭을 배제할 수 있는 권리(소극적 권리) 등 두 가지로 규정되었으며, 동시에 소유인은 권리를 행사할 때 법률을 위반하거나 제3자의 권리를 침해할 수 없다는 일정한 제한이 가해졌다.

또한, 〈대청민률초안〉의 작성 과정에서 처음으로 법적 차원에서 토지를 부동산으로 정의하여 민법의 대상으로 삼게 되었다. 〈대청민률초안〉이 비록 최종적으로 반포되지는 못하였지만, 서구의 토지 소유권 개념이 이 초안의 작성 과정을 통해서 중국에 도입되었다고 할 수 있다. 〈대청민률초안〉이 확정 반포되지 못하면서 민국 초기에도 여전히 근대적인 민법이 공식적으로 제정되지 못했지만, 초안에 반영된 근대적 개념의 권리와 의무의 내용들이 대리원(大理院)의 여러 사법 판결들에 적용되었고, 결과적으로는 일련의 체계적인 토지 소유권 개념과 규범들이 사회적으로 형성될 수 있었다. 이러한 규범들은 이후 남경국민정부 시기에 근대적인 법률체계가 확립되면서, 〈중화민국민법(中華民國民法)〉과 〈중화민국토지법(中華民國土地法)〉 등의 법률 조문 속에서 구체화되었다.

〈중화민국민법〉과 소유권

청말 신정기에 법제의 근대화를 추진하기 위하여 설립된 수정법률관(修訂法律館)은 신해혁명 이후 군벌세력에 의한 잦은 정권 교체에도 불구하고 계속 유지되었다. 청말에 이곳에서 근무하였던 장종샹(章宗祥)과 동캉(董康) 등의 젊은 법학자들은 북양정부(北洋政府) 시기에도 계속해서 근무하였고, 청말의 첫 번째 민법전 초안(〈대청민률초안〉)을 작성하는 데 참여했던 이들이 1925~26년에 나온 두 번째 민법전 초안(민국민률초안/1925)의 작성에도 관여하였다.

하지만, 1927년에 남경국민정부가 수립되면서 근대 법제의 제정을 둘러싼 상황은 크게 변하였다. 중국국민당의 중앙정치회의(中央政治會議)에서 민법을 기초하는 작업을 총괄하게 되었고, 그에 따라 중앙정치회의는 법안의 작성에 참여하는 자들이 준수해야 할 각종

'입법원칙'들도 제정하였다. 새롭게 작성될 민법과 관련하여, 총칙편(總則編)에 19개 조항, 전채편(錢債編)과 물권편(物權編)에 각각 15개 조항, 친속편(親屬編)과 계승편(繼承編)에 각각 9개 조항의 입법원칙들이 수립되었다.

민법을 기초하는 작업을 주도한 사람들은 국민당 내에서 쟝졔스(蔣介石) 중심의 핵심 권력집단과는 다소 거리가 있는 인사들이었다. 법률 분야는 당내 권력투쟁과는 비교적 관련이 적었기 때문에 이들이 작업을 주도할 수 있었다. 중앙정치회의에서 입법문제를 담당한 소조(小組)는 총 6명으로 구성되었는데, 후한민(胡漢民)·린썬(林森)·쑨커(孫科)는 주로 입법원칙의 제정을 담당하였고, 왕총후이(王寵惠)·차이위안페이(蔡元培)·다이지타오(戴季陶)는 앞의 3인과 함께 중앙정치회의 전체회의에 제출할 초안을 심사하고 수정하는 작업을 담당하였다.

법전의 실제 편찬과정을 책임진 인물은 1929년에 설립된 입법원(立法院) 민법기초위원회(民法起草委員會)의 주석(主席)인 푸핑창(傅秉常)이었다. 이 위원회에는 쟈오이탕(焦易堂)·쓰쌍콴(史尙寬)·린빈(林斌)·쩡위시우(鄭毓秀) 등이 포함되어 있었는데, 이들은 모두 근대 법학 교육을 받은 경험이 있었고, 대부분 해외 유학을 다녀와 외국어에도 능통하였다. 이들은 해외로부터 당시의 가장 선진적인 법제를 중국에 들여옴으로써 중국의 법제를 근대화하는 것을 목표로 삼고 있었으며, 또한 동시에 이를 중국의 현실에 맞게 수용할 수 있는 방안에 대해서도 고려하였다. 민법기초위원회에서 작성된 민법전 초안은 1929년 5월에 통과되어 10월 10일부터 발효되었다.

〈중화민국민법〉(이하 〈민법〉)에서는 〈대청민률초안〉과 〈민국민률초안(民國民律草案)〉(1925)의 소유권 개념을 기본적으로 계승하면서, 물권편(物權編)에서 소유권의 내용을 종합적으로 정리하여 구체화하였다. 〈민법〉의 제765조에서부터 제772조까지가 '소유권'의 '통칙(通則)'으로서, 소유권에 관한 포괄적인 내용을 담고 있다. 그 주요 내용은 아래와 같다.

〈중화민국민법〉(1929)

제765조 소유인(所有人)은 법령이 제한하는 범위 내에서 그 소유물을 자유롭게 사용·수익·처분할 수 있으며, 타인의 간섭을 배제할 수 있다.

제766조 물(物)의 성분이나 (物로부터) 자연적으로 발생한 산물이 (物과) 분리되면, 법률에서 따로 규정하는 경우를 제외하고는 물(物)의 소유인에게 귀속된다.

제767조 소유인은 그 소유물을 정당하지 않게 점유당하거나 침탈당한 것에 대하여 반환을 요구할 수 있다. 그 소유권을 방해하는 것에 대해서도 제거할 것을 요구할 수 있다. 그 소유권을 방해할 우려가 있는 것에 대해서도 그것을 막아달라고 요구할 수 있다.

또한, 〈민법〉 물권편의 제773조에서는 법령에서 제한하는 경우를 제외하고, 토지 소유권의 범위는 토지의 상부와 하부에 이른다고 규정하였다. 즉, 토지 자체 뿐만 아니라 토지에서 자라는 것 모두 토지 소유권자의 소유물로 정의하고 있다. 이어서 제774조부터 제800조까지는 발생 가능한 다양한 분쟁 상황에 대하여 토지 소유권자의 권리와 의무를 구체적으로 명시하였다.

국민정부의 민법에서는 청말과 민국 초기의 초안들에 비하여 소유권이 보다 분명하게 규정되었다. 국민정부의 민법은 소유권을 지닌 개인의 자유롭고 자발적인 행위와 계약에 따라 발생하는 다양한 권리와 의무를 법제화한 근대 자본주의 시장경제의 원칙에 비교적 충실한 것이었다. 청대의 법전이 농민의 생계를 보호하고 규정을 위반한 자를 처벌하는 것을 주요 목적으로 했다면, 국민정부의 민법은 서구 자본주의의 원칙에 따라 개인의 권리와 의무를 분명하게 규정하는 것에 있었다. 청대의 토지 '전매(典賣)' 관행을 용인하면서도, '회속(回贖)' 기한을 구체적으로 명시함으로써 소유권의 모호함을 최소화하고자 하였으며, 오랜 기간 민간에서 통용되었던 전면권(田面權)을 부정함으로써 하나의 토지에는 하나의 소유자만 존재할 수 있도록 한 것이 대표적인 사례이다(자세한 내용은 5장과 6장을 참고).

난징국민정부 수립 초기에 법제의 근대화가 집중적으로 진행되면서 민법 관련 규정들이 이전에 비하여 상세하게 규정되었고, 그 과정에서 전통시대의 가산제는 적어도 법적으로는 개인재산제로 대체되었다. 〈민법〉 총칙에서는 민법의 주체를 기본적으로 '개인'으로 설정하였으며, 이에 따라 재산을 소유하는 주체도 '자연인(自然人)'과 '법인(法人)'으로 규정되었다. 재산을 소유하고 사용하며 처분할 수 있는 주체는 자연인으로서의 개인이거나 법적 주체로서의 개인으로 한정된 것이다.

물론, 〈민법〉에서 개인의 소유권을 분명하게 규정하였다고 해서 민간사회에서 '가산' 관념이 곧바로 사라진 것은 아니었다. 여러 민사 안건의 사례들을 보면, 1949년까지도 토지에 대한 소유권은 개인보다는 그 개인이 속한 가정이나 친족에 귀속된다는 관념이 여전히 존재하고 있었음이 확인된다. '분가' 문서를 보아도, 난징국민정부 시기의 문서양식과 내용이 청대의 그것과 별다른 차이가 없었다. 1949년까지도 청대의 '분가' 관행이 여전히 중국 가정의 가산 분배

114

와 상속 행위를 규율하고 있었던 것이다. 〈민법〉을 통하여 법적으로는 개인 중심의 소유권 개념이 확립되었지만, 중국 사회에서는 여전히 근대 이전의 관행이 영향력을 발휘하고 있었다.

한편, 〈민법〉에서 정립된 개인 중심의 소유권 개념은 근대 초기의 소유권 개념보다는 19세기 말에 등장한 새로운 추세를 반영하는 것이었다. 19세기 말부터 서구 사회에서는 '천부적인 권리'로서의 개인 소유권의 절대성을 강조하는 것에 대한 비판의 움직임이 나타났으며, 그에 따라 개인 권리의 남용을 금지하고 공공의 복리를 중시하는 사조가 발전하였다. 20세기 전반기에 중국에서 서구의 법제를 도입하는 과정에서 이러한 풍조는 최신의 경향으로 이해되었으며, 결과적으로 이러한 경향은 〈민법〉의 제정에도 영향을 미쳤다.

〈민법〉 제765조에서는 소유인이 '법령의 제한 범위' 내에서 소유권을 행사할 수 있다고 규정하였다. 1930년에 반포된 〈중화민국토지법(中華民國土地法)〉의 제2장에서도 사유 토지의 범위와 최고 한도가 설정되었고, 토지 소유권의 이전에 대한 각종 제한이 마련되었다. 1936년에 입법원에서 통과된 〈중화민국헌법초안(中華民國憲法草案)〉 제117조에서도 중화민국 영역 내의 토지는 국민 전체에 귀속된다고 규정하면서, 토지 소유자는 법률의 보호와 함께 제한도 받는다고 명시하였다. 1947년에 정식 반포된 〈중화민국헌법〉 제143조 제1항도 이를 그대로 계승하였다. 즉, 개인의 토지 소유권은 사회의 공익에 부합할 때에만 허용될 수 있다는 것이 기본적인 입법 취지였다.

〈중화민국토지법〉(1930)

제8조   아래의 토지는 사유(私有)할 수 없다.

　1. 통운(通運)이 가능한 수도(水道)

2. 자연적으로 형성된 호택(湖澤)으로서 공공의 필요가 있는 곳

3. 공공 교통도로

4. 광천지(鑛泉地)

5. 폭포지(瀑布地)

6. 공공의 필요가 있는 천연 수원지(水源池)

7. 명승고적(名勝古蹟)

8. 기타 법령에서 금지하는 사유지

시진(市鎭) 구역의 수도(水道)와 호택(湖澤) 연안에 있는 상당 한도 내의 공유 토지는 사유지로 할 수 없다.

제14조 지방정부는 사유지에 대하여 아래의 상황을 판단하여 개인 또는 단체 소유 토지면적의 최고한도를 제한할 수 있다. 단, 중앙 지정기관(地政機關)의 검토를 거쳐야 한다.

1. 지방의 필요

2. 토지의 종류

3. 토지의 성질

제16조 국민정부는 사유지 소유권의 이전, 담보 설정, 또는 임대에 대하여 국가 정책에 방해가 된다고 판단할 때는 이를 제지할 수 있다.

〈중화민국헌법초안〉(1936)

제117조 중화민국 영역 내의 토지는 국민 전체에 속한다. 인민이 법률에 의거하여 소유권을 취득한 경우에는 그 소유권은 법률의 보장과 제한을 받는다.

국가는 인민이 소유권을 취득한 토지에 대하여 토지 소유권자가 신고한 토지가격, 또는 정부에서 산출한 토지가격에 비추어 법률에 따라서 세금을 징수하거나 수용할 수 있다.

토지 소유권자는 그가 소유하는 토지에 대하여 충분히 사용할 의무가 있다.

제118조 토지에 부착(附着)된 광물이나 경제적으로 공공의 이익에

사용될 수 있는 천연자원(天然力)은 국가의 소유로 하며, 인민이 토지 소유권을 취득했다고 해서 영향을 받지 않는다.

제119조 노동력과 자본을 투입하지 않았음에도 토지의 가치가 증가한 경우에는 토지증치세(土地增値稅)를 징수하는 방법으로 인민의 공공 소유로 거둬들인다.

입법원장 후한민은 〈민법〉의 이러한 방향을 삼민주의(三民主義)의 맥락에서 해석하여, 사회 전체의 이익을 개인의 소유권보다 우위에 두는 원칙을 세웠다. 그는 서구에서는 20세기 초에 이르기까지 줄곧 개인을 중심에 두었다가 최근에 이르러 사회의 필요에 관심을 기울이고 있는 반면에, 중국은 이러한 점에서는 서구에 비하여 여러 측면에서 진보했다고 주장하였다. 국민당의 삼민주의는 사회를 중심에 두고 있기 때문에 국제사회의 최신 법률 발전의 흐름에서 가장 앞서있다고 본 것이다.

〈중화민국토지법〉과 토지 소유권

국민정부 통치 아래의 20여 년 동안, 〈중화민국토지법〉(1930)(이하 '〈토지법〉'), 〈전시토지정책대강(戰時土地政策大綱)〉(1938), 〈토지정책전시실시강요(土地政策戰時實施綱要)〉(1941), 〈중화민국토지법(수정)〉(1946), 〈농지개혁법초안(農地改革法草案)〉(1946) 등 적지 않은 수의 토지 관련 법규와 정책들이 제정되었다. 중앙정부의 법규뿐만 아니라 지방정부의 규정들까지 합하면, 국민정부 시기에만 토지정책과 관련된 법규가 총 240여 종이 제정되었다.

1927년 난징국민정부의 수립과 함께 입법원은 쑨원(孫文)의 과거 주장을 담은 '총리유교(總理遺敎)'에 따라서 토지법을 제정하여

1930년 6월 30일에 공포하였다. 1928년 11월에 입법원 원장 후한민과 부원장 린썬의 주도 아래 토지법 제정을 위한 준비작업이 시작되었으며, 먼저 9개 조항으로 구성된 〈토지법원칙초안(土地法原則草案)〉이 제정되었다. 토지법 제정의 원칙을 규정한 이 초안에서는 쑨원의 '평균지권(平均地權)' 주장을 정책적 방향으로 설정하여, 자본과 노동력의 투입 없이 발생한 토지 가치의 상승분을 국가에서 흡수하도록 하였다. 1929년 1월 16일에 중앙정치회의 제171차 회의에서 이 원칙이 통과되었고, 그에 따라 이 원칙에 기초한 토지법 제정 작업이 시작되었다.

〈토지법〉은 '총칙(總則)'과 '토지등기(土地登記)', '토지사용(土地使用)', '토지세(土地稅)', '토지징수(土地徵收)' 등 5개 편(編)으로 구성되어 있으며, 총 397개 조항으로 이루어졌다. 397개 조항 중에서 346개 조항이 토지 행정이나 토지세 징수 등과 관련된 규정으로 채워졌으며, 토지의 법률적 개념, 토지 소유권의 귀속 등에 관한 내용은 주로 '총칙'에 포함되었다.

〈중화민국토지법〉(1930)

제1조   본법(本法)에서 언급하는 토지는 수륙(水陸) 및 천연자원을 가리킨다.

제7조   중화민국 영역 내의 토지는 중화민국 국민 전체에 귀속된다. 인민이 법에 의거하여 소유권을 취득한 경우에는 사유토지로 삼는다. 단, 토지에 부착(附着)되어 있는 광물은 토지 소유권을 취득했다고 해서 영향을 받지 않는다. 앞에서 언급하는 광물이라 함은 광업법(鑛業法)에서 규정한 종류에 국한된다.

제8조   ('〈중화민국민법〉과 소유권' 참고)

제12조 인민이 법에 의거하여 소유권을 취득하지 않은 토지는 공
       유 토지로 삼는다. 사유 토지의 소유권이 소멸된 경우에는
       공유 토지로 삼는다.
제14조 ('〈중화민국민법〉과 소유권' 참고)
제16조 ('〈중화민국민법〉과 소유권' 참고)

토지 소유의 주체와 관련하여 난징국민정부는 토지의 사유를 절
대적으로 승인하지도 않았고, 그렇다고 해서 이를 부정하지도 않았
다. 토지 소유의 주체는 '국민 전체'이면서 동시에 '개인'이기도 하였
으므로, 일종의 이중적인 토지 소유권을 인정한 것이었다. 〈민법〉의
'총칙'에 보면, 재산 소유의 주체를 '자연인'과 '법인'으로 규정하고
있어서 표면적으로 보면 사유제도를 인정하는 것 같지만, 국민정부
시기의 토지 소유권 관련 법규들을 함께 살펴보면, 토지의 개인 소
유를 확고히 규정했다고 보기 어려운 측면도 있다.
앞에서 살펴보았듯이, 〈토지법〉 제7조는 토지 소유권이 '중화민국
국민 전체'에 귀속된다고 규정하고 있다. 또한, 1936년의 〈중화민국
헌법초안〉의 관련 규정을 거의 그대로 계승한 〈중화민국헌법〉(1946)
에서는 다음과 같이 규정하였다.

〈중화민국헌법〉(1946)
제143조 중화민국 영토 내의 토지는 국민 전체에 귀속된다. 인민이
        법에 의거하여 취득한 토지 소유권은 법률의 보호와 제약
        을 받아야 한다. 사유 토지는 가격에 따라 세금을 납부해야
        하며, 정부는 그 가격에 따라서 수매할 수 있다.
        토지에 부착(附着)된 광물과 경제적으로 공공의 이익에 활
        용될 수 있는 천연자원은 국가의 소유로 귀속되며, 인민이
        토지 소유권을 취득한 것으로 인하여 영향을 받지 않는다.

노동력과 자본의 투입 없이 토지의 가치가 증가한 경우에
는 국가에서 토지증치세(土地增値税)를 징수하여 인민이
함께 누리도록 해야 한다.
국가는 토지의 분배와 정리에 있어서 자경농(自耕農)과 스
스로 토지를 경영하는 사람들을 지원한다는 원칙에 따라야
하며, 적당한 경영 면적을 규정해야 한다.

국민정부는 이론적으로는 토지의 '전민공유(全民公有)'를 지향했
던 것이며, 따라서 개인이 법률에 의거하여 토지 소유권을 취득하였
다고 하더라도, 토지에 대한 국가의 소유권이 부정되지 않았다. 그
결과 토지에 매장되어 있는 광물자원 역시 토지 사유자의 소유가 아
닌 국가의 소유로 규정되었다.

〈토지법〉의 이러한 성격은 근본적으로 쑨원의 '평균지권' 사상에
기초한 것이었다. 국민정부의 토지정책은 토지의 사유권을 직접적
으로 엄격히 제한하는 것은 아니었지만, 토지 가격에 따른 과세, 토
지증치세(土地增値税) 부과 등을 통해서 점진적으로 '경자유기전
(耕者有其田)'⁴⁾을 실현하기 위한 것이었다. 〈토지법〉은 토지 소유에
대한 부분적 제한을 통해서 이 목적을 실현하고자 했을 뿐만 아니
라, 경우에 따라서는 자경지(自耕地)에 대해서 혜택을 제공함으로써
이를 실현하고자 하였다. 토지세 징수에 관한 규정에서 자경지는 규
정된 세액의 80%만을 징수하도록 하였다.

이러한 원칙에 따라 〈토지법〉에서는 토지의 사유권을 제한할 수
있는 장치들이 포함되어 있었다. 수로와 도로, 명승고적, 천연자원

---

4) '토지를 경작하는 사람이 그 토지를 소유하게 한다'는 의미로서, 중국국민당과
중국공산당 양당 모두의 토지개혁 정책의 기본 방향이 되었다. 다만, 그 목표
는 현실에서는 중국공산당의 토지개혁을 통해서 보다 전면적으로 추진되었다.

산지 등에 대해서는 사유가 금지되었고, 이 밖의 경우에도 개인의 소유 가능한 토지 면적이 제한되기도 하였다. 지방정부는 지방의 필요나 토지의 성질에 따라서 개인의 사유지 면적을 제한할 수 있었으며, 한도 이상의 토지를 보유한 소유자들이 정해진 기한 내에 초과분을 매도하지 않으면 이를 국가가 수용할 수 있도록 하였다. 또한, '국가정책에 방해가 되는 경우'에는 국가에서 사유지의 소유권 이전에 대해서도 제한을 가할 수 있었다.

이는 한편으로는 개인 소유권의 절대성에 일정한 제약을 가하기 시작한 19세기 말 이래 서구 사회의 추세와 함께 쑨원의 '평균지권' 주장을 반영한 것이기도 하였지만, 다른 한편으로는 전통시대의 왕토사상(王土思想)과도 일면 상통하는 것이었다. '천하의 모든 땅 중에 왕의 땅이 아닌 것이 없다(率土之濱, 莫非王土)'는 오래된 관념 속에서 '왕'의 자리에 '전체 국민'을 대입하면 〈토지법〉의 방향과 일치하였다. 추상화된 개념인 '국민 전체'라는 것은 사실상 '국가'를 지칭하는 것이었다. 1946년에 수정 반포된 〈토지법〉의 제4조에서는 "이 법에서 말하는 '공유토지(公有土地)'라는 것은 국유토지(國有土地), 성유토지(省有土地), 시·현유토지(市·縣有土地), 또는 향진(鄉鎭) 소유지를 지칭한다."고 규정하고 있다. 즉, 법적으로 '공유지(公有地)'라는 것을 각급 정부기관의 소유지와 동일시한 것이다. 이러한 논리에 따르면, 인민이 법에 따라 취득한 토지 소유권은 사실상 부분적인 사용권과 수익권에 한정되며, 그 최종적인 지배권은 '국민 전체'인 '국가'에 있었다고 볼 수 있다. 이런 점에서 국민정부의 토지 제도는 현실적으로는 토지의 개인 소유를 인정하되, 이념적으로는 토지의 공유(公有)를 지향한 것이었다.

토지 법제의 근대화와 사회 관행

〈민법〉 제1조는 "민사 법률에 규정되어 있지 않은 것은 관습에 따르며, 관습이 없는 경우에는 법리를 따른다."라고 규정하고 있으며, 제2조에서는 "민사에 적용되는 관습은 공공의 질서와 선량한 풍속에 위배되지 않아야 한다."라고 규정하였다. 이 규정은 국민정부 시기의 민법에서 사회 관행은 어디까지나 법률에서 다루지 않는 부분에 한정하여 제한적으로만 수용되었다는 것을 의미한다.

국민정부의 입법 과정을 주도한 후한민은 중국의 사회 관행은 대체로 낙후되었고 부정적이며, 사회 진보에 저해된다고 평가하였다. 중국의 낙후한 현실에서 벗어나고자 하는 의지가 강했던 개혁가들은 서구의 법전을 근대화의 모델로 삼았기 때문에 중국의 사회 관행을 법전에 반영하는 것을 최소화하고자 하였다. 결과적으로 국민정부의 민법은 대륙법의 전통에 따라 성문법(成文法)을 중시하는 경향을 띠게 되었다.

근대적인 법률체계를 갖추는 것을 근대화의 중요한 척도로 삼았던 근대 중국의 국가권력은 토지제도의 근대화를 추진하는 과정에서 중국의 현실에 부합하지 않는 근대적 개념과 제도들을 일부 도입하였다. 국민정부에서 '전전(轉典)'이나 '압조(押租)'를 금지한 것, 그리고 쑨원의 정책을 계승하여 일반적으로 수확물의 50%에 달했던 소작료를 25%씩 낮춰 수확물의 37.5%에 맞췄던 '이오감조(二五減租)'를 시행했던 것 등은 모두 기존의 사회 관행에 부합하지 않는 규정이었다. 이러한 시도는 결과적으로 현실에 부합하지 않는 법률과 제도를 강제함으로써 정책 실행의 효율성을 낮추는 결과를 가져왔다. 국민정부는 법률과 제도를 통해서 토지제도의 근대화를 유인

했지만, 중국 사회의 관행에 부합하지 않는 '근대적' 규정들은 중국 사회에 쉽게 뿌리내리지 못하였다(자세한 내용은 4장~6장을 참고할 것).

　일례로, 〈민법〉에서 규정한 부동산 등기 규정은 민간의 오래된 관행을 쉽게 대체하지 못하였다. 북양정부는 1922년에 〈부동산등기조례(不動産登記條例)〉와 〈부동산등기조례실시세칙(不動産登記條例實施細則)〉을 반포하였고, 국민정부는 1929년의 〈민법〉 제758조 및 제759조에서 부동산 등기 관련 규정을 제정하였다.

〈부동산등기조례(不動産登記條例)〉(1922)

제3조　부동산의 아래와 같은 권리의 설정·보존·이전·변경·제한·처분·소멸 등에 대해서는 모두 등기해야 한다.

　1. 소유권
　2. 지상권(地上權)
　3. 영전권(永佃權)
　4. 지역권(地役權)
　5. 전권(典權)
　6. 저압권(抵押權)
　7. 질권(質權)
　8. 조차권(租借權)

제4조　관습적으로 오래 이어져온 물권의 명칭이 위의 조항에서 열거한 것에 부합하지 않을 때는 그 성질에 의거하여 (위의 항목 중) 한 가지로 인정할 수 있을 때는 그 성질에 따라서 등기하고 원래의 명칭을 첨주(添註)한다. 만약 (위의 항목 중 하나로) 인정할 수 없을 때는 원래의 명칭에 따라 등기한다.

제9조　동일한 부동산을 등기할 때 그 권리의 우선순위는 법률에서 따로 규정하는 경우를 제외하면, 등기의 선후(先後)에

따른다. 등기에 선후가 없을 때는 동일한 것으로 간주한다.

〈중화민국민법〉(1929)

제758조 부동산의 물권을 법률행위에 따라서 취득·설정·상실·변
경할 때 등기를 거치지 않으면 효력이 발생하지 않는다.
제759조 상속, 강제집행, 공용징수(公用徵收), 또는 법원 판결 등으
로 인하여 등기하기 전에 부동산 물권을 취득한 경우에는
등기를 하지 않으면 그 물권을 처분할 수 없다.

하지만, 1920~30년대 실제 민사분쟁의 사례들을 보면, 분쟁 당사
자 쌍방이 모두 토지 등기를 제대로 실시하지 않고 전통적 관행에
따라 '홍계(紅契)'를 근거로 활용하여 서로 소유권을 주장하는 사례
들이 많았다. 근대적 법리 교육을 받은 법관들도 판결을 내리는 과
정에서 계약서를 근거로 삼아 소유권을 입증하는 민간의 전통적 관
행을 인정하기도 하였다. 국민정부 시기에 들어와 근대적인 토지 소
유권 개념이 제도적으로 도입되기는 하였지만, 그러한 관념과 제도
가 기층사회에서 사람들의 의식 속에 쉽게 받아들여지지는 못했던
것이다.

반면, 국민정부의 토지법 내용 중에는 전통적인 중국 사회의 관행
을 근대 법제의 틀 속에 온전히 수용한 부분도 있었다. 제전(祭田)이
하나의 사례이다. 제전은 조상에 대한 제사를 치르기 위해 친족 집
단이 소유하던 토지이며, 이 제전을 영구히 보존할 수 있도록 하기
위하여 자손들이 사실상 땅을 처분할 수 없게 만드는 관행이 형성되
었다. 청말에 법제를 정비하면서 청조는 이러한 제전의 관행을 근대
적인 법리 속에서 수용하기 위하여 근대 민법의 '공동공유(公同共
有)' 법리를 차용하였다. '공동공유'라는 것은 하나의 소유물에 두

개 이상의 소유권이 형성되는 것이 아니라, 하나의 소유권을 두 명 이상이 공동으로 향유하는 개념이었다.

난징국민정부의 입법원장이었던 후한민도 〈물권법입법원칙(物權法立法原則)〉을 준비하는 과정에서 중국 사회의 제전 운영 관행을 '공동공유'의 개념으로 소화하였다. 별도의 계약이나 법률로 규정하는 경우를 제외하고, 공동공유인(公同共有人) 전체의 동의를 얻지 않으면 소유물을 처분하거나 권리를 행사할 수 없도록 규정한 것이다. 이 법리에 따르면, 공동공유물인 제전은 전체 공유인의 동의가 있어야만 판매할 수 있었다. 한편으로는 고유의 제전 관행을 승인하면서, 다른 한편으로는 근대 민법의 공동공유 법리를 이용하여 법제화함으로써, 전근대 중국 사회의 제전 관행을 민법전의 틀 안에 융합시켰던 것이다.

국민정부에서 제정한 〈민법〉과 〈토지법〉의 내용 일부가 중국 사회의 오래된 관행에 부합하지 않았기 때문에 시행에 어려움을 겪기도 하였지만, 다른 한편으로는 위의 규정을 관철시킬 수 있을 만한 역량이 과연 국민정부에게 있었는가에 대해서도 고려해볼 필요가 있다.

국민정부는 정부 수립 초기에 〈민법〉과 〈토지법〉을 제정하여 근대적 토지 소유권 확립을 위한 법적 기반을 갖춘 뒤, 이를 실행하기 위한 기초작업으로서 먼저 전국의 토지 소유 현황과 관련 관행들에 대하여 광범위한 조사를 실시하였다. 1934년 2월에 국민정부는 〈토지법〉의 실현을 위하여 전국경제위원회(全國經濟委員會)와 내정부(內政部), 재정부(財政部) 등으로 구성된 토지위원회(土地委員會)를 설립하여, 각 성(省)·시(市)의 토지 관련 현황을 체계적으로 조사하여 토지정책에 대한 연구를 진행하도록 하였다. 1934년 8월에 천리푸(陳立夫)를 주임으로 하는 토지위원회가 정식으로 설립되어 82명의 인원을 선발하여 각 지방에 파견하였고, 이들이 중심이 되어 각 성(省)에서는 다시 도합 986명에 달하는 현(縣) 조사원을 양성하였다. 조사원들은 담당 지역으로 파견되어 직접 조사하거나, 경비와 인력, 시간 등의 한계로 인하여 현지의 당(黨)·정(政)기관에 위탁하여 간단한 조사를 진행하기도 하였다. 1935년 7월 말까지 각지에서 조사가 이루어졌고, 12월에는 총 22개 省에 대한 조사결과를 담은 보고서가 완성되었다.

이러한 노력에서도 나타나듯이, 국민정부의 토지행정 역량은 1930년대 전반기에 크게 강화되었지만, 중일전쟁의 시작과 함께 큰 타격을 입게 되었다. 1937년에 중일전쟁이 전면 발발하면서 국민정부는 서남 내지의 쓰촨(四川) 지역으로 이동해야 했으며, 1945년에 중일전쟁이 끝난 뒤에는 곧이어 중국공산당과의 내전이 시작되면서 광범위한 농촌 지역사회를 효율적으로 규제할 수 있는 여건을 확보하지 못하였다. 이러한 상황은 토지측량 면적의 변화 추이에서도 확인되는데, 1936년까지 국민정부가 측량한 토지의 면적은 대폭 증가했지만, 1937년 이후로 큰 폭으로 하락하여, 1949년에 중국국민당이 대륙에서 철수할 때까지 전전(戰前)의 수준을 다시 회복하지 못하였다.

게다가, 국민정부의 통치력은 주로 창쟝(長江) 하류 일대에 집중되어 있었기 때문에 지역적으로도 큰 편차를 보였다. 국민정부 아래에서 추진된 토지제도 및 토지행정 근대화 조치는 중일전쟁 이전까지는 주로 쟝쑤(江蘇)·저쟝(浙江)·쟝시(江西)에서, 그리고 중일전쟁 이후에는 저쟝·쟝시에서 시행착오를 겪으며 집행되었다. 쟝쑤성과 저쟝성은 원래 국민정부의 통치기반이었고, 쟝시성의 경우에는 중국공산당 세력 토벌을 위해 집중적으로 관리하면서, 토지정책의 집행이 여타 지역에 비해서 비교적 집중적으로 이루어졌다. 쟝쑤성의 경우에는 중일전쟁 시기에 전체 지역이 일본의 지배 아래 들어가면서 토지 측량 및 관리가 전혀 불가능했기 때문에 전후에도 이 지역에 대한 국민정부의 영향력은 제한적일 수밖에 없었다. 나머지 지역들은 대부분 지역 군벌들의 영향력 아래에 놓여 있었기 때문에 국민정부의 토지법과 제도가 온전히 관철되기에는 어려운 조건이었다.

전쟁과 토지 소유권

1938년 3월 29일부터 4월 1일에 걸쳐 우창(武昌)에서 개최된 중국국민당 임시전국대표대회에서는 전쟁으로 인하여 기존 〈토지법〉의 정상적인 집행이 어렵다고 판단하여 〈전시토지정책초안(戰時土地政策草案)〉을 통과시켰다. 이를 통하여 9개 조항으로 구성된 〈전시토지정책대강(戰時土地政策大綱)〉이 마련되었는데, 그 중에서 토지의 소유권과 관련된 내용으로는 사유지의 국가 헌납 장려, 한간(漢奸) 토지의 몰수, 미사용 토지의 수용, 황무지의 개간, 임의 '철전(撤佃)' 및 '항조(抗租: 소작료 납부 거부)' 금지 등이 포함되어 있었다.

〈전시토지정책대강〉(1938)

7. 난민을 안치하고 전사자 및 부상자 가족을 지원하기 위하여 인민이 토지를 정부에 헌납하도록 장려해야 하며, 한간(漢奸)의 토지를 몰수하고, 잘 이용하지 않는 토지를 수용하여, 법에 의거하여 부상병과 난민들에게 분배한다.

9. 사회 분쟁을 해소하기 위하여 소작료의 액수는 토지 가격의 7%

를 넘지 못하도록 하며, 임의로 소작을 취소(撤佃)하거나 소작료 납부를 거부(抗租)하는 것을 엄금한다.

하지만, 〈전시토지정책대강〉 역시 실행 과정에서 어려움에 봉착하였고, 이에 쟝졔스는 1941년 12월에 충칭(重慶)에서 개최된 중국국민당 5기9중전회에서 총 10개 조항으로 이루어진 〈토지정책전시실시강요(土地政策戰時實施綱要)〉를 통과시켰다. 그중에서 토지의 소유권과 관련된 내용으로는 다음과 같은 조항들이 있었다.

〈토지정책전시실시강요〉(1941)
5. 전시 경제정책 또는 공공건설의 시행을 위하여, 신고하여 정해진 토지 가격에 따라서 수시로 사유 토지를 징수할 수 있으며, 그 토지 가격의 일부분은 국가에서 발행하는 토지채권으로 지급할 수 있다.
6. 사유 토지를 소작을 주는 경우, 그 소작료는 신고하여 정해진 토지 가격의 10%를 초과할 수 없다.
7. 토지의 사용은 국가의 통제를 받아야 하며, 정부는 국계민생(國計民生)의 필요에 따라서 사유 농지의 작물 종류를 제한할 수 있다.
8. 농지는 농민이 직접 경작하는 것을 원칙으로 하며, 앞으로 농지의 소유권을 이전할 때 (소유권을) 승계받는 사람은 모두 본인이 직접 경작할 수 있는 인민으로 제한한다.
9. (생략) 사유 황무지에 대해서는 정부에서 고액의 지가세(地價稅)를 징수하고 기한을 정하여 (토지를) 사용하도록 한다. 기한이 지나도 사용하지 않을 경우에는 정부에서 토지 가격을 산정하여 토지 채권으로 징수할 수 있다.

첫째, 국가는 전시 경제정책 또는 공공건설의 시행을 위하여 사유지를 소유자가 신고한 토지 가격을 지급하고 언제나 수용할 수 있으며, 토지 가격의 일부는 정부에서 발행한 채권으로 지급할 수 있다. 둘째, 사유지를 소작을 주는 경우에 그 소작료는 신고한 토지 가격의 10%를 초과할 수 없다. 셋째, 국가는 토지의 사용에 대해서 규제할 수 있으며, '국계민생'을 위하여 사유지의 경작물을 지정할 수 있다. 넷째, 농지의 소유권을 이전할 때는 반드시 토지를 스스로 경작할 수 있는 사람에게만 이전해야 한다. 다섯째, 국가는 사유 황무지에 대해서 고액의 토지세를 부과하고, 기한을 정하여 토지를 이용하도록 강제할 수 있다. 기한이 지나도 토지를 이용하지 않으면 정부에서 가격을 산정하고 채권을 발행하여 토지를 수용할 수 있다. 요컨대, 비록 국가에서 그 비용을 지급하기는 하지만, 국가가 개인의 토지 소유권 혹은 사용권에 대해서 강력하게 개입할 수 있는 법적 근거가 마련된 것이다.

국공내전 시기의 국민정부는 전시의 수요를 위하여 개인의 토지 소유권을 제한하는 것 외에도, 중국공산당의 토지개혁을 의식하여 자경농을 육성하는 것에 주의하였다. 1945년 5월에 충칭에서 개최된 중국국민당 제6차 전국대표대회에서 국민당은 공산당의 토지개혁을 견제하기 위하여 농민문제와 토지문제를 비중 있게 다루었다. 이 대회에서 통과된 〈토지정책강령(土地政策綱領)〉에 따르면, 산과 강, 숲, 연못, 광산 등 '국계민생'에 관계된 천연자원이 풍부한 땅은 모두 국유화의 대상이 되었으며, 이 땅들이 국가에 수용된 뒤에는 다시는 개인에게 양도되지 않고 국가에서 직접 경영하도록 하였다. 또한, 소작인에게 임대되고 있는 모든 토지는 반드시 정부에서 소유자에게 토지 채권을 발급하여 토지를 수용하고, 모든 토지 임대차 계약은 정부기관에 등기하여 관리하도록 하였다. 수용된 소작지는 국가에서 원래의 소작농이나 항일전쟁 장병들에게 분배하여 경작할 수 있도록 하였다.

〈토지정책강령〉(1945)

1. 일체의 산과 숲, 강, 연못, 광산, 수력(水力) 등 천연자원은 즉시 완전히 공유화할 것을 선포한다. 그 규모가 비교적 큰 경우는 중앙정부에서 경영하고, 규모가 조금 작은 것은 지방 자치단체에서 경영한다.
2. 전쟁으로 파괴된 도시는 정부가 수복한 후에 곧바로 부흥계획을 반포해야 한다. 그 중심 시가지와 부두, 기차역, 공원 등의 부근 지대는 정부에서 모두 수용하여 각각 정리한다. 인민에게 임대할 수 있는 경우에는 토지 가격에 따라서 누진 소작료를 징수한다.
3. 새로 건설한 도시는 건설계획을 반포하기 전에는 먼저 토지 가격을 규정하여 공공 경영하는 것을 원칙으로 한다.
6. 소작을 주는 경지에 대해서는 정부에서 토지 채권을 발행하여 단계적으로 가격을 지불하고 수용할 수 있으며, (수용된 토지는) 정리하여 다시 구획한 뒤에 가능한 한 원래 경작하던 농민과 항전 용사들에게 주어 경작하도록 한다.
8. 모든 토지 임대차 계약은 반드시 주관 지정기관(地政機關)에 등기해야 하며, 아울러 법에 의거하여 소작료의 비율을 제한해야 한다.
9. 모든 사유지에 대해서는 신속히 토지 가격을 정하여 가격에 따라 누진세를 징수하고, 상승한 가치에 대해서는 공유화해야 한다. 각 현(縣)에서는 최대한 신속하게 지적(地籍) 정리를 완성해야 한다.
10. 사유지는 가격을 지불하고 수매할 수 있으며, 그 분할을 제한할 수 있다.

1946년 4월에 수정 공포된 〈토지법〉 제1편('총칙')의 '지권조정(地

權調整)' 항목에서는 모든 사유지에 대하여 소유 가능한 면적의 최고 한도를 설정해두었으며, 한도 초과분에 대해서는 모든 소유자들이 반드시 정해진 기한 내에 모두 매도하도록 규정하였다. 초과 보유분을 정부에서 사들일 때는 현금이 아닌 채권을 발행하여 수용할 수 있도록 하였다. 뿐만 아니라, 토지의 소유권을 양도할 때도 반드시 스스로 경작할 수 있는 능력이 있는 사람에게만 양도할 수 있도록 하였으며, 특정 토지가 8년 넘게 계속 소작이 주어진다면, 국가에서 대가를 지급하고 해당 토지를 수용할 수 있도록 하였다. 수정된 〈토지법〉과 동시에 반포된 〈토지법시행법(土地法施行法)〉에서는 토지 소유의 최고 한도를 택지와 농지, 사업용지 등으로 나누어 설정하였는데, 택지는 10무(畝)로, 농지는 10인 가구의 생계를 충족할 수 있는 정도로, 사업용지는 사업 규모의 크기에 따라서 정하도록 하였다.

〈중화민국토지법〉(1946)

제28조　성할시(省轄市) 또는 원할시(院轄市) 정부는 사유 토지에 대하여 지방의 상황을 고려하여, 토지의 종류와 성질에 따라서 개인 또는 단체가 소유할 수 있는 토지 면적의 최고 한도를 제한할 수 있다. 사유 토지 면적 제한의 최고 한도는 중앙 지정기관에서 검토하여 결정해야 한다.

제29조　사유 토지가 위의 조항에 따라 제한을 받을 때는 관할 현(縣)·시(市) 정부에서 방법을 정하여, 정해진 기간 내에 한도 초과분의 토지를 떼어내어 판매하도록 명령한다. 앞의 규정에 의거하여 (한도 초과분을) 떼어내어 판매하지 않을 경우에는 관할 현·시 정부에서 본 법에 따라 징수할 수 있다. 징수에 대한 토지 가격 보상은 상황을 고려하여 토지 채권으로 지급할 수 있다.

제33조   소작을 하는 토지가 아래의 상황에 부합할 때, 만약에 소작
        인이 8년 넘게 계속해서 토지를 경작했다면, 관할 현·시 정
        부에 대신 가격을 지불하고 수매해줄 것을 청구할 수 있다.
        1. 토지 소유권자가 부재지주인 경우.
        2. 토지 소유권자가 자경농이 아니지만, 노약(老弱)·고과
           (孤寡)·잔폐(殘廢) 또는 교육·자선·공익단체가 토지에
           의지하여 생활을 유지하는 경우에는 가격에 따라 수매하
           는 것을 면제한다.
제34조   각급 정부에서는 자경농장(自耕農場) 창설을 위하여 토지
        가 필요할 때 행정원(行政院)의 검토를 거쳐 아래의 순서
        에 따라 징수할 수 있으며, 그 토지 가격은 토지 채권으로
        지급할 수 있다.
        1. 사유 황무지
        2. 부재지주의 토지
        3. 소작지로서, 그 면적이 제28조에서 정한 최고 한도를 초
           과하는 부분

〈토지법시행법〉(1946)

제7조   토지법 제28에 의거하여 토지 면적의 최고 한도를 제한하
        는 기준은 택지와 농지, 사업용지 등을 구분하여, 택지는 10
        무(畝)를 한도로 삼고, 농지는 그 순수익이 10인 가구의 생
        활을 해결하는 데 적합한 수준으로 제한하며, 사업용지는
        사업 규모의 크기에 따라서 한도를 정한다.

　　전후 국민정부 토지정책의 이러한 방향은 1946년 말에 개최된 국
민대회(國民大會)에서 제정된 〈중화민국헌법(中華民國憲法)〉에도
반영되었다. 〈중화민국헌법〉의 제143조에서는 자작농을 양성한다는
원칙에 따라 국가가 토지의 분배 및 정리에 개입하고, 개인이 소유
할 수 있는 토지 면적의 상한선도 규정할 수 있도록 하였다. 비록

이러한 시도들이 결과적으로 현실에서 큰 성과를 가져오지는 못하였지만, 적어도 정책과 제도의 기본 방향이 '평균지권'과 '경자유기전'의 실현에 있었음은 확인된다.

제4장
20세기 전반기 소작 관행의 지속과 변화

소작 관련 규정의 법제화

20세기 전반기의 중국에서는 근대 산업이 충분히 발달하지 못했기 때문에 상인들이 공업에 투자하는 대신 토지에 투자하는 경향이 계속 이어졌으며, 아울러 가족관념의 발달로 인하여 재력가들이 종종 족유(族有)의 공유지를 구입하면서, 전체적으로 토지가 소수의 수중으로 집중되어가는 추세가 나타났다. 다만, 대규모 토지를 소유한 재력가들이라 하더라도 '제자균분'의 상속 관행으로 인하여 그 토지는 시간이 지남에 따라 점차 소규모 토지로 분할되었기 때문에 근대 중국에서도 여전히 대지주는 타지역에 비하여 상대적으로 적은 편이었다. 하지만, 그럼에도 불구하고 20세기 전반기에는 명·청 시기보다 토지 겸병의 추세가 더 강해진 것은 사실이며, 그에 따라 소작 역시 해마다 증가하는 추세를 보였다.

정부 소유의 국유지도 주로 소작인을 모집하여 경작하였다. 국유지 경작권을 임대할 때는 많은 경우에 대규모 자본을 갖춘 대형 소작인이 있고 그 아래에 일반 소작인들을 두는 형식을 취하였다. 국유지는 일반적으로 소작료가 낮았기 때문에 권세가들이 낮은 소작료를 대가로 토지를 임대한 뒤에 소작인들에게는 평균적인 소작료로 다시 소작을 줌으로써 차익을 획득하는 경우가 많았다. 구이저우성(貴州省) 따띵현(大定縣)에서는 현(縣) 정부에서 관리하는 토지를 '관장(官莊)'이라 불렀고, '총전호(總佃戶)'와 '소전호(小佃戶)'를 두었다. 일반 소작인인 '소전호'가 '총전호'에게 먼저 소작료를 납부하면, 10월 이후에 현 정부에서 4~6명으로 구성된 위원들이 각지로 파견되어 '총전호'에게서 소작료를 징수하였는데, 이를 '수관장(收官莊)'이라 하였다. 현 정부의 위원들이 파견되기 전까지 소작료를 납부하지 않은 '소전호'가 있으면, 각 구(區)의 구장(區長)이나 갑장(甲長) 등이 사전에 독촉하여 소작료를 모두 걷도록 하였다. 아울러, 이러한 방식은 토사(土司)[1]의 소유지를 소작할 때에도 활용되었다. 따띵현의 토사들은 소유지를 관리하기 위하여 '두인(頭人)'을 두어 관련 업무를 총괄하도록 하였고, '두인' 아래에는 약간의 '총전호'를 두어 '소전호'들을 관리하도록 하였다.

'총전호'들이 중간에서 차익을 획득할 수 있었던 이유는 민국 시기 국유지는 일반적으로 소작료가 낮게 책정되었기 때문이었다. 국유지 대부분은 전통시대 통치이념의 영향에 따라 일반 지주의 소작지보다 소작료를 적게 징수하였으며, 지역에 따라서는 오랫동안 소작료를 인상하지 않아서 매우 저렴한 곳도 있었다. 쟝쑤성(江蘇省)의 학전(學田)과 둔전(屯田)의 소작료는 개인 지주가 부과하는 소작료의 30~50%에 지나지 않았다. 구이저우(貴州)의 국유지에서 부과한 소작도 일반 소작료에 비하여 저렴하였으며, 물가의 변동에도

---

1) [토사(土司)] 중국의 국가권력이 일정한 자치권을 부여한 국내 소수민족 지역의 토착 지배세력을 가리킨다.

불구하고 오랜 기간 금액이 고정되었다. 소작농은 예전에 내던 만큼의 소작료를 계속 납부하였고, 관리들도 예년에 걷던 만큼의 소작료만 징수할 뿐이었다.

20세기 전반기에도 중국 사회에서는 소작이 광범위하게 이루어졌고, 이에 따라 국민정부에서 제정된 〈토지법〉에서도 이에 관한 몇 가지 새로운 규정들이 도입되었다. 대표적으로, 〈토지법〉에서는 소작인의 권리 보호를 위한 조항들이 몇 가지 포함되었다. 토지 소유자가 토지를 판매할 때는 해당 토지를 경작하고 있는 소작인에게 매입 우선권을 주도록 하였으며, 소작권을 회수했던 토지를 다시 임대할 때는 원래의 소작인에게 소작 우선권이 주어졌다. 또한, 지주가 소작권을 회수하여 직접 경작하는 경우가 아니라면, 계약기간이 끝나도 가능한 한 소작권이 계속 유지될 수 있도록 규정하였다. 소작인이 자유롭게 토지 개량에 투자하여 그 비용을 보전받을 수 있도록 하였고, 부재지주의 토지를 10년 이상 경작한 경우에는 정부에서 소작지를 수매하여 소작인에게 불하할 수 있도록 하였다.

특히, 소작료는 수확물 가치의 37.5%를 초과하지 못하도록 하였다. 이는 쑨원과 중국국민당이 일찍이 주장한 바 있었던 '경자유기전(耕者有其田)'과 '이오감조(二五減租)' 정책을 반영하는 규정이었다. 지주가 토지를 판매할 때 소작인에게 가장 먼저 토지를 매입할 수 있는 기회를 줌으로써 소작인의 자작농화를 유도하고자 한 것이었다. 그리고 '이오감조'는 소작료를 25%씩 낮춘다는 것으로, 기존의 소작료가 대부분 수확물의 50%선에서 결정되었기 때문에 25%를 내린 37.5%를 소작료의 상한선으로 설정한 것이었다.

〈중화민국토지법〉(1930)

제172조 기한을 정하여 농경지 임대를 계약한 경우, 계약 기간이 만료되었을 때 임대인이 (경작권을) 거둬들여 자경(自耕)하는 경우를 제외하고, 임차인이 계속 경작하면 기한을 정하지 않은 것으로 간주하여 계약을 유지한다.

제173조 임대인이 경지를 판매할 때 임차인은 동일한 조건으로 우선적으로 구매할 수 있는 권리를 갖는다.

제175조 본 법의 시행 이후 동일한 임차인이 계속해서 10년 이상 경지를 경작한 경우, 그 임대인이 부재지주일 때는 임차인이 법에 의거하여 그 경지를 징수해줄 것을 (국가에) 청구할 수 있다.

제176조 경지의 원래 성질과 효능을 유지하는 것 외에 노동력과 자본을 늘린 결과 경지의 생산력이나 경작 편리성이 향상된 경우를 경지의 특별개량(特別改良)이라 한다. 임차인은 자유롭게 특별개량을 할 수 있는데, 특별개량에 들어간 비용의 액수는 곧바로 임대인에게 통지해야 한다.

제177조 소작료는 경지 생산물 수확 총액의 37.5%를 초과할 수 없다. 약정한 소작료가 37.5%를 초과하는 경우에는 37.5%로 낮춰야 하며, 37.5%에 미치지 않는 경우에는 그 약정한 바에 따른다.

제178조 경지의 지가세(地價稅)를 임차인이 대신 납부하는 경우에는 소작료에서 감해주어야 한다.

제184조 (소작권을) 거둬들여 자경했던 경지를 다시 임대할 때는 원래의 임차인에게 우선적으로 임차할 수 있는 권리가 있다. (소작권을) 거둬들여 자경한 날로부터 1년이 되지 않아 다시 임대할 때는 원래의 임차인이 원래의 임대조건에 따라서 임차할 수 있다.

1946년에 수정된 〈토지법〉에서는 대부분 1930년에 제정된 〈토지법〉의 내용을 계승했는데, 일부 조항에서 약간의 수정이 이루어졌다. 소작인의 우선 구매권에 더하여, 경지를 우선적으로 '전입(典入)'할 수 있는 권한이 인정되었으며, 애초에 수확물의 37.5%로 정해졌던 소작료의 상한선은 토지 가격의 8%로 변경되었다. 일반적으로 현금으로 소작료를 납부하는 관행이 유행했던 것에서 그 이유를 찾을 수 있다.

〈중화민국토지법〉(1946)

제107조 임대인이 경지를 판매하거나 전출(典出)할 때, 임차인은 동일한 조건으로 우선적으로 구매하거나 전입(典入)할 수 있는 권리가 있다.

제110조 소작료는 토지 가격의 8%를 초과할 수 없다. 약정한 소작료 또는 관습적으로 책정된 소작료가 토지 가격의 8%를 초과하는 경우에는 토지 가격의 8%에 맞춰 낮춰야 하며, 토지 가격의 8%에 미치지 않는 경우에는 약정한 바 또는 관습에 따른다.

한편, 〈토지법〉에서는 지주가 소작인으로부터 '압조(押租)'를 받는 것도 금지되었다. 국민당은 일찍이 1927년에 반포한 〈전농보호법(佃農保護法)〉을 통하여 소작료의 전부 또는 일부를 먼저 납부하는 '압조'의 관행을 '악례(惡例: 나쁜 사례)'로 규정하고, 이를 일률적으로 금지하도록 규정한 바 있었다. 또한, 1932년에 내정부(內政部)에서 반포한 〈보장전농판법원칙(保障佃農辦法原則)〉에서도 '압금(押金)'이나 그와 유사한 담보물을 설정하는 것을 엄격히 금지하였다.

〈전농보호법〉(1927)

제5조 무릇 압금(押金)이나 소작료의 전부 또는 일부를 선납하는
것은 악례(惡例)이며, 일괄적으로 금지한다.

〈중화민국토지법〉(1930)

제177조 (생략) 임대인은 소작료를 미리 걷거나 압조(押租)를 수취
할 수 없다.

〈보장전농판법원칙〉(1932)

4. 포전포조제(包佃包租制)나 소작료를 미리 걷는 것은 엄격히 금
지해야 한다.

5. 압조금(押租金)이나 압조와 유사한 담보물에 대해서는 엄격히
폐지해야 한다.

〈중화민국토지법〉(1946)

제112조 농경지 임대인은 소작료를 미리 받을 수 없다. 단, 관행적으
로 현금을 경지 소작의 담보로 삼는 경우에는, 그 금액이
1년 동안 걷을 소작료의 ¼을 초과할 수 없다. 담보금의 이
자는 소작료의 일부로 간주해야 하며, 그 이율은 현지의 일
반적인 이자율에 따라 계산한다.

위의 여러 규정들은 그 현실적 결과가 어떠했든 간에 기본적으로
소작인의 권리를 보호하기 위한 것이었다. 물론, 〈토지법〉에는 소작
인의 권리에 대한 보호와 함께, 그 의무에 대한 규정도 명시되었다.

〈중화민국토지법〉(1930)

제179조 임차인이 정해진 기간에 납부해야 할 소작료 전체를 납부
할 수가 없어서 먼저 일부만을 납부할 때 임대인은 이를 거
절할 수 없으며, 임차인 역시 (임대인이) 받았다고 해서 소
작료를 낮춰준 것으로 추정해서는 안 된다.

제181조 임차인이 경작권을 포기할 때는 반드시 3개월 전에 임대인에게 의사를 표시해야 한다.

제182조 불가항력이 아님에도 불구하고, 1년 동안 계속해서 (임대한 토지를) 경작하지 않은 경우에는 경작권을 포기한 것으로 간주한다.

소작인이 소작료 전액을 제때 납부할 수 없는 경우에는 일부만이라도 먼저 납부할 수 있도록 하였지만, 동시에 지주가 일부만을 먼저 받았다고 해서 지주가 나머지 액수를 감면해준 것은 아니라는 점을 명시함으로써, 차후에 소작인들이 소작료를 감면받았다고 주장할 수 있는 여지를 없앴다. 아울러, 소작인이 불가항력의 상황이 아님에도 불구하고 토지를 1년 이상 경작하지 않았다면, 자동적으로 그 소작권이 취소되는 것으로 간주되었다.

특히, 〈민법〉 제836조에서는 소작인이 2년치 소작료에 해당하는 금액을 체납했을 때는 토지 소유자가 그 '지상권(地上權)', 즉 토지 사용권(소작권)을 취소할 수 있도록 규정하였다. 그리고 이 규정은 '영전권(永佃權)'을 보유한 소작인에게도 적용되는 것이었다.

〈중화민국민법〉(1929)

제836조 지상권자(地上權人)의 소작료 체납액이 2년치 총액에 달하는 경우에는, 별도의 관행이 있는 경우를 제외하고, 토지 소유인이 그 지상권을 취소할 수 있다. 취소는 지상권자에게 의사를 표시함으로써 이루어진다.

제846조 영전권자(永佃權人)의 소작료 체납액이 2년치 총액에 달하는 경우에는, 별도의 관행이 있는 경우를 제외하고, 토지 소유인이 소작권을 취소할 수 있다.

그동안 중국 사회에서는 '전면권(田面權)'을 보유한 농민이 아무리 많이, 오래 소작료를 체납하더라도 토지 소유자가 그 권리를 직접 박탈할 수는 없고 소작료를 추징하는 것만 허용되었는데, 이와 비교하면 소작인의 권리가 다소 축소되었다고도 볼 수 있다.

또한, 소작인은 설령 토지 소유자의 승인을 얻었다고 하더라도, 소작하는 경지의 전부 또는 일부를 제3자에게 다시 소작을 줄 수 없도록 하였다. 즉, 20세기 초기까지 관행적으로 허용되었던 '전전(轉佃)'·'전조(轉租)'가 법적으로는 금지되었던 것이다.

〈전농보호법〉(1927)

제8조   소작농이 경작하는 토지에 대하여 영전권(永佃權)을 갖고 있어도 임차한 토지를 다른 사람에게 전조(轉租)할 수는 없다.

〈중화민국토지법〉(1930) 제174조 & 〈중화민국토지법〉(1946) 제108조

임차인은 임대인의 승낙을 얻었다고 하더라도, 경지의 전부 또는 일부분을 타인에게 전조(轉租)할 수 없다.

하지만 이러한 조치들은 당시 사회관행을 충분히 이해하지 못한 상황에서 취해진 것이었기 때문에 대부분의 지역사회에서 저항에 부딪혀 철저히 관철되지 못하였다. 가난한 농민들에게 '압금'을 내는 것이 어려운 일이기는 했지만, 다른 한편으로 '압조'는 지주들이 소작인들에게 비영구적으로 토지의 재산권을 양도하는 것이나 마찬가지였으며, 소작인들로서는 '압조'가 소작권에 대한 일종의 보장이기도 하였다. 민국 시기에 도입된 서구의 근대 법체계는 중국 민간사회의 관행에 대한 깊은 이해에 기반한 것이 아니었다. 명·청 이래 발달해온 다양한 토지거래의 형식에 대한 존중이 이루어지지 않았고, 오히려 이러한 관행들이 '누습(陋習)'으로 규정되어 부정되었다. 20세기에 들어와 도입된 근대 법체계는 오랜 시간 다양한 거래 관행을 통해 유지되어온 토지 거래 당사자들의 권익을 충분히 보장할 수 없었다.

계약의 체결과 소작 기간

민국 시기에도 소작계약(租約)은 토지 소유자와 소작인 쌍방의 관계를 규정하는 데 있어서 매우 중요한 근거로 작용하였다. 지방의 관행에 따라 구두로 계약이 이루어지기도 하였지만, 구두로 합의한 내용은 근거가 남지 않기 때문에 분쟁이 발생하기 쉬워 문서로써 계약을 체결하는 경우가 많았다. 15개 성(省)의 143개 현(縣)에 분포하는 905개 구(區)에 대한 조사 결과, 문서계약을 체결하는 곳이 364개 구, 구두계약을 체결하는 곳이 24개 구, 나머지 361개 구는 구체적인 수치는 확인되지 않으나 문자계약이 구두계약보다 50% 정도 많았다고 한다. 성(省)별로 보면, 저장(浙江)·쟝쑤(江蘇)·광둥(廣東)·후베이(湖北)·후난(湖南)·안후이(安徽)·산시(山西) 등지에서는 문서계약을 많이 체결하고, 산시(陝西)·허난(河南)·산둥(山東) 등지는 구두계약을 보다 많이 체결하였다. 북방에서는 소작계약을 구두로 체결하는 경우가 많았고, 계약서를 써도 간단한 내용만 기술하였지만, 남방에서는 계약서를 작성하는 비율이 북방보다 높았고, 계약서의 내용도 북방보다 더욱 상세하게 작성되었다. 계약의 내용은 대체로 매우 간단하여, '업주(業主)'와 '전호(佃戶)'의 이름, 토지 면적(畝), 소작료, 소작료 납부 시기 등이 포함되었다. 계약의 내용은 소작인의 시점에서 작성되었고, 쌍방이 서로 권리와 의무를 확인하는 '합동(合同)'의 형식을 취하지는 않았다.

　20세기에 들어서도 여전히 구두계약이 이루어졌던 것은 대체로 신뢰할 수 있는 사람을 계약의 상대방으로 선정했기 때문이었다. 법적 보호에 대한 사회적 신뢰가 부족한 상황에서 지주들이 자신의 토지를 타인에게 소작을 줄 때는 소작인 개인의 신용을 매우 중시하였고, 일반적으로 친지나 동향 사람 중에서 소작인을 구하였다. 제도와 법에 대한 신뢰보다는 인간관계에서의 신뢰가 더 중요하게 작용하였기 때문이다. 이에 따라 지주들은 소작인을 물색하는 과정에서도 자신이 믿을 수 있는 사람을 매우 신중하게 골랐고, 가능하면 보증인 또는 중개인을 두고자 하였다. 충성스럽고 성실한 농민을 선택하기 위하여 지주들은 소작인을 선정할 때 후보자 개인에 대하여 충분히 조사하였다. 소작인들도 한 번 평판이 나빠지면 소작지를 구하기 어려워졌기 때문에 가능하면 지주들과 마찰을 일으키지 않으려 하였다. 특히, 소작인이 타지인이면 지주에게 충분한 신뢰를 주기 어려웠고, 지주들도 이들을 최대한 기피하였다. 그리하여 타지인들은 주로 황무지를 개간할 때 소작인으로 선택되었고, 그 밖의 일반적인 농지인 경우에는 지주의 선택을 받기 어려웠다.

　소작계약의 유효 기간은 주로 계약을 통해서 결정되었다. 1930년대 전반기의 한 조사 자료에 따르면, 소작계약의 기간으로는 '정기(定期)'와 '부정기(不定期)', '영전(永佃)' 등 세 종류가 있었다. '영전'은 〈민법〉에 근거한 것으로서, 소작농이 해당 경지를 영원히 경작할 수 있도록 보장한 것이었으며, 지주는 임의로 소작계약을 철회('撤佃')할 수 없었다. 〈민법〉(1929) 물권편 제4장에는 '영전권'에 대한 일련의 규정이 정리되어 있는데, '영전권'의 개념은 다음과 같이 정의되었다.

〈중화민국민법〉(1929)

제842조 영전권이라는 것은 소작료를 납부하고 영구히 타인의 토지
에서 경작하거나 목축할 수 있는 권리를 지칭한다. 영전권
을 설정할 때 기한이 정해진 경우에는 (일반적인) 임대(租
賃)로 간주하여 임대에 관한 규정을 적용한다.

민국 시대에 위의 세 가지 유형의 소작 기간 중에서는 부정기 계
약의 경우가 가장 보편적이었으며, 전체의 약 70%에 해당하였다. 구
두계약도 여기에 포함되었다. 그 다음이 '영전' 계약으로 약 20% 정
도가 이에 해당하였으며, 정기 계약은 10% 이하에 불과하였다. 정
기 계약은 대체로 1년·3년·5년 단위로 체결되었으며, 5년을 넘어
가는 경우는 매우 드물었다. 1년 계약이 약 $\frac{1}{3}$이고 3년 계약이 약
$\frac{1}{3}$이 되어, 두 경우를 합하면 전체 정기 계약의 70% 정도가 되었다.
이처럼 정기 계약은 대부분 단기 계약이 이루어졌는데, 부정기 계
약이라고 해서 장기 소작이 이루어지지도 않았다. 계약에서 미리
기간을 정하지 않았을 뿐, 실제 소작 기간에서는 부정기 계약과 큰
차이가 없었다.

한편, 중일전쟁이 한창이었던 1930년대 말에서 1940년대 초 사이
에 국민정부에서 수행한 조사 결과(「抗戰以來各省地權變動槪況」)
를 보면, 소작 기간의 유형 중에서는 여전히 부정기 계약이 가장 많
아, 각 성(省)에서 평균적으로 약 63%를 차지하였다. 다만, '영전'과
정기 계약의 비중에서 역전이 나타나는데, 정기가 부정기 다음으로
많아져서 약 28%를 차지하였고, '영전'의 비중은 9%를 조금 넘는 수
준이었다. 정기 계약의 평균 기간은 시캉성(西康省)과 후난성(湖南
省) 두 지역이 6.5년으로 가장 길었으며, 조사 대상 지역의 전체 평
균 계약 기간은 4.4년이었다.

각 지역의 소작 기간은 대체로 짧은 편이었기 때문에 소작인은 계약 만료 시점이 되면 지주로부터 '퇴전(退佃)'될 가능성이 높았다. 중일전쟁 이래 각 지역에서는 지주들이 실제로 '퇴전'하는 경우가 점차 증가하였다. 지주의 소작료 인상, 소작농의 소작료 체납(欠租), 지주의 자경(自耕) 등이 주요 원인이었다. 전시의 물가 상승으로 인하여 지주들의 수입원인 정액 소작료의 실질 가치가 크게 하락하였고, 이에 지주들이 수익 증대를 위하여 소작료를 크게 올리거나 아예 토지를 직접 경작하는 현상이 나타났다. 이러한 상황에서 '영전' 계약의 비중은 모든 지역에서 감소하였다. 전시 국민정부의 농촌조사 능력에 일정한 한계가 있었다는 점은 감안해야 하겠지만, 민국시기의 조사 자료들을 보면 '영전'의 관행이 결코 보편적인 것은 아니었던 것으로 보이며, 지주와 소작인의 관계도 비교적 유동적이었다고 할 수 있다.

　한편, 소작 계약을 체결하는 과정에서 일종의 중간 지배인들이 중요한 역할을 하기도 하였다. 대지주들은 소작과 관련된 업무를 전담하는 중간 지배인을 두는 경우가 많았으며, 특히 부재지주의 경우에는 더욱 그러하였다. 소작 계약을 체결할 때도 이들의 영향력은 상당히 컸는데, 중간 지배인들이 결탁하여 방해하면 소작인들이 소작지를 구하기가 매우 어려웠기 때문에 소작인들이 술자리를 열어 지배인들을 접대하고 뇌물을 제공하여 계약을 얻어내기도 하였다.

　중간 지배인들은 지주의 대리인으로서 소작료를 징수하고 소작 계약도 체결했는데, 이 과정에서 많은 폐단이 발생하기도 하였다. 쟝쑤(江蘇) 지역에서는 대지주와 부재지주들이 소작료 징수 및 소작 계약 개정 등의 편의를 위하여 '조잔(租棧)'이라는 것을 두었다. '조잔'은 '장방(帳房)'이라고도 불리었으며, 주로 시내에 두어졌다.

'장방'에는 '대장(大帳)' 1명과 '소장(小帳)' 1명이 있었는데, '대장'은 장부의 모든 출납을 관리하고 소작료를 징수하는 업무를 담당하였으며, 연봉 약 200위안(元)에 각종 수수료를 챙길 수 있었다. '소장'은 주로 현장을 다니며 소작료 징수 및 독촉 등의 업무를 담당하였고, 연봉 약 100위안에 기타 부수입을 획득하였다.

안후이(安徽) 지역에서는 이러한 중간 지배인들을 '장두(莊頭)'라고 불렀다. 곡물 수확 시기가 다가오면, '장두'는 지주와 함께 소작지를 다니며 예상 수확량의 등급을 정하고, 뒤이어 자신의 집으로 지주와 소작인들을 초대하여 각 소작지의 등급과 납부해야 할 소작료를 결정하였다. 이에 많은 소작인들이 '장두'에게 뇌물을 주어 등급을 책정할 때 편의를 봐 달라고 부탁하기도 하였다.

이들은 지주가 현장의 상황을 잘 모른다는 점을 이용하여 각종 폐단을 일으켰다. '장방'의 수입을 장부에 기재하지 않고 본인이 사용한다든지, 소작인이 납부한 소작료의 일부를 횡령하고 나머지만 지주에게 보내면서 해당 소작인을 '불량 소작인'으로 기록한다든지, 토지를 구매할 때 좋은 땅은 본인이 사고 나쁜 땅만 지주 몫으로 샀다가 나중에 타인 명의로 본인의 토지를 지주에게 판매하는 등의 문제들이 발생하였다. 심지어는, 소작인들이 경작권을 제3자에게 양도할 때 원래는 새 소작인이 '조잔'으로 가서 새로운 소작 계약을 체결해야 했지만, '조잔'에서 소작료를 올리고 횡포를 부릴까 두려워 원래 소작인의 명의를 그대로 유지하는 경우도 많았다.

지대(地代) 납부의 관행

민국 시기 중국의 소작료 징수 방식은 일반적으로 '포조(包租)'와

‘분수(分收)’로 나뉜다. ‘포조’는 수확의 풍흉과 무관하게 일정한 양·액수의 소작료를 납부하는 것이고, ‘분수’는 소작인이 수확한 생산물의 일정 비율을 지주에게 소작료로 납부하는 것이다. ‘포조’는 다시 매년 일정한 액수를 화폐로 납부하는 ‘전조(錢租)’와 농산물로 납부하는 ‘물조(物租)’로 나뉘었으며, ‘물조’는 다시 한 가지 또는 두 가지, 두 가지 이상의 농산물을 납부하는 등의 경우로 나뉘었다. 수확물의 일정 비율을 소작료로 징수하는 ‘분수’는 ‘보통분수(普通分收)’와 ‘전공분수(佃工分收)’·‘방공전종(帮工佃種)’으로 나뉘었는데, ‘보통분수’는 지주가 토지만을 공급하거나 또는 토지에 가옥과 약간의 농기구만을 추가로 제공하고 그 나머지는 소작인이 조달하는 방식을 의미하며, ‘전공분수’는 소작인이 노동력만을 제공하고 나머지는 모두 지주가 제공하는 방식을 지칭하였다. 지주가 자본을 더 많이 투자할수록 지주가 차지하는 몫의 비중은 더욱 높아졌다.

토지가 척박하거나 재해가 빈번한 지역, 그리고 밭농사를 중심으로 하는 북방에서는 소작료를 일정하게 확정하려 하여도 여의치 않은 경우가 많았기 때문에 대체로 ‘분수’의 방법을 취하는 경우가 많았다. 반면에 집약농법이 발달하고 관개시설이 잘 정비되어 생산력이 발달한 중부 이남 지역에서는 ‘분수’를 채택하는 비율이 상대적으로 적었다.

같은 ‘분수’ 방식을 채택한다 하더라도 각 지역의 관습과 토지의 비옥도, 사회경제적 상황 등에 따라 ‘분수’의 구체적인 방법에서는 차이가 나타나기도 하였다. 먼저, ‘분조법(分租法)’은 지주와 소작농이 처음부터 명확하게 수확물 배분의 비율을 결정하는 방식이었다. 어떤 경우에는 곡물에서 볏짚까지 모든 것을 배분하기도 하였고, 아니면 봄철 수확물이나 봄·가을의 수확물만 배분하기도 하였다. 배분의 비율은 토지의 비옥도, 교통의 편리성, 조세 부담, 자본 투자의 비율 등 다양한 요소를 고려하여 결정되었다.

다음으로, '의분법(議分法)'은 지주와 소작농이 수확 시기를 앞두고 농지 답사를 한 후에 수확물 배분 비율을 협의하여 결정하는 방식이었다. 작황을 살펴본 뒤 그동안의 경험에 비추어 예상 수확량을 추정하고, 이를 기준으로 양측의 몫을 결정하였다. 이후 가을에 수확이 끝나면 지주가 사람을 보내 소작농과 협의한 몫을 소작료로 징수하였다.

'분수' 방식을 채택할 때 종자와 농기구, 비료, 가축 등에 대한 부담을 둘러싸고 지역에 따라 다양한 관행이 형성되었다. 지주가 이러한 자원의 일부 또는 전부를 제공했을 때, 지역에 따라서는 소작농들이 지주가 투입한 자원에 대해서 아무런 부담을 지지 않거나 지주가 제공한 종자만 상환하기도 하였고, 아니면 지주와 소작농이 투입된 자원의 비용을 공동으로 부담하기도 하였다. 쟝쑤성(江蘇省) 난통현(南通縣)과 안후이성(安徽省) 쑤현(宿縣)의 사례를 보면, 지주가 종자를 제공했을 때 소작농이 수확한 후에 이를 상환한 경우도 있고 상환하지 않은 경우도 있으며, 지주가 비료를 제공했을 때도 소작농이 그 비용을 동등하게 부담하거나 지주가 전적으로 부담하기도 하였다. 쑤현의 21개 지역에 대해서 조사한 결과에 따르면, 지주가 종자를 제공했을 때 소작농이 이를 상환한 경우는 66.7%, 상환하지 않은 경우는 33.3%였으며, 비료의 비용을 지주와 소작인이 함께 부담한 경우는 38%였다. 쑤현 북부 지역에서는 토지 생산성이 높았기 때문에 지주가 비용을 투입하여 수확량을 늘리고자 하였고, 이때 투입된 비용은 소작농과 함께 부담하는 경우가 많았다. 하지만 쑤현 동부와 남부에서는 토지 생산성이 낮았기 때문에 지주도 종자만 제공하였고, 소작농도 이를 상환하지 않아도 되는 경우가 많았다.

인구밀도가 높고 집약농법이 행해지며 토지 가격이 높았던 지역에서는 일정액의 화폐를 소작료로 납부하는 '전조(錢租)'가 발달하였다. 토지가 비옥하고 생산성이 높았기 때문에 소작농들의 수입으로 소작료를 충당하기가 상대적으로 용이하였고, 특히 면화, 뽕나무, 차, 채소 등 상품작물을 재배하는 곳에서 '전조'가 많이 채택되었다. 국유지나 공유지, 부재지주의 소작지에서도 대체로 '전조'를 징수하였다. 전체적으로 북방보다는 남방에서 '전조'를 채택하는 지역이 많았지만, 베이징(北京)과 톈진(天津) 일대, 그리고 면화 생산이 발달한 산시성(山西省) 지역에서는 작물의 상품 가치가 높았기 때문에 '전조'의 비율이 높았다.

부재지주의 경우에는 농산물을 소작료로 징수하는 것이 불편했기 때문에 대부분 화폐로 일정 금액을 징수하는 '전조'를 택하였으며, 특히 대지주일수록 그런 경우가 많았다. 또한, 농산물로 징수하는 '물조(物租)'의 경우에도, 소작료를 납부할 때는 이를 시장 가격으로 환산하여 화폐로 징수하는 경우가 많았다. 쟝쑤성(江蘇省) 쿤산현(昆山縣)에서는 지주들이 농산물로 걷을 것인지 화폐로 걷을 것인지, 상황에 따라 그때그때 결정하기도 하였다. 곡물 가격이 상승할 때는 화폐로 걷고, 곡물 가격이 하락할 때는 실물로 걷어서 최대한의 수익을 확보하였다. 쿤산현의 71.8%에 해당하는 지역에서 이러한 방법이 사용되었고, 순전히 실물로만 징수하는 경우는 28.2%에 불과하였다. 진링대학(金陵大學) 농림과(農林科)에서 쟝쑤성 쿤산현과 난통현, 안후이성 쑤현 등지의 소작료 납부 방식을 조사한 결과는 다음과 같다.

〈표 1〉 1920년대 쟝쑤성(江蘇省) 일대 소작료 납부 방식

납부방식　　地名	昆山縣	南通縣	宿縣
錢租		81.8%	2.3%
物租	100%	8.0%	7.2%
分收		8.7%	90.5%
佃工分收		1.5%	

[출처] 長野郎 著, 强我 譯, 袁兆春 點校, 『中國土地制度的硏究』, 北京: 中國
　　　政法大學出版社, 2004, 293쪽.

　‘전조’를 납부하는 방식으로는 크게 세 가지의 방법이 있었다. 첫째, 소작농이 해마다 주요 곡물을 심기 전에 지주에게 먼저 소작료를 선불로 납부하는 방식이다. 미리 납부하는 소작료의 액수는 지주에 따라 달랐는데, 지주의 입장에서는 이를 통해 이자 수입을 얻을 수 있었다. 둘째, 작물을 수확한 뒤에 소작농이 소작지의 면적에 따라 소작료를 납부하는 방식이다. 이 방법이 가장 일반적이었다. 셋째, ‘압조(押租)’의 방식이다. 소작농이 농사를 짓기 전에 먼저 일정액의 ‘압금(押金)’·‘정수은(頂首銀)’을 보증금 성격으로 납부하는 대신에 소작료를 낮추는 방식이다. 이 방법은 남방에서 많이 시행되었으며, 특히 광둥(廣東) 지역에서 많았다. 당시에는 그 이유를 북방인들은 성정이 순박하여 소작료 납부 문제로 분쟁이 발생하는 경우가 드물었지만, 남방에서는 지주와 소작인의 관계가 순조롭지 않은 경우가 많았기 때문에 보증금 성격의 ‘압금’을 받은 것이라고 설명하기도 하였다.

　한편, ‘전조’나 ‘분수’에 비하여 ‘물조’의 시행 범위는 제한적이었다. 남방에서 부분적으로 시행되기는 하였지만, 다른 방식에 비해서는 매우 적은 편이었다. 진링대학에서 전국 30개 지역을 조사한 결과를 보아도, 20여 곳에서 ‘전조’와 ‘분수’의 방식이 시행되었고, ‘물

조'는 9개 지역에서만 시행되었다. 게다가, 소작 계약서에는 '물조'로 기입했다가 나중에 소작료를 징수할 때는 이를 금액으로 환산하여 징수하는 경우도 많았다. '물조'로 곡물을 징수한 지주들은 일반적으로 창고에 이를 저장해두었다가 가격이 오를 때 시장에 판매하여 이익을 취하였다. '물조'에서는 일반적으로 지주들이 생산 자금이나 농기구, 가축 등을 제공하지 않았다.

후베이성(湖北省) 마청현(麻城縣)에서는 소작료를 경지 1무(畝)당 1담(擔: 약 50kg)으로 정하였지만, 실제로는 전액을 징수하지 않고 토지의 등급이나 조건에 따라 4할, 6할, 8할만 징수하였으며, 일부는 현금으로 환산하여 징수하였다. 쟝쑤성 하이먼현(海門縣)과 충밍현(崇明縣) 등지에서는 '포삼담(包三擔)'이라 하여, 1,000보(步)의 토지 당 해마다 면화 1담, 보리 1담, 대두(大豆) 1담을 징수하는 관행이 있었다. 만약에 부족한 품목이 있을 때는 부족분을 시가로 환산하여 금전으로 납부하도록 하였다.

토지가 매우 척박한 지역에서는 지주들이 토지를 황무지로 버려두는 것보다는 소작을 주는 것이 낫다고 판단하여, 지주가 토지를 비롯한 모든 생산 자원을 공급하고 소작인은 노동력만 제공하는 '전공분수(佃工分收)'·'방공전종(幇工佃種)'의 방식이 활용되기도 하였다. 이는 '분수'와 농업노동자 고용의 중간 형태에 해당하는 것으로서, 곳곳에서 채택되기는 하였으나 그 비중이 높지는 않았다. 쟝쑤성 하이먼현에서는 파종기에 지주가 소작인에게 종자를 제공하면 소작인이 파종하고 거름을 주며 제초 작업을 하였다. 벼가 자라는 기간 동안 지주들은 농경지를 돌아다니며 각종 지시를 내렸고, 수확을 마친 후에는 지주와 소작인이 일정한 비율에 따라서 수확물을 나눠 가졌다.

중일전쟁 시기의 조사 결과에서도 소작료의 납부 방식은 크게 세 가지로 구분되었다. 풍흉과 무관하게 일정액의 현금을 납부하는 '전조', 풍흉과 무관하게 일정량의 농작물을 납부하는 '곡조(穀租)', 수확물의 일정 비율을 납부하는 '분조(分租)' 등이 그것이었다. 전조제(錢租制)와 곡조제(穀租制)를 포함하는 포조제(包租制)는 주로 토지가 비옥하고 기후가 적절한 곳에서 시행되었고, 분조제(分租制)는 토지가 척박하고 기후가 불규칙한 곳에서 시행되었다. 중일전쟁 기간에는 여러 지역에서 곡조제를 시행하는 경우가 가장 많았고, 그 다음이 분조제였으며, 전조제의 채택 비율이 가장 낮았다. 소작료 납부 방식에는 큰 변동이 없었지만, 전쟁 발발 이후에 물가가 큰 폭으로 상승하면서 화폐 가치가 하락하여 지주들이 '전조'를 버리고 '분조'나 '곡조'를 취하였기 때문이다.

　　소작료의 액수나 규모는 대체로 남부가 중부보다, 중부가 북부보다 높았다. 밭농사와 조방(粗放) 농법을 위주로 하는 북방에서는 소작료가 상대적으로 낮았지만, 창장(長江) 일대의 논농사 지대에서는 집약농법이 시행되어 소작료도 높았다. 작물의 종류와 수송비용 등에 따른 지역별 차이가 있기는 했지만, 전체적으로 중·남부가 북부에 비하여 상품가치가 더 큰 작물들을 재배했기 때문에 소작료도 더 높았다. 그리고 북방에서는 자작농이 소작인보다 많았기 때문에 소작료도 낮아졌지만, 중부와 남부에서는 소작인이 자작농보다 많았기 때문에 소작료도 높게 책정되었다. 1920년대 지역별 '분수'의 비율을 조사한 결과를 보면, 북부는 대체로 지주가 전체 수확물의 절반 또는 그 이하를 취한 반면, 중부와 남부에서는 절반 이상을 취하는 경우가 많았음이 나타난다.

<표 2> 1920년대 지역별 '분수(分收)' 비율(지주:소작인)

권역	省	지주:소작인
북부	直隷北部	1:2/5:5
	山西	3:7
	山東(棉産地)	5:5
長江 상류	湖北	5:5
	湖南	5:5/6:4/7:3/9:1
	貴州	5:5
長江 하류	江蘇	4:6/5:5/6:4/7:3
	安徽	5:5
남부	廣東	6:4/7:3

[출처] 長野郎 著, 强我 譯, 袁兆春 點校, 『中國土地制度的硏究』, 北京: 中國政法大學出版社, 2004, 298-300쪽 자료를 표로 재구성.

1930년대 전반기의 중국에서 평균 소작료는 수확물의 약 43%의 가치에 해당하였으며, 실제로 소작인이 납부한 소작료는 수확물의 약 38%에 해당하였다. 소작료의 액면 가액이나 실제 납부액 모두 〈토지법〉에서 규정한 37.5%를 초과하였다. 소작인 입장에서는 고정 금액 또는 양의 소작료를 해마다 납부해야 하는 '포조' 방식의 위험 부담이 수확물의 일정 비율을 납부하는 '분수' 방식에 비해 높았다. 따라서 '포조'에 비하여 '분수' 방식의 소작료가 더 높았다. 또한, '전공분수' 방식에서는 지주가 노동력을 제외한 모든 비용과 자본을 제공했기 때문에 토지만을 제공하는 '보통분수'의 방식에 비하여 더 높은 소작료가 책정되었다.

벅(J. L. Buck)의 조사에 의하면, 지대 납부의 방식에서 차이가 나타나는 이유는 지주와 소작인이 지불하는 비용의 차이, 각자 감수하고자 하는 위험의 정도 등에 따라 수확물의 배분 방식이 달라졌기 때문이다. 위험을 지주와 소작인이 함께 분담하는 방식의 할당제

('분수')는 전체 소작의 20% 이상을 차지하였고, 정액제('전조')가 약 25%을 차지하였으며, 일정한 양의 작물이나 그 가치에 상응하는 화폐로 지대를 납부하는 방식('물조')이 절반을 조금 넘었다고 한다. 그에 따르면, 북부 밭농사 지역에서는 전체의 1/3 정도가 할당제를 채택하고 있었던 반면에, 남부 벼농사 지역에서는 할당제의 비율이 15%에 미치지 못하였다.

소작료를 납부하는 구체적인 방식으로는 소작인이 지주에게 직접 보내는 방식, 지주가 직접 와서 걷어가는 방식, 지주가 대리인에게 위탁하여 대신 걷는 방식이 있었으며, 각지의 관행이나 소작인과 지주 사이의 물리적 거리 등을 감안하여 결정되었다. 지주의 땅이 많고 곳곳에 흩어져 있으면, 대리인을 보내 소작료를 징수하거나 각 촌락에 '조장(租莊)'·'조잔(租棧)'을 둘 수밖에 없었다. 일부 부재지주들 중에는 향촌에 내려가기 싫어서 소작인에게 직접 보내오도록 하였는데, 이 경우에는 약간의 배송 비용을 계산하여 소작료에서 빼주기도 하였다. 대리인이나 '조장'·'조잔' 등이 대신 징수하는 경우에는 이들이 종종 소작인들에게 추가적인 착취를 가하기도 하였다. 지주와 소작인의 관계가 매우 평등한 경우에는 소작인이 소작료를 가져왔을 때 지주가 손님을 대하듯이 소작인을 대접하기도 하였지만, 반대로 소작인이 강하고 지주가 약하여 지주가 소작료를 받지 못하는 경우도 많았다. 지주와 소작인의 관계, 그리고 그로 인한 소작료 납부의 방식에는 상황별로 매우 다양한 양상이 나타났다.

소작료를 납부하는 과정에서 지주와 중간 지배인들만 횡포를 부린 것은 아니었다. 일부 소작인들은 소작인의 명의를 신용이 불량한 제3의 소작인으로 몰래 변경하기도 하였으며, 여러 차례에 걸쳐 소작인 명의를 이전함으로써 지주가 소작료를 징수하기 어렵게 만들기도 하였다. 뿐만 아니라 많은 소작인들이 소작료로 쌀을 납부할 때 그 안에 기타 잡곡들을 섞거나 일부러 물에 적셔서 무게를 늘리기도 하였다. 일부 지역에서는 소작인들이 소작료로 납부할 곡물의 20% 정도를 빼돌리기도 하였으며, 소작료를 징수하러 온 대리인들을 융숭히 접대하여 그들과 함께 합작하여 지주를 속이기도 하였다.

한편, 소작인이 약속한 소작료를 납부하지 않았을 때 일부 지주들은 법적 절차를 따르지 않고 관리들의 협조를 받아 소작인들을 감금하여 응징하기도 하였다. 쟝쑤성 쿤산현에서는 '장방(帳房)'이 해마다 세 차례에 나누어 소작료를 징수하였다. 첫 번째 기한은 추수 뒤부터 10월 1일까지였고, 두 번째 기한은 10월 10일, 세 번째 기한은 10월 20일로 정해졌다. 세 번째 기한이 지나도 소작료를 납부하지 않으면 '대장(大帳)'이 '소장(小帳)'을 보내 독촉하게 하였고, 그래도 계속해서 납부하지 않으면 지주가 현(縣) 정부에서 발급받은 '절각(切脚)'이라는 통지서를 내세우며 소작인을 체포하여 '압전공소(押佃公所)'라는 곳에 감금하였다. 또한, 지주들이 '전업공회(田業公會)'를 조직한 뒤 현(縣) 정부에 추조국(追租局)을 설립하여 관리를 파견하여 독촉해줄 것을 요구하기도 하였다. 이 경우 독촉 인원은 경찰로 충당되었으며, 이들의 봉록은 지주들이 지급하였다. 1920년대 초에 진링대학의 한 조사원이 현 정부의 압전공소를 조사한 바에 의하면, 당시 남자 10명, 여자 5명이 구금되어 있었는데, 여자들은 모두 소작인인 남편이 도주하여 대신 감금된 경우였다. 압전공소에 감금된 소작인들에 대한 처우는 매우 열악했으며, 특히 간수들이 소작인들에게 비싼 값에 음식을 강매하는 등 여러 폐단을 일으키기도 하였다.

'압조(押租)'와 '전전(轉佃)'의 관행

명·청 시기에 널리 존재했던 '압조'의 관행은 민국 시기에서도 계속되었다. 지주와 소작인은 서로 협의를 거쳐 소작 계약(佃約)을 체결하는 것 외에도, 지주들이 소작인의 소작료 체납(欠租)에 대비하기 위하여 일종의 보증금에 해당하는 '압금'을 받기도 하였다. 특히, 도시에 거주하고 있는 부재지주의 경우에는 본인의 토지가 위치해 있는 농촌사회에 대한 영향력이 제한될 수밖에 없었기 때문에, 소작인이 소작료를 체납하면 이를 추징하기가 매우 곤란하였다. 그리하여 아예 소작인을 모집할 때 미리 소작료에 대한 보증금을 징수하는 관행이 형성되었는데, 이러한 압조 관행은 널리 유행하였다. 압금을 납부하면 소작인이 소작료를 체납하여도 지주가 임의로 소작인을 쫓아낼 수 없었고, 만약에 소작인이 자신이 경작하던 토지의 소작권을 타인에게 양도하는 경우('轉佃')에는 자신이 지주에게 지불한 '압금'을 새로운 소작인에게 받아낼 수 있었다.

민국 시기에 이러한 관행은 여러 지역에서 보편적으로 나타났으며, 그 명칭은 '압금(押金)'(쓰촨·허난), '압두(押頭)'(쓰촨·윈난), '압전(押佃)'(쓰촨·시캉·저장), '정수(頂首)'(쓰촨·후난·윈난·광둥·허난·산시·구이저우) 등 지역에 따라 다양한 명칭으로 불리었다. '압금'이나 '압두', '압전', '정수' 등이 가장 널리 사용된 표현이었고, 이 밖에도 쓰촨성에서는 '제두(除頭)'·'은조(穩租)'·'좌저(座底)'·'압은(押銀)'·'압장(押莊)'·'전과(佃課)', 후베이성에서는 '상장전(上莊錢)'·'압전전(押佃錢)', 후난성에서는 '진장전(進莊錢)'·'비현(批現)'·'공목(工木)'·'비전(批錢)'·'정압(頂押)', 광시성에서는 '비두금(批頭金)'·'비두조(批頭租)'·'안거금(按柜金)'·'점원전(墊愿

錢)'·'정두(定頭)', 광둥성에서는 '정조(頂租)'·'비조(批租)'·'안전조(按田租)'·'비두(批頭)'·'비두전(批頭錢)', 허난성에서는 '차두(借頭)'·'방차전(帮借錢)'·'차대전(借貸錢)'·'과자(課子)', 산시성에서는 '전전조자(佃錢租子)'·'승조(承租)', 구이저우성에서는 '과전(過錢)'·'저당(抵擋)'·'수구(水口)'·'정두(頂頭)'·'전전(佃錢)' 등 훨씬 더 다양한 명칭으로 불리기도 하였다.

난징국민정부 초기에 제작된 〈민상사습관조사보고록(民商事習慣調查報告錄)〉에 의하면, 펑톈성(奉天省) 동펑현(東豊縣)과 시안현(西安縣)에서는 부재지주들이 소작인을 모집할 때 소작료 체납 또는 고의 체납에 대비하기 위하여 소작인으로 하여금 압금을 납부하게 하는 대신, 그 이자를 계산하여 매년 소작인이 납부해야 하는 소작료에서 감해주었다. 그리고 소작 기간이 만료되었을 때 소작인이 체납한 소작료가 있으면 압금에서 이를 제외하고 돌려주었다. 또한, 후베이성 우펑현(五峰縣)에서는 가난한 소작인들은 압금을 납부하기 어려웠기 때문에 압금을 적게 내거나 안 내는 대신에 소작료의 액수를 높게 책정하였으며, 압금을 충분히 지불한 소작인들은 대신에 해마다 납부하는 소작료를 적게 책정하는 관행이 형성되었다. 이를 "상장전(上莊錢)이 많으면 소작료가 낮아지고, 상장전이 적으면 소작료가 많아진다(莊重稞輕, 莊輕稞重)"라고 표현하였다. 여기서 '상장전'은 압금의 다른 이름이다.

압조의 시행 여부는 해당 지역의 사회경제적 환경과 밀접한 관련이 있었다. 인구밀도가 높은 지역에서는 토지에 비하여 농민이 많았기 때문에 지주가 소작인을 모집할 때 압금을 받는 것이 가능했지만, 반대로 인구밀도가 낮은 지역에서는 그 반대의 상황이 나타났다. 헤이룽장성(黑龍江省)의 너허현(訥河縣)처럼 땅은 넓고 인구는 적

은 지역에서는 지주가 낮은 소작료를 제시해도 소작인을 구하기가
어려웠고, 이러한 상황에서 압금을 받고 소작인을 구하는 것은 거의
불가능하였다.

한편, 중일전쟁 이후로 압금의 액수는 각지에서 모두 상승하였다.
1937년 각 성(省)의 시무(市畝) 당 압금은 평균 15.84위안이었는데,
1939년에는 32.68위안, 1941년에는 55.26위안으로 상승하여, 전쟁 이
전에 비하여 4년 사이에 3배로 인상되었다. 압금은 본래 소작료에
대한 담보의 성질을 갖고 있는 것이었는데, 전쟁 이래 농산물 가격
이 급등하면서 기존의 압금 액수가 담보로서의 기능을 상실하게 되
었기 때문에 지주들이 압금을 올리는 현상이 널리 나타난 것이다.
다만, 압금의 인상률은 실제 곡물 가격의 인상률에는 한참 미치지
못하였다.

소작인이 높은 금액의 압금을 지주에게 지불하면 일정 기간의 경
작권을 확보할 수 있었을 뿐만 아니라, 일부 지역에서는 토지에 대
한 전면권(田面權)을 획득할 수도 있었다. 이러한 의미에서 압조는
소작인이 압금을 내고 전면권을 획득하는 것과 흡사하였다. 다만,
지주가 압금을 소작인에게 돌려주면 양자의 권리‑의무 관계가 소
멸되었기 때문에, 압금 지불을 통해서 획득한 전면권은 원칙적으로
영구적인 것이 아니었다. 따라서 고액의 압금을 지불하고 전면권을
획득하는 것은 사실상 전면권을 '전입(典入)'하는 것과 동일한 의미
를 가졌다.

이러한 현상이 나타났던 이유는 압금의 액수가 높아지면서 나중
에 지주가 이를 상환하기가 현실적으로 어려워졌기 때문이다. 지주
가 압금을 상환할 수 있는 여력이 없으면, 소작인이 토지 경작권을
제3자에게 양도함으로써 지주에게 지불한 압금을 회수하는 것에 대

하여 간섭할 수 없었다. 그리고 반대로 지주가 토지를 타인에게 판매할 때는 토지 가격에서 압금의 액수만큼을 제외한 금액으로 판매해야 하였으며, 그 대신에 토지를 구매한 새 '업주'는 기존의 소작인에게 압금을 상환해야 하는 의무를 승계하였다.

압조의 관행 속에서 소작인들은 이런 방식을 통하여 자신이 납부한 압금에 대한 권리를 보호받을 수 있었고, 이러한 과정을 통해서 사실상 전면권을 획득하게 되는 경우도 많았다. 그런데, 이는 사실 지주의 입장에서도 그리 불리한 것은 아니었다. 지주로서는 계속해서 토지를 소작을 주려면 어차피 새로운 소작인을 찾아야 했기 때문에, 소작인이 스스로 새로운 소작인을 찾아서 그로부터 압금을 회수하는 것에 대하여 굳이 반대할 필요가 없었다. 또한, 토지를 구매하는 새 지주의 입장에서도, 물론 압금 반환의 의무는 승계하지만, 압금의 액수만큼을 제외한 가격으로 토지를 구입하기 때문에 시장 가격보다 훨씬 싼 가격으로 토지를 구입할 수 있었다. 그렇기 때문에 새로운 지주로서도 기존의 소작인이 계속해서 해당 토지를 경작하는 것에 대하여 반대할 이유가 없었던 것이다.

토지의 전면권을 갖게 된 소작인이 자신이 직접 경작할 수 없는 상황에서 경작권을 타인에게 양도하고 자신은 약간의 소작료를 받음으로써 이익을 취하는 것을 '전차(轉借)' 또는 '전전(轉佃)'이라 하였다. 이는 소작권을 '승람(承攬)'[2]하는 관행과는 달랐다. 승람인(承

---

2) [승람(承攬)] 신사(紳士)들이 백성들이 납부해야 할 조세를 일괄 납부한 뒤에 나중에 추가 금액을 얹어서 백성들에게 이를 회수하였던 것을 '포람(包攬)'이라고 한 것처럼, '승람'은 국유지 또는 지주의 토지에 대한 경작권을 일괄적으로 임차하는 행위를 말한다. 일반적으로 '승람'을 한 뒤에는 경작권을 다시 개별 소작인들에게 임대함으로써 이윤을 획득하였다.

攬人)은 지주와 계약을 체결하여 토지의 소작권을 획득한 뒤, 다시 타인에게 소작을 주고 본인은 이를 통하여 약간의 이익을 취득하였다. 또한, 경우에 따라서는 지주의 위임을 받아 본인이 직접 소작농의 모집에서부터 소작지 관리에 이르는 업무 전반을 관장함으로써 지배인으로서의 역할을 수행하기도 하였다. 지주의 토지에 대한 경작권을 확보한 뒤에 이를 다시 제3자에게 임대함으로써 중간에서 소작료 수입을 획득한다는 점에서는 '전전'의 관행이나 '승람'의 관행이 흡사하지만, '전전'이 전면권을 획득한 소작인이 지주와 무관하게 자신의 경작권을 임대하는 것인 반면에, '승람'은 지주의 위탁을 받아 일종의 중간 지배인으로서 행동했다는 점에서 차이가 있었다.

〈민사습관조사보고록〉에 따르면, 쟝시성에서는 소작인이 '전전'을 하는 관행이 있었는데, 이때 '전전'을 한 소작인을 '이전동(二佃東)'이라 불렀다. 예를 들어, 을(乙)이 갑(甲)의 토지를 소작하며 해마다 20석(石)의 소작료를 납부하는 계약을 체결한 상황에서, 을이 병(丙)에게 다시 소작을 주어 25석의 소작료를 받음으로써 5석의 차액을 이익으로 확보하였는데, 이때 갑을 '전동(佃東)', 을을 '이전동'이라 불렀다.

한편, '전전'의 과정에서 새 소작인은 기존의 소작인에게 '퇴전비(退佃費)' 명목으로 일정 금액을 지불하기도 하였다. 쟝쑤성에서는 새 소작인이 토지의 비옥도에 따라서 1무 당 2위안·4위안·6위안의 금액을 지불해야 했으며, 이를 '탈각비(脫脚費)'라고 불렀다. 지주의 주도 아래 소작인을 교체하는 경우에도 새 소작인은 옛 소작인에게 이러한 '탈각비'를 지불해야 하였다. 광둥성에서는 '분수전(糞水錢)'으로 불리기도 하였다.

지주는 일반적으로 소작인들 사이의 일에 대해서는 간섭하지 않았기 때문에 이러한 관행은 점차 굳어졌다. 이러한 관행에는 법적 근거가 없었지만, 일단 퇴전비를 지불하고 소작권을 획득한 소작인은 다음 소작인에게 소작권을 넘길 때 이를 보상받으려 하였기 때문에 계속해서 관행으로 정착될 수 있었다. 지주가 직접 토지를 경작하기 위하여 소작권을 회수하더라도, 소작인은 대대로 이어져온 관행이라는 이유로 지주에게 퇴전비를 보상해달라는 요구를 제기할 수 있었다.

농업노동 고용의 관행

한편, 지주와 부농, 자작농들은 소작을 주는 방법 외에도 농업 노동자들을 고용하여 자신의 토지를 경작하기도 하였다. 농업 노동자들은 크게 장기 노동자(長工)와 단기 노동자(短工)로 분류되었다.

'단공'의 고용은 지역에 따라 인력 시장이나 기타 다양한 방법을 통해서 이루어졌다. 인력 시장은 노동력의 수요자와 공급자가 일정한 시간과 장소에 모여서 거래를 하는 방식으로 형성되었고, 주로 일반 시장이나 농촌, 또는 사묘(寺廟) 소재지 등에서 열렸다. 북방에서는 이를 '인시(人市)'·'공시(工市)'·'공부시(工夫市)' 등으로 불렀고, 광둥성에서는 '파공(擺工)'·'인행(人行)'·'매인행(賣人行)'으로, 윈난성에서는 '공장(工場)'·'참공장(站工場)' 등으로 불리었다.

북방의 인력 시장은 주로 시장에서 열렸으며, 새벽에 노동력을 거래하는 쌍방이 시장 내의 일정한 장소에 집결하는 방식으로 열렸다. 시장에서는 중개인이 당일 노동력 수급 상황에 따라서 임금을 책정하기도 하였다. 이때 중개인은 종이로 만든 표에 당일의 임금을 기재하여 매매 쌍방이 반드시 이를 따르도록 하였는데, 이 문제 때문에 중개인을 두지 않는 경우가 더 많았다. 중개인이 없는 경우에는 고용인과 피고용인 쌍방이 직접 협상하거나, 고용인이 작업의 종류와 임금을 제시하며 피고용인을 찾기도 하였다. 조건에 응하는 사람이 없으면 임금을 올렸고, 반대로 원하는 사람이 많으면 고용자가 건장한 사람을 골라가기도 하였다. 피고용인이 자신이 원하는 임금을 제시하며 고용자를 찾기도 하였다. 시장에서 첫 번째 거래가 이루어지면 나머지 거래는 대체로 첫 거래의 가격(임금)에 따라서 진행되었지만, 일출 시간이 지나면 이를 기점으로 임금이 낮아지기도 하였다. 인력 시장에서 거리가 조금 떨어진 촌락에서도 인력 시장의 가격에 기초하여 단공 고용이 이루어졌다.

인력 시장을 통하지 않는 경우에는 고용자가 주로 인근 지역에서 찾을 수 있는 노동자들을 고용하거나, 반대로 농업 노동자들이 무리를 이루어 돌아다니며 고용인을 찾는 경우도 있었다. 이 경우, 노동자들이 주로 시장이나 사묘 주변에 모여 고용인을 찾거나, 직접 논밭을 돌아다니며 일거리를 찾는 경우도 있었는데, 이를 '타창(打槍)'이라 불렀다. 광시성 중두현(中渡縣)에서는 노동력 수요가 증가하는 수확철이 다가오면 농업 노동자들이 3~5명씩 무리를 이루어 시장에 모여 고용인을 찾았다. 고용인이 시장에서 직접 가격을 협상하거나, 또는 노동자들이 작업 현장을 직접 답사한 뒤에 임금을 협상하기도 했는데, 이를 '타고곡(打估穀)'이라 하였다. 산시(陝西)·간쑤(甘肅) 등지에서는 노동자들이 개별 가정을 방문하며 일감을 물색하기도 하였다.

한편, 고용이 예정된 단공들도 많았다. 농민들이 궁핍할 때 식량이나 돈을 빌렸다가 농번기가 되었을 때 단공으로 일해서 빚을 갚는 경우가 대부분이었다. 이 경우에 형성되는 채무를 '공부장(工夫帳)'

이라 했으며, 매일의 임금을 시가로 정하여 이를 채무액에서 공제하는 방식으로 채무 변제가 이루어졌다. 또한, 농업용 가축을 키울 능력이 없던 농민들이 가축(소)을 빌리는 대가로 노동력을 제공하기도 하였다. 쟝쑤성 징쟝현(靖江縣)에서는 소를 하루 빌리는 대가로 농민들이 이틀간의 노동력을 제공하였으며, 이러한 노동력 교환은 지역에 따라 다양한 형식과 비율로 이루어졌다.

각지의 노동자들에게는 대부분 '공두(工頭)'가 있었다. 공두는 주로 일거리를 물색하거나 고용인과 임금을 협상하는 역할을 하였다. 공두 본인은 노동에 참가하지 않았지만, 고용인은 공두에게도 임금을 지급하였다. 저쟝성 핑후현(平湖縣)에서는 단기 노동자들이 찻집에 모여서 일거리를 찾았는데 이를 '작장(作場)'이라 하였고, 그 우두머리를 '작두(作頭)'라 하였다. 노동자를 고용하고 싶은 사람은 하루 전에 작두에게 노동자 알선을 요청하였고, 작두는 고용인이 원하는 만큼의 노동자들을 알선해주었다. 일이 끝나면 고용인과 피고용인이 한 곳에 모여 작두의 주재 아래 임금을 협상하였다. 지역마다 공두를 부르는 명칭은 달랐으며, '반두(班頭)'라고 부르기도 하였다. 산시성(陝西省) 옌창현(延長縣)에서는 노동자 10명이 한 조를 이루고, 그 우두머리 1명이 고용인과 접촉하여 일거리를 물색하였으며, 임금은 현지 신사(紳士)들의 주재 아래 결정되었다.

농업 노동자들은 고향에서 농번기가 끝나면 일거리가 있는 인접 지역으로 이동하여 단공이 되어 돈을 벌다가, 그 지역에서도 농번기가 지나 일거리가 줄어들면 또 다른 곳으로 이동하여 다시 단공이 되는 경우가 많았다. 이런 방식으로 여러 지역을 전전하다가 고향에서 다시 농번기가 되어 일거리가 많아지면 돌아왔다. 황허(黃河) 유역에서는 이를 '보리밭으로 달려간다'는 의미에서 '간맥장(趕麥場)'

이라 하였고, 이러한 노동자들을 '맥객(麥客)'이라 불렀다. 허난과 산둥의 수확기는 허베이보다 빨랐고, 허베이·산시(山西)는 러허(熱河)·차하르(察哈爾)·수이위안(綏遠)·만주보다 빨랐기 때문에, 농민들은 이러한 시차를 이용하여 일거리를 찾아 이동하였다. 이러한 관행은 남방에서도 유사하게 나타났다.

한편, 장기 노동자(長工)는 고용인이 장기간 숙식을 제공하며 임금을 지급하는 '보통장공(普通長工)'과, 이와는 다른 조건의 '특수장공(特殊長工)'으로 나뉘었다. '보통장공'의 노동 기간은 물론 지역에 따라 차이가 있었지만, 대체로 1년 또는 1년에 조금 못 미쳤으며, 계절 단위로 기간을 정하기도 하였다. 계약 기간이 1년을 넘은 경우는 주로 농민들이 채무로 인하여 장기 노동계약을 체결해야 하는 상황에서 나타났다. 농민들이 고액의 자금을 빌렸다가 차입금에 대한 이자를 납부하는 대신에 2~3년 동안 노동력을 제공하고, 원금을 상환한 뒤에 고용 관계를 해지하는 방식이었다. 장공 중에는 일시불로 임금을 받은 뒤에 3·5·8·10년 단위로 고용 계약을 체결하기도 하였다. 1년 단위로 기한이 만료된 뒤에 쌍방이 원하면 계약을 연장하는 방식도 있었는데, 이러한 경우는 흔하지 않았다. 임금은 미리 선금으로 지불하거나, 몇 차례로 나누어 분할 지급하거나, 고용기간이 완료된 후에 지불하거나 수시로 지급하는 등 다양한 방법이 시행되었다.

'특수장공' 중에는 임금 대신에 고용인이 노동자가 경작할 수 있는 땅을 주고 그 땅에서 나오는 수확을 임금으로 제공하는 경우도 있었다. 대체로 성인 남성이 1년 동안 경작할 수 있는 땅의 50% 이하를 제공했으며, 고용인에게 일거리가 있을 때 노동자가 와서 노동력을 제공하는 방식이었다. 임금 대신에 토지에 대한 사용권을 제공하는 방식은 지역에 따라 차이가 있었는데, 이러한 형태의 장공은 지역에 따라서 '주방(住房)'·'간공(赶工)'·'방공(幫工)' 등 다양한 명칭으로 불리었다. 고용인이 토지와 임금을 모두 제공하기도 하였는데, 이때 제공되는 토지의 면적은 상대적으로 적었다.

한편, 창장(長江) 이북에서는 장공의 고용이 소작 관계와 유사한 방식으로 운영되기도 하였다. 고용인이 토지와 가옥, 종자, 비료 등을 지급하고 노동자는 노동력만을 제공하여, 토지를 경작한 뒤에 투자비용을 제외한 순이익을 쌍방이 나눠 갖는 방식이었다. 안후이성에서는 순이익을 5:5로 균분(均分)하였고, 산둥성에서는 '이팔종지(二八種地)'라 하여 고용주가 소출의 80%, 노동자가 20%를 나눠 가졌다. 이러한 방식은 허난성에서는 '납편지(拉鞭地)'라 불리었고, 허베이성에서는 '파객(把客)'이라 불리었다.

서남 지역의 여러 성(省)에서는 농업 노동자가 고용주에게 장기간 노동력을 제공하면서, 임금을 받는 대신에 고용자가 노동자를 위해 부인을 마련해주고 결혼을 시켜주는 관행이 있었다. 윈난성 쟝촨현(江川縣)에서는 5~6세 또는 10세부터 고용되어 20세까지 일하면, 고용인이 결혼을 시켜주고 약간의 자산을 제공해주면서 고용 관계가 해지되었는데, 이 현에서는 이러한 방식의 노동자 고용이 전체 고용의 20% 정도에 해당하였다.

제5장
20세기 전반기 '일전양주(一田兩主)' 관행의
지속과 변화

법제 개혁과 '일전양주'의 관행

명·청 시대의 '일전양주' 관행 아래에서 전저주(田底主)와 전면주(田面主)는 독립적인 별도의 권리와 의무를 가졌다. 전저권(田底權)과 전면권(田面權)은 독립적으로 상호 간섭 없이 저당·매매·분할·상속·증여할 수 있었고, 소작인인 전면주는 '업주'인 전저주의 동의 없이 제3자에게 소작을 줄 수도 있었다('轉佃'). 소작인이 소작료를 체납(欠租)해도 업주는 소송하여 소작료를 추징할 수 있을 뿐, 소작인의 소작권을 취소('撤佃')할 수는 없었다. 많은 경우에 소작인은 업주의 토지를 영구적으로 소작할 수 있었다. 일전양주의 관행은 하나의 토지를 '전저'와 '전면'으로 분할하여 각각에 대하여 독립적인 소유권이 형성되는 결과를 가져왔다. 결과적으로 하나의 토지에 대하여 사실상 두 가지의 소유권이 성립되었던 것이다.

실제로 민국 시기에는 영전권(永佃權) 또는 전면권을 일종의 소유권으로 간주하기도 하였다. 〈민사습관조사보고록〉에서는 쟝시성 닝두현(寧都縣)의 관행에 대하여 조사한 결과를 다음과 같이 기록하고 있다.

닝두현 민간에는 일종의 부동산 업권(業權)인 '영정(永頂)'이라는 것이 있다. 그 권리의 효력은 소유권과 대동소이하며, 그 구별점은 지세(地稅) 납부 여부에 있을 뿐이었다. 매년 다른 사람에게 지세를 납부해야 하면 '영정'인 것이고, 그렇지 않으면 소유인 것이다. [前南京國民政府司法行政部 編, 『民事習慣調査報告錄』, 北京: 中國政法大學出版社, 1998, 202쪽.]

여기서 '영정'은 업주가 황무지를 개간하기 위하여 소작인들을 불러모은 뒤, 토지 개간의 비용을 보상하기 위하여 업주가 소작인들에게 부여해준 재산권을 지칭하는 것이었다. '영정'의 권리가 있는 소작인들은 업주에게 해마다 약간의 소작료를 지불하고 토지의 물권을 영구적으로 확보할 수 있었으니, 사실상 전면권과 동일한 개념이었다. 실제로 민국 시대에는 전면권과 영전권의 개념이 혼용되었다.

〈대청률례(大淸律例)〉에는 영전권이나 전면권 등에 관련된 조항은 없었지만, 청대의 국가권력도 민간에서 이루어지고 있는 일전양주의 관행을 인지하고 있었다. 다만, 청조에서는 전면권을 인정하는 것이 전저주의 납세 능력을 저해한다는 판단 아래 일전양주의 관행을 금지하였다. 일전양주의 관행이 발달한 푸젠성(福建省)에서는 '전피(田皮)'·'전근(田根)' 등을 '적폐'로 규정하여 금지하였고, 이는 강남(江南) 지역에서도 마찬가지였다.

청말 신정기(新政期)의 법률 개혁 과정에서도 전면권 개념은 법제화되지 못하였는데, 이때는 징세에 대한 고려 때문이 아니라, 근대적인 소유권 개념에 부합하지 않았기 때문이었다. 독일의 민법을 모델로 한 〈대청민률초안(大淸民律草案)〉에서는 단일하고 배타적인 소유권 개념을 적용하였다. 근대의 소유권 이론에서는 '하나의 물건에 대하여 하나의 권리를 설정한다(一物一權)'는 원칙을 확립하였기 때문에 일전양주는 근대적인 소유권 개념과는 상충되는 것이었다. 하나의 표적물에 대한 독점적·배타적 소유권의 취지는 1925년의 〈민국민률초안(民國民律草案)〉이나 국민정부에서 제정한 〈민법〉으로도 이어졌다.

〈민국민률초안〉(1925)

제761조 소유인은 법령 또는 제3자의 권리를 위반하지 않는 한도 내에서 임의로 그 물(物)을 처리할 수 있으며, 타인의 간섭을 배제할 수 있다.

〈중화민국민법〉(1929)

제765조 소유인은 법령이 제한하는 범위 내에서 그 소유물을 자유롭게 사용·수익·처분할 수 있으며, 타인의 간섭을 배제할 수 있다.

이러한 원칙에 따라 근대 법률 개혁의 과정에서 전면권 개념은 법제화되지 못하였지만, 20세기의 입법자들은 독일의 민법을 참고하여 영전권(永佃權)이라는 개념을 도입함으로써 민간의 사회 관행을 부분적으로 수용하고자 하였다. 〈대청민률초안〉에서는 독일과 그 영향을 받은 일본의 영전권 개념을 수용하였다. 그에 따르면, 영전권은 소작료를 내고 타인 소유의 토지를 이용할 수 있는 물권으로 정의되었다. 이러한 개념 정의는 1925년의 〈민국민률초안〉과 〈민법〉에서도 이어졌다.

〈민국민률초안〉(1925)

제866조 영전권자는 소작료를 지불하고 타인의 토지에서 경작하거나 목축을 할 수 있다.

〈중화민국민법〉(1929)

제842조 영전권이라는 것은 소작료를 납부하고 영구히 타인의 토지
에서 경작하거나 목축할 수 있는 권리를 지칭한다. 영전권
을 설정할 때 기한이 정해진 경우에는 (일반적인) 임대(租
賃)로 간주하여 임대에 관한 규정을 적용한다.

그런데 '영전권'의 축자적 의미와 달리, 〈대청민률초안〉과 〈민국
민률초안〉에서는 '영원한 소작권'이라는 개념을 인정하지 않았다.
그들이 모델로 삼은 독일 민법에서도 '영원한 소작'이라는 개념이
존재하지 않았으며, 일본에서도 '영(永)'이라는 글자를 사용하기는
했지만, 소작권에 명확한 기간을 설정하도록 하였다. 〈대청민률초
안〉에서도 영전권의 존속 기간을 20년 이상 50년 이하로 규정하였는
데, 그 이유를 영구적인 소작권을 부여할 경우에 토지 소유권이 무
의미해질 수 있기 때문이라고 설명하였다. 즉, 하나의 토지에는 하
나의 소유자만 존재할 수 있다는 전제 아래 전면권을 부정하면서,
영전권 역시 영원한 권리로 인정하지 않았다. 기존의 전저주만을 합
법적 토지 소유자로 인정함으로써 일전양주의 관행을 사실상 부정
한 것이다. 비록 '특별한 관행이 있는 경우'에는 제한 규정을 두지
않는다는 단서가 있기는 하지만, 이러한 내용은 〈민국민률초안〉에
서도 확인된다.

〈민국민률초안〉(1925)

제867조 영전권을 설정할 때의 존속기간은 20년 이상부터 50년 이
하로 한다. 만약에 설정된 기간이 50년을 초과하면 50년으
로 단축한다.
영전권의 설정은 갱신할 수 있다. 단, 그 기간은 갱신하는

170

시점으로부터 50년을 초과할 수 없다.

위의 내용에 대해서는 법률에서 특별한 규정이 있거나 특별한 관행이 있는 경우에는 적용하지 않는다.

이와 달리, 국민정부에서 제정한 〈민법〉에서는 위의 제842조("영전권이라는 것은 소작료를 납부하고 영구히 타인의 토지에서 경작하거나 목축할 수 있는 권리를 지칭한다.")에서 나타나는 바와 같이, '영원한 소작'의 개념을 수용함으로써, 영전권을 전면권에 보다 가까운 성질의 권리로 규정하였다. 민국 시기에 법제화된 영전권과 명·청 시대부터 이어져온 사회 관행으로서의 전면권 사이에는 소유권·재산권의 측면에서 중요한 차이가 있었지만, 여하튼 〈민법〉에서는 적어도 경작권의 영구성을 확인함으로써 형식적으로는 전면권의 관행을 최대한 수용하는 모습을 보였다.

한편, 〈민국민률초안〉과 〈민법〉 모두 영전권의 자유로운 양도를 허용하여 영전권을 물권의 일종으로 간주함으로써, 민간의 전면권 거래 관행을 부분적으로 수용할 수 있었다. 영전권의 행사와 관련된 제반 규정들로는 다음과 같은 것들이 있었다.

〈민국민률초안〉(1925)

제868조 영전권자는 그 권리의 존속 기간 동안에는 그 권리를 양도하거나 토지를 임대할 수 있다. 단, 설정행위(設定行爲)에 대해서는 양도나 임대를 금지하는데, 혹시 특별한 관행이 있으면 이 제한을 적용하지 않는다.

〈중화민국민법〉(1929)

제843조 영전권자는 그 권리를 타인에게 양도할 수 있다.

제844조 영전권자가 불가항력으로 인하여 수익이 감소하거나 전무

(全無)하게 되었을 때는 소작료의 감면 또는 면제를 청구할
수 있다.

제849조 영전권자가 그 권리를 제3자에게 양도할 때, 이전 영전권자
가 토지 소유인에 대해서 체납한 모든 소작료는 (영전권을
양도받은) 해당 제3자가 그 상환의 책임을 진다.

제850조 제774조부터 798조까지의 규정은 영전권자 사이에, 또는 영
전권자와 토지 소유인 사이에도 준용(準用)된다.

〈민법〉 제774조부터 제798조까지는 일반적으로 토지와 그 산물을
둘러싸고 발생할 수 있는 다양한 분쟁 상황에 대하여 그 소유권의
귀속을 규정한 조항들로서, '부동산 소유권' 항목에 해당한다. 따라
서 제850조는 영전권 역시 그 권리의 행사에 있어서는 일반적인 토
지 소유권자와 거의 동일한 권리를 갖는다는 것을 의미한다.

이처럼 영전권을 통해서 전면권의 일부가 법제화되기는 하였지
만, 영전권에서는 전면권의 일부 권리들을 배제함으로써 전면권을
온전히 수용하지는 않았다. 〈민법〉에서는 영전권에 대한 각종 제한
을 설정함으로써 기존의 전면권 관행을 배제하였다.

먼저, 영전권의 임대를 허용한 〈민국민률초안〉과 달리, 〈민법〉에
서는 소작권을 이전하는 '전전(轉佃)'의 관행을 부정하였다. 민간에
서는 전면주의 자유로운 '전전'이 널리 이루어졌지만, 〈민법〉 제443
조에서는 업주의 허락 없이 소작권을 타인에게 이양할 수 없다고 규
정하였으며, 제845조에서는 영전권을 보유한 사람도 토지를 타인에
게 소작을 줄 수 없다는 점을 명시하였다. 특히, 〈토지법〉에서는 설
령 영전권자가 전저주의 허락을 얻었다고 하더라도 '전전'을 할 수
없다고 규정하였다.

〈중화민국민법〉(1929)

제845조 영전권자는 토지를 타인에게 임대할 수 없다. 영전권자가
           이 조항의 규정을 위반하면 토지 소유인이 소작을 취소(撤
           佃)할 수 있다.

〈중화민국토지법〉(1930)

제174조 임차인은 임대인의 승낙을 얻었다고 하더라도, 경지의 전
           부 또는 일부분을 타인에게 전조(轉租)할 수 없다.

또한, 영전권의 취소에 대해서도 〈민국민률초안〉이나 〈민법〉은
민간의 전면권 관행과는 차이를 보였다. 정식 민법이 제정되지 못한
민국 초기에도 '철전(撤佃)'에 대한 업주의 권리가 강화되기 시작하
였으며, 대리원(大理院) 판결에서도 소작료 체납을 영전권 취소의
합법적 이유로 인정하였다. 계약 기간이 만료되거나 영전권자가 소
작료를 2년 이상 체납할 경우에는 업주(전저주)가 소작인의 전면권
(영전권)을 회수할 수 있다고 규정되었다.

〈민국민률초안〉(1925)

제872조 영전권자가 2년 이상 계속해서 소작료 납부에 태만하거나,
           아니면 파산 선고를 받은 경우에는, 특별한 관행이 없는 한
           토지 소유인이 영전권을 취소한다는 의사를 표시할 수 있
           다. 영전권을 취소한다는 의사의 표시는 통지(通知)의 방법
           으로 시행한다.
제874조 영전권 기간이 만료되면 영전권자나 토지 소유인은 그 등
           기 설정의 말소를 청구할 수 있다.
           영전권자가 그 권리를 포기할 의사를 표시하는 것, 토지 소
           유인이 영전권을 취소할 의사를 표시하는 것은 위의 규정
           을 준용한다.

〈중화민국민법〉(1929)

제845조 영전권자는 토지를 타인에게 임대할 수 없다. 영전권자가
　　　　이 조항의 규정을 위반하면 토지 소유인이 소작을 취소(撤
　　　　佃)할 수 있다.

제846조 영전권자가 체납한 소작료가 2년치 총액에 달하면, 별도의
　　　　관행이 있는 경우를 제외하고는 토지 소유자가 소작을 취
　　　　소할 수 있다.

제847조 위의 두 조항으로 소작을 취소할 때는 영전권자에게 그 의
　　　　사를 표시함으로써 시행된다.

　　근대 이전에 중국 사회에서 형성된 전면권과, 민국 시기 근대화
과정에서 서구로부터 도입된 영전권은 '영구 소작의 권리에 대한 보
장'이라는 측면에서는 매우 유사한 측면을 갖고 있었다. 전면권을
'토지 사용권'이라는 관점에서 접근하면, 영전권을 전면권의 근대적
표현 형식으로 이해할 수도 있다. 하지만 영전권과 전면권 사이에는
중요한 차이가 있다. 서구로부터 도입된 영전권 개념에는 토지 경작
권의 자유로운 처분권이 포함되어 있지 않지만, 전면권의 경우에는
전면주가 전저주의 간섭 없이 자유롭게 권리를 매매하거나 양도, 저
당, 상속할 수가 있었다. 요컨대, 전면권을 획득했다면 영구 소작권
도 획득한 것이라고 볼 수 있지만, 반대로 영구 소작권을 획득했다
고 해서 전면권도 획득한 것이라고 볼 수는 없었다.

　　전근대 중국에서 형성된 일전양주의 관행에서 파생된 전면권 개
념은 토지에 대한 부분적 소유권이라는 관점에서 접근해야 하며, 이
러한 점에서 민국 시기에 도입된 영전권 개념과는 다른 것이었다.
영전권에 대한 법률적 보장을 통해서 전면권의 관행을 근대적 제도
속으로 수용하려 했다고 볼 수는 있지만, 영전권과 전면권을 동일한

것으로 볼 수는 없다.

근대 중국 사회에서 영구 소작권으로서의 영전권 관행이 형성된 경우도 있었다. 쟝쑤성 우쟝현(吳江縣)에서는 농민들에게 영구 소작권을 허용하면서 영구 소작권의 해지는 불허하는 관행도 있었다. 지주는 항상 영구 소작권을 처음 부여한 소작인에게 소작료를 징수하였으며, 영구 소작권의 양도는 허용하지 않았다. 이 경우에 소작인은 영전권을 보유한 것으로서, 이 권리를 제3자에게 양도할 수 없었다. 또한, 안후이성의 일부 지역에서도 소작인들이 소작 중단을 자유롭게 결정할 수 없었고, 지주에게만 소작 중단의 결정권이 주어졌다. 그리하여 이러한 지역에서는 지주가 중단하지 않는 이상, 소작인들은 자손들까지 대를 이어 소작을 해야 하였다. 이때의 영전권은 사실상 권리라기보다는 의무에 가까운 성격을 갖고 있었다.

또한, 비록 공식적으로 계약을 통해 전면권을 부여받지는 않았지만, 오랜 기간 한 토지에서 소작하면서 자연스럽게 지주로부터 영구 소작권을 인정받은 경우도 있었다. 이러한 경우를 '백승경(白承耕)'이라 하였는데, 이 경우 지주는 임의로 소작인을 축출할 수 없었다. 이런 점에서 이 소작인은 전면주와 유사했지만, 전면권을 인정하는 명확한 계약이 존재하지 않았기 때문에 이들은 경작권만 보장받을 뿐, 그 권리를 매매하거나 양도, '전전(轉佃)'할 수는 없었다. 이 경우에 소작인은 사실상 전면권이 아닌 영전권을 인정받은 것이라 할 수 있다.

요컨대, 〈민법〉에서 영전권의 법리를 도입한 것은 표면적으로는 중국 고유의 소작 관행을 수용하기 위한 것 같은 형태를 취하고 있었지만, 실제로는 업주가 갖고 있었던 전저권만을 소유권으로 인정하고, 소작인이 갖고 있던 전면권은 (영구적인) 사용권으로서만 정의함으로써, 근대적인 영전권의 법리를 가져와 고유의 일전양주 관행을 개조하려 한 것이었다. 전면권이 사실상 하나의 독립적인 소유권과 물권으로서의 성격을 갖고 있었던 반면, 영전권은 소유권이 배제되고 재산권은 제한된, 주로 영구적인 사용권에 국한된 권리였다. 단, 개념적으로는 이러한 차이가 있었음에도 불구하고, 민국 시기에는 두 개념이 혼용되는 경우가 많았다.

'일전양주' 관행의 지속

민국 시기의 법제 개혁 과정에서 전면권은 수용되지 않았지만, 중국 사회에서는 여전히 일전양주의 관행이 유지되고 있었다. 1920년

〈표 3〉 1920년대 쟝쑤성(江蘇省) 지역별 소작 기간

지역＼기간	3년	5년	영구
上海	·	·	洋涇·楊思·陸行·閔行·漕河涇·法華·蒲松
松江	莘莊(20%)	葉樹(80%)·柘林	莘莊(80%)·新橋·亭林·楓涇·葉樹(20%)·張澤
南匯	五團·六團·横沔	·	新場·西聯·周浦·遠北
青浦	·	·	七寶·陳廣辰·章練塘·金澤·白鶴青村
奉賢	·	·	東二區·東三區·西二區·西三區
金山	東二區(50%)·金山衛(6%)	金山衛(85%)	東二區(50%)·金山衛(9%)·西區·張堰·千巷
川沙	·	·	八團·九團·長人·高昌
太倉	·	·	劉河·浮陸·太倉·沙溪·璜涇·岳王
嘉定	·	·	第1·第2·第3·第4·第7·第8·第9·第14·第18區
寶山	·	·	江灣·眞茹·羅店·劉行·城
崇明	·	·	城·新河·箔沙·廟鎮·協平·北義·進德·樂同·强明
海門	·	·	東1·東2·東4·東5·東7·西1區

[출처] 長野郎 著, 强我 譯, 袁兆春 點校, 『中國土地制度的研究』, 北京: 中國政法大學出版社, 2004, 271-274쪽의 통계표 재구성.

대에 쟝쑤성 일대의 소작 기간을 조사한 자료를 보면, 강남(江南) 지역에서 영구 소작이 비교적 널리 시행되었음을 확인할 수 있다.

국민정부 토지위원회에서 작성한 〈전국토지조사보고강요(全國土地調査報告綱要)〉(1937)에서도, 민국 시기 농촌에서 '영전(永佃)'은 쟝쑤·저쟝·안후이 3개 지역에서 성행했으며, 북방에서는 새로 개간한 경지가 많았던 차하르·수이위안 두 지역에서만 널리 나타났다고 한다. 전국적으로 보면, 전체 소작 계약의 21.1%가 '영전'에 해당하였고, 부정기 소작 계약이 대다수인 70.8%를 차지하였으며, 정기 소작 계약은 8.1%에 불과하였다. 이 자료들에서 사용되는 '영전'이라는 개념은 사실상 '전면'을 지칭하는 것이었다.

〈표 4〉 1930년대 전반기 지역별 '영전(永佃)' 현황

省	비율	省	비율
江蘇	40.9	河南	2.6
浙江	30.6	山西	4.2
安徽	44.2	陝西	0.5
江西	2.3	察哈爾	78.7
湖南	1.0	綏遠	94.0
湖北	13.4	福建	5.2
河北	3.9	廣東	1.7
山東	4.5	廣西	11.7

[출처] 土地委員會 編, 「全國土地調査報告綱要」, 李文海 主編, 『民國時期社會調査叢編(2編): 鄕村經濟卷』 下卷, 福建敎育出版社, 2009, 356쪽의 통계표 재구성.

1930년대에 이루어진 지정학원(地政學院)의 조사에 의하면, 쑤저우(蘇州)의 90%, 창쑤(常熟)의 80%, 우시(無錫)의 50% 정도 되는 지역에서 전저권과 전면권의 분리가 나타나고 있었다. 또한, 중국공산당 화동군정위원회(華東軍政委員會) 토지개혁위원회에서 편찬한

〈소남토지개혁문헌(蘇南土地改革文獻)〉에서도 중화인민공화국 건국 전야에 화동(華東) 지역의 19개 현(縣)에서 전저권과 전면권이 분리되어 있었다는 내용이 확인된다. 〈민사습관조사보고록〉에서 쟝시성에 대하여 조사한 바에 따르면, 쟝시성 남부 지역에서는 70~80%의 토지가 전저와 전면으로 분리되어 있었다고 한다.

이처럼 민국 시기에도 일전양주의 관행은 주로 중국의 동남부 지역에서 여전히 널리 유지되고 있었으며, 내용적인 측면에서도 명·청 시대의 그것과 큰 차이가 없었다. 정도의 차이는 있었지만, 소작인에게 부분적인 소유권으로서의 전면권을 인정해주는 관행은 여러 지역에서 공통적으로 나타났다. 〈중국농촌경제자료(中國農村經濟資料)〉에서는 소작권이 성립되는 과정을 설명하면서, 압조(押租)와 함께 전면권을 언급하며 다음과 같이 설명하였다.

> 소작인이 소작을 하는 방법에는 하나의 특수한 경우가 있다. 즉, 소작인이 소작을 하면서 전면(田面)과 전저(田底)의 구분이 생기는 것이다. 전저라는 것은 지주가 소유하는 토지권(土地權)이다. 전면이라는 것은 소작인의 경작권이다. …(생략)… 지주는 마음대로 전저를 매매할 수 있고, 전호도 전면을 매매할 수 있다. 만약에 어떤 농민이 토지를 빌려 경작하고자 한다면, 먼저 해당 토지를 경작하고 있는 소작인과 전면의 가격을 협상해야 한다. 협상해서 정해지면, 그 다음에 업주에게 가서 인수증을 작성하여 경작한다. 만약 기존의 소작인이 타인에게 전면을 양도하기를 원하지 않는다면, 다른 농민이 업주의 허락을 얻는다고 하더라도 소용이 없다. 다만, 기존의 소작인이 소작료를 납부하지 않고, (미납된) 소작료가 전면의 가격을 초과했을 때는 지주가 전면을 회수할 수 있으며, 이렇게 되면 기존의 소작인은 더 이상 경작할 수 없다. [馮和法 編, 『中國農村經濟資料』上, 華世出版社, 1978, 106-107쪽.]

톈진 일대의 영전권 상황을 조사한 결과에 의하면, 영전권자는 토지 소유자(업주)에게 풍흉과 무관하게 매년 소작료로 5~6쟈오(角) 또는 1~2위안(元)을 음력 10월 초하루까지 납부해야 하였다. 영전권의 유효 기간에 대해서는 계약에서 별도로 규정하지 않는 경우가 많았기 때문에 소작권은 사실상 영구적이었지만, 영전권자가 정해진 기한까지 소작료를 납부하지 않으면 업주가 소작권을 박탈할 수도 있었다.

이러한 관행은 쟝쑤성 등 동남 및 남부 지역에서 널리 나타났다. 〈민사습관조사보고록〉에서는 이 지역의 상황에 대하여 다음과 같이 설명하고 있다.

> 쟝쑤성 북부의 일반적인 관행을 살펴보면, 영전권자는 타인의 토지를 받아 경작하며, 통상적으로 1무(畝) 당 600근(斤)의 곡물을 수확하면 소작료로 320근을 납부한다. 풍년에는 소작료가 올라가지 않지만, 흉년이 되면 토지 소유자와 상의하여 낮출 수 있었다. 영작권의 존속 기간에 대해서는 계약서에 일정한 연한(年限)을 두지 않고, 거의 영구적인 성질을 갖고 있다. 단, 영전권자가 소작료 납부를 게을리하면 토지 소유자가 그 영전권을 취소할 수 있었다. 영전권자는 합당한 이유가 있을 때는 그 권리를 포기하거나 타인이 경작하도록 양도할 수 있었지만, 사전에 반드시 토지 소유자의 동의를 얻어야 하였다. [前南京國民政府司法行政部 編, 『民事習慣調査報告錄』, 北京: 中國政法大學出版社, 1998, 149쪽.]

일반적으로 명·청 시대의 전면주는 전저주의 개입 없이 전면권의 처분에 대한 결정권을 행사할 수 있었지만, 위의 조사 결과에서 나타나듯이, 민국 시기 일부 지역에서는 전저주의 승인을 받아야 전면권을 처분할 수 있었다. 이러한 관행은 저쟝성 쟈싼현(嘉善縣)에 대한 조사 결과에서도 확인된다. 또한, 〈민사습관조사보고록〉에서는 장쑤성 창쑤현에 대해서 다음과 같이 기록하고 있다.

창쑤현에서는 토지를 전저(田底)와 전면(田面), 자업(自業) 세 가지로 분류한다. 업주가 (토지를 경작하지 않고) 앉아서 소작료를 받아 토지세를 납부하는 것을 전저라 한다. 소작인이 업주에게 소작 계약서를 써주고 토지를 경작하며 해마다 소작료를 납부하는 것을 전면이라 한다. 토지를 경작하는 것과 토지세를 납부하는 것이 하나의 주체에 합일되어 있는 것을 자업이라 한다. 전면은 속칭 '회비전(灰肥田)'이라 하며, 만약 이를 타인에게 양도하고 싶으면, 부과되는 세금도 없고 정부 증명서도 없으므로, 보증인을 세워 계약을 체결하고 돈을 받아 양도한 뒤, 새 소작인이 업주에게 따로 소작 계약서를 작성해주면 된다. 하지만 향인(鄉人)들이 글을 읽지 못하는 경우가 많기 때문에 체결된 계약의 권리관계가 매우 불명확하여 세월이 조금 지나면 분쟁이 발생하기 쉽다. [前南京國民政府司法行政部 編, 『民事習慣調査報告錄』, 北京: 中國政法大學出版社, 1998, 150쪽.]

비록 '영전'이나 '전면' 등의 표현이 직접 사용되지는 않았지만, 사실상 그에 해당하는 권리를 소작인에게 인정해주는 경우도 있었다. 허베이성 칭위안현(淸苑縣)에서는 업주와 소작인이 10년 단위로 소작 계약을 체결하기도 했는데, 이때 소작인이 소작료를 체납하면 업주가 소작권을 거둬들일 수 있었지만, 소작인이 소작료를 체납하지 않는 이상, 업주는 소작권을 회수하거나 소작료를 올릴 수 없었다. 물론, 업주가 완전한 토지 소유권을 확보하여 별도의 전면권이 설정되지 않은 경우에는 수시로 소작권을 회수하는 것이 가능하였다.

또한, 지린성(吉林省)에서는 정부 소유의 토지를 개간한 농민들을 소작인으로 간주하였는데, 이때 소작인들은 해마다 국가에 소작료를 내면서, 대대로 개간한 토지를 상속하여 자신의 자산처럼 활용하였다. 이 경우에 토지의 법적인 소유권은 정부에 있었기 때문에 토지를 판매할 때는 '매계(賣契)'가 아닌 '태계(兌契)'를 작성하였다. 이처럼 형식적으로는 '매매'의 절차와는 구분되는 형태를 취하였지만, 구매자인 '접태주(接兌主)'는 일반 '매계'에서와 마찬가지로 '세계(稅契)'의 절차를 밟아 관청에서 재산권의 이전을 등기해야 하였다. 사실상의 소유권·재산권을 제도적으로 인정해준 셈이다.

한편, 민국 시기에도 전면권은 지역에 따라서 다른 용어로 표현되기도 하였다. 저장성 쟝산현(江山縣)의 '산객(山客)'과 '산주(山主)'의 관계에 대하여 조사한 결과에 의하면, 산주가 소작인을 불러모아 산지를 개간할 경우, 산에 심은 수목과 그 과실 등 산물은 모두 소작인인 산객의 소유로 삼았다. 산객은 자신이 심은 수목을 자유롭게 매매하거나 담보로 활용할 수 있었고, 이러한 권리를 '산피(山皮)'라 불렀다. 산객이 산주에게 납부하는 소작료는 '산골조(山骨租)'라 불리었다. 요컨대, '산피'가 '전피'·'전면'에 해당되었고, '산골'이 '전골'·'전저'에 해당되었던 것이다.

이밖에도 민국 시대 안후이성 일대에서는 '전저'와 유사한 개념으로 '장전(丈田)'·'대매(大買)'·'리자(裏子)' 등이 사용되었고, '전면'에 해당하는 개념으로는 '전전(佃田)'·'소매(小買)'·'면자(面子)' 등이 사용되었다. 쟝시성 지역에서는 전저권과 전면권을 '전골(田骨)'·'전피(田皮)'와 '관골(管骨)'·'관피(管皮)', '대업(大業)'·'소업(小業)', '골업(骨業)'·'피업(皮業)' 등의 표현으로 지칭하기도 하였다. 특히, 푸졘성에서는 '전저(田底)'와 '전면(田面)'이 다른 지역과는 정반대의 의미로 사용되어, '전저'가 '전면', '전면'이 '전저'의 뜻으로 사용되었다.

한편, 일전양주의 개념과는 조금 다른 경우지만, 지린성 일대의 조선 접경지역 일대에서는 일전양주와 유사한 독특한 토지 소유 관행이 형성되었다. 제도적으로 중국에서 토지를 구입할 수 있는 사람은 중국 국적의 사람에 한정되어 있었기 때문에, 오랜 시간에 걸쳐 만주 일대로 넘어가 토지를 개간해온 조선인들은 합법적으로 토지를 구매할 수가 없었다. 이에 종종 조선인들이 자금을 모아 중국 국적의 농민을 대표자로 삼아 그의 명의로 토지를 구입하고, 각자 출자한 지분에 따라서 토지를 나눠 관리하기도 하였다. 이때 대표자는 자금을 출자하지 않은 채 매입한 토지의 10% 정도를 할당받을 수 있었다. 이 경우에도 대표자가 법적 소유자로서 전저주와 유사한 역할을 하고, 지분을 출자한 나머지 농민들이 실제 재산권을 나눠 가진 전면주와 비슷한 권리를 갖게 되었다.

민국 시기의 중국 사회에서 전면권의 존속 기간은 원칙적으로 영구적이었으며, 일반적으로는 계약서에 별도의 기한을 설정하지 않음으로써 그것이 영구적인 권리임을 나타냈다. 일반적인 지주-소작 관계에서는 소작 계약에 기한이 명시되어 있지 않으면 지주가 수시로 계약을 해지할 수 있었지만, 계약서에 '영조(永租)'라는 글자가 들어가면 지주가 계약을 아무 때나 해지하거나 소작료를 임의로 올릴 수 없었다. 안후이성 일대에서는 전자와 같은 형태의 소작 계약을 '동정동사(東頂東卸)'라 불렀고, 후자와 같은 형태의 소작 계약을 '객정객장(客頂客莊)'이라 불렀다.

그러나 민국 시기에 전면권은 어디까지나 전저주에게 소작료를 성실히 납부한다는 전제 위에서만 영구적인 것이었다. 대부분의 지역에서는 전면주가 소작료를 체납하면 전저주가 전면권을 회수할 수 있었다. 주로 체납된 소작료의 액수가 전면가(田面價)에 도달할 때 전면권이 회수되는 경우가 많았다. 쟝쑤성 일대에서는 전면주인 소작인이 체납한 소작료의 액수가 전면가를 초과하게 되면 전저주인 업주가 전면권을 회수할 수 있었고, 이를 '퇴창(退倉)' 또는 '수창(收倉)'이라 불렀다. 단, 일부 지역에서는 민국 시기에도 여전히 소작료 체납을 이유로 전면권을 회수할 수 없는 경우도 있었고, 이런 지역에서는 전저권보다 전면권이 훨씬 더 중시되었다.

한편, 일전양주의 관행 속에서 전저권과 전면권은 영구적으로 철저히 분할되어 쌍방이 각자의 소유권에 대해서 완전한 상호 불간섭의 권리를 가졌지만, 이러한 토지 소유권의 분할이 한시적으로 이루어지기도 하였다. 안후이성 잉산현(英山縣)에서는 전면권이 없는 소작인이 체결하는 소작 계약을 '기장약(羈庄約)'이라 하였는데, 소작인이 지주에게 '기장은(羈庄銀)'을 납부하고 5년 또는 10년 동안 토지를 경작한 뒤, 기한이 만료되면 다시 기장은을 납부하고 장기 소작하는 관행이 있었다. 이는 사실상 전면권을 시간적으로 분할하여 소작인에게 이전한 것과 흡사하였으며, 기장은은 사실상 전면가를 분할 납부하는 것과 마찬가지였다.

'전면권'의 형성 배경

민국 시기에도 전면권의 성립은 대체로 세 가지의 경로를 통해서 이루어졌다. 첫 번째 경로는 가장 일반적인 것으로, 토지 개간에 대한 소작인의 공로를 인정하여 소작인에게 토지에 대한 일정한 권리를 인정했던 것에서 비롯되었다. 지주는 본인 소유의 황무지를 개간하기 위하여 빈농들을 모집하여 낮은 소작료로 소작을 주었으며, 이때 계약서에는 소작료를 높일 수 없다거나 소작권을 박탈할 수 없다는 등의 내용을 명확하게 기재하였다.

〈민사습관조사보고록〉에 따르면, 쟝쑤·저쟝·쟝시 일대에서는 태평천국운동 당시에 지주들이 토지를 버리고 떠났을 때 소작인들이 남아서 토지를 경작하며 관리했는데, 나중에 지주들이 돌아온 뒤에 소작인들의 특별한 권리를 인정하여 영원히 소작하는 것을 허용했다고 한다. 그리고 이러한 관행이 오래 유지되면서 소작인들은 영구 소작권을 토지에 대한 부분적인 소유권으로 간주하게 되었고, 그리하여 지주들이 멋대로 소작권을 박탈할 수 없었을 뿐만 아니라, 소작인들이 그 권리를 자유롭게 양도하거나 처분할 수 있게 되었다고 한다.

업주가 황무지를 개간하기 위하여 소작인을 불러모았을 때, 토지 개간에 투자한 소작인의 노동력과 자본에 대한 보상으로 그들에게 전면권을 부여하는 경우가 많았다. 업주는 임의로 소작인을 변경할 수 없었던 반면, 소작인은 해마다 적은 액수의 소작료만 납부하면서, 수시로 전면권을 양도하거나 담보로 설정할 수 있었다. 쟝쑤성 징쟝현(靖江縣)에서는 소작인이 더 이상 토지를 경작하고 싶지 않으면 업주에게 소작권 포기를 요청할 수 있었고, 이때 업주는 소작인이 해마다 납부하던 소작료의 10배에 해당하는 금액을 소작인에게 지불해야 하였다.

톈진의 경우에는 개항이 이루어지기 전까지는 땅은 넓고 인구는 적어 버려진 땅이 많았기 때문에 지주들이 적은 돈으로 황무지를 살 수 있었고, 토지에서 수익을 획득하기 위하여 소작인들을 불러 모아 '사전(死佃)' 계약을 체결하였다. '사전' 계약에서는 소작료를 매우 낮게 책정하였을 뿐만 아니라, 앞으로도 소작료를 올리거나 소작권을 박탈하지 않겠다는 등의 내용이 포함되었다. 청 말에 개항이 이루어지면서 토지의 경제적 가치도 상승하였지만, '사전'의 계약으로 인하여 업주는 소작료를 높일 수 없었고 소작인들이 그 이익을 독차 지하기도 하였다.

소작인이 토지 가치의 상승에 기여한 부분에 대하여 지주가 그 권리를 인정해주는 관행은 전면권이 형성되지 않은 일반적인 지주-소작 관계에서도 적용되었다. 쟝쑤성에서는 소작인이 토지 가치의 상승에 기여한 부분을 '회비(灰肥)'라 하였는데, 소작 계약이 해지되는 상황이 되면 지주들이 토지가격의 25% 정도를 소작인에게 '회비' 명목으로 지급해야 하였다. 특히, 이 지역에서는 전면권을 '회비전(灰肥田)'이라고도 불렀는데, '회비'라는 개념을 사용한 것에서 전면권 형성의 유래가 소작인의 노동·자본 투자분에 대한 보상에 있었음을 추론할 수 있다.

두 번째 경로는 '압조(押租)'를 통한 것이었다. 압조는 소작인이 처음에 지주에게 일종의 보증금 명목으로 거액의 압금을 지불하는 소작 관행을 말하는데, 이때 소작인이 지불한 압금은 사실상 전면권 구매에 대한 비용으로 간주될 수도 있었다. 소작인은 체납된 소작료가 압금의 액수를 초과하지 않는 이상, 해당 토지에 대한 소작권을 보장받을 수 있었다. 그뿐만 아니라, 압금을 지불함으로써 소작인이 획득한 소작권은 판매하거나 담보로 활용할 수도 있었다. 저장성 톈타이현(天台縣) 일대에서는 이를 '소가(紹價)'라고 불렀다. 업주에게 '소가'를 지불한 소작인은 소작료를 납부하는 의무를 부담하는 것 외에는, 소작권의 처분에 대하여 독립적인 결정권을 행사할 수 있었으며, 소작료를 체납해도 권리를 빼앗기지 않았다.

애초에 압조의 목적은 소작료 체납으로 인한 손실을 예방하기 위한 것이었고, 일반적으로 1년 치 소작료를 압금의 표준으로 삼았다. 그러나 업주와 소작인의 협상 여하에 따라서, 압금을 많이 걷는 대신에 소작료를 낮추는 '압중조경(押重租輕)'의 관행이 형성되기도 하였다. 압금이 많아질수록 해마다 납부하는 소작료는 낮아졌고, 최종적으로는 해마다 소작료를 납부하지 않아도 될 정도로 압금의 액수가 커지기도 하였다.

업주가 압금을 반환하지 않으면 소작인의 경작권을 회수할 수가 없었는데, 압금의 액수가 높아짐에 따라 압금 상환 능력을 상실한 업주들이 생겨났다. 업주가 압금 반환 능력을 상실하면 소작인의 경작권을 회수하는 것이 불가능하였고, 결과적으로 소작인들은 자신의 경작권을 자유롭게 처분할 수 있게 되었다. 즉, 압조의 관행에서 소작인들이 물권 형태로서의 경작권을 획득할 수 있게 되었고, 이는 사실상 토지 소유권이 전저권과 전면권으로 분리되는 것과 마찬가지인 상황이 되었다. 〈민사습관조사보고록〉에서는 쟝쑤성 하이먼현(海門縣)의 관행에 대하여 다음과 같이 설명하고 있다.

> 하이먼현의 토지제도에는 '저(底)'와 '면(面)'의 구분이 있으며, '저'는 '묘(苗)'이고, '면'은 '과투(過投)'이다. 만약에 '묘'와 '과투'가 한 사람의 소유라면, 이를 '저면지(底面地)'라고 한다. '과투'는 민법상의 '영전권'과 유사하며, 쟝닝현(江寧縣)의 '비토(肥土)'라는 것과도 비슷하다. 처음에 소작인이 토지를 개간할 때는 반드시 '정수(頂首)'라고 하는 돈을 미리 납부해야 했는데, 개간이 끝나고 토지가 비옥해져 여러 해에 걸쳐 안정된 뒤, 소작을 그만둘 때 업주가 '정수'를 반환할 여력이 없으면 소작인이 이 소작권을 다른 사람에게 전매(轉賣)하는 것을 '전면(田面)'이라 하였으며, 이것이 곧 '과투'이다. (생략) '과투'의 가격이 비싸고 '묘지(苗地)'의 가격은 싸서, 종종 10:1의 비율이 되었다. [前南京國民政府司法行政部 編, 『民事習慣調査報告錄』, 北京: 中國政法大學出版社, 1998, 159쪽.]

전면권 형성의 세 번째 경로는 토지 소유권의 부분 이전으로 인한 것이었다. 업주가 전저권만 판매하고 전면권은 보류하고 싶을 때, 또는 전저권은 보류하면서 전면권만 판매하고 싶을 때, 하나로 합쳐져 있었던 토지 소유권은 전저권과 전면권으로 분화되었다. 경제적 상황이 어려워진 농민이 토지 판매를 통하여 수입을 획득하면서도 본인의 토지를 계속 경작하고 싶을 때, 또는 토지 소유자가 토지세 납부를 회피하고 싶을 때, 업주는 본인이 전면권을 계속 유지하면서 전저권만 타인에게 판매할 수도 있었다. 후베이성 일대에서는 이러한 방식의 거래를 매매 계약서에 '자매자종(自賣自種)'이라 기재하였다. 반대로, 궁핍한 상황에서 어쩔 수 없이 토지를 판매하면서도 토지에 대한 본인의 소유권만은 유지하고 싶을 때, 소유자는 전저권보다 가격이 비싼 전면권만을 따로 판매하기도 하였다.

두 번째와 세 번째 경로는 모두 업주가 돈을 받고 전면권을 양도하는 형식을 취하고 있다. 이처럼 업주가 돈을 받는 대가로 소작인에게 물권 형태로서의 경작권을 부여하는 방법으로는 '정여(頂與)'의 관행이 있었다. 〈민사습관조사보고록〉에서는 후베이성 우펑현(五峰縣)의 관행에 대하여 다음과 같이 기록되어 있다.

우펑현의 소작 계약에는 영전권과 유사한 것이 있는데, 사회 관습에서는 '정전(頂田)'이라 불렸다. 정전지(頂田地)를 내놓으면 비록 소작권의 일부에 해당하는 것이기는 하지만, 판매하는 것과 똑같이 영원히 회속(回贖)할 수 없었다. 예를 들어, 갑(甲)의 토지를 을(乙)에게 '출정(出頂)'하면 갑이 '양주(糧主)'가 되고 을이 '정주(頂主)'가 되는데, 갑은 토지세를 납부하고 을은 소작료를 납부한다. 정가(頂價)는 매매가격보다 낮다. 계약서는 관인(官印)이 찍힌 용지를 사용하고 세금을 납부해야 하며, 매매 계약을 체결하는 절차와 똑같다. 나중에 을(頂主)이 소작권을 병(丙)에게 '전정(轉頂)' 하면 갑은 병으로부터 소작료를 받으며, 만약에 갑(糧主)이 토지를 정(丁)에게 판매하게 되면 병은 정에게 소작료를 납부한다. 두 (권리의) 이전은 각자 원하는 대로 이루어지며, 피차간에 간섭할 수 없다. [前南京國民政府司法行政部 編, 『民事習慣調查報告錄』, 北京: 中國政法大學出版社, 1998, 269쪽.]

　'정여(頂與)'를 받은 소작인은 일정한 금액을 지불하는 대가로 업주로부터 토지 경영의 정당성(권리)을 부여받으며, 업주에게 소작료를 납부하면서 토지를 경작하거나, '전정(轉頂)'을 통하여 제3자에게 토지 경영의 권리를 양도할 수도 있었다. 이러한 '정여'의 방식에는 매매의 경우와 마찬가지로 '활(活)'의 방식과 '절(絕)'의 방식이 있었는데, '절정여(絕頂與)'의 방식은 현실적으로 전저권과 전면권을 분리하여 전면권을 소작인에게 양도하는 것과 매우 흡사하게 이루어졌다.

'전면권'의 거래

　하나의 토지에 대한 소유권이 전저권과 전면권으로 분리되면, 전저권자와 전면권자는 상호 간섭 없이 자유롭게 본인이 소유하고 있는 권리를 매매하거나 양도, 상속할 수 있었다. 전저권과 전면권의 분리가 널리 이루어졌던 남방의 여러 지역에서는 두 권리의 매매가 완전히 별개로 이루어져 토지의 매매절차도 더욱 복잡해졌다. 지주가 제3자에게 전저권을 양도해도 소작인의 전면권에는 전혀 영향이 없었으며, 소작인 역시 지주의 의지와 무관하게 단독으로 전면권을 제3자에게 양도할 수 있었다. 따라서 한 사람이 근대적 의미에서의 완전한 토지 소유권을 획득하기 위해서는 전저권과 함께 전면권도 사들여야 하였다.

전저권과 전면권의 이러한 분리로 인하여 토지 매매의 과정에서 다양한 관행이 형성되었다. 먼저, 업주가 토지를 판매할 때 구매자에게 전저권만 양도하고 전면권은 보류할 수 있었다. 이 경우 거래가격에서 전면권에 해당하는 만큼의 가격이 제외되었기 때문에 거래가는 시장가격보다 낮아졌다. 판매자가 전저권과 함께 전면권도 포기했을 때는 시장가격에 맞춰 거래가가 형성되었다. 전저권과 전면권의 분리가 널리 나타난 남부 지역에서는 실제 토지 매매의 과정에서 판매자가 전면권을 보류하는 경우가 많았다. 왜냐하면 이 지역은 인구가 조밀했기 때문에 판매자가 전면권도 팔아버리면 이후에 소작할 토지를 찾기가 어려웠기 때문이다. 또한, 구매자 입장에서도 대부분 토지를 투자 목적으로 구매했기 때문에 전면권의 가격까지 포함한 비싼 값을 주고 토지를 구입한 뒤에 다른 소작인을 찾는 것보다는, 전면권의 가격을 제외한 저렴한 가격에 전저권만 구입하고 원래의 업주에게 계속해서 토지를 경작하도록 하는 것이 편리하였다. 특히, 소작료가 다른 지역에 비하여 낮았던 지역에서는 농민들이 전면권을 제외하고 전저권만 판매하는 것을 선호하기도 하였다. 낮은 소작료는 곧 전저권의 수익률이 낮다는 것을 의미하기 때문이다.

전저권과 전면권이 분리된 상황에서 구매자는 토지 시장에서 두가지 권리 중 하나만 구매하거나 모두를 구매할 수도 있었다. 쟝수성 일대에서는 그에 따라 '소정(召頂)'과 '외정(外頂)' 등의 개념이 등장하였다. '소정'은 토지 구매자가 전저권과 전면권이 분리되지 않은 완전한 토지 소유권을 구매했을 때 새로운 소작인을 구하는 행위를 가리킨다. 이때 업주는 소작인으로부터 압금을 받을 수 있었으며, 나중에 소작인이 소작료를 체납하면 그만큼을 압금에서 공제할 수 있었다. '외정'은 토지 구매자가 전저권만을 구매했을 때 소작인을 구하는 행위를 지칭하였다. 이때 전면권은 소작인에게 있었기 때문에 업주는 기존 소작인의 소작권을 계속 인정하면서 현지의 관행에 따라서만 소작료를 받을 수 있었다. 오직 체납된 소작료의 액수가 전면권의 가격보다 높아졌을 때만 기존의 소작인(전면주)을 쫓아내고 다른 소작인을 구할 수 있었다.

자유로운 매매와 양도, 담보 설정이 가능했던 전면권에도 시장원리가 작동하여 시장가격이 형성되었다. 전면권을 '절매(絶賣)'하여 타인에게 완전히 양도할 수도 있었고, 아니면 '전(典)'과 '저압(抵押)' 등을 통하여 일정 기간만 잠정적으로 양도했다가 차후에 '회속(回贖)'할 수도 있었다. 특히, 전면권의 시장 거래가 활발하게 이루어졌던 이유는 국가권력이 전면권의 거래에 대하여 개입하지 않았기 때문이다. 전면권 소유자는 국가의 토지대장에 등기되지 않았고, 따라서 국가권력의 과세 대상에 포함되지도 않았다. 따라서 민간에서는 3%의 세금을 납부하고 관인(官印)을 받아야 하는 '홍계(紅契)'를 잘 이용하지 않았고, 주로 관인이 찍히지 않은 '백계(白契)'를 이용하여 납세 부담 없이 자유롭게 전면권을 거래하는 것을 선호하는 경우가 많았다.

안후이성 잉산현(英山縣)의 사례에 따르면, 전면권자가 전면권을 타인에게 양도할 때, 만약 그동안 체납한 소작료가 있다면 자신이 받은 전면가(田面價)에서 체납된 소작료만큼을 떼어내어 전저권자에게 상환한 다음에야 전면권을 거래할 수 있었다. 이때 전면가는 전저주의 관점에서 보면 소작료에 대한 일종의 보증금과도 같은 것이었다. 이렇게 되면 전저주는 전면주가 평소에 소작료를 체납해도 그때그때 추징하는 대신에, 전면가의 시장가격 추이를 확인하면서 소작료 체납액이 전면가를 초과하지 않는지 유의하기만 하면 되었다. 전면주의 입장에서도 경제적 궁핍으로 인하여 부득이하게 소작료를 체납하게 되는 경우에는 자신의 전면권을 판매함으로써 전저주에게 밀린 소작료를 상환할 수 있었다. 이때 전면가는 사실상 압금과 동일한 기능을 하게 되었다.

전저가(田底價)와 전면가(田面價)는 서로 독립적으로 거래되었기 때문에 별도의 시장이 형성되어 있었고, 시장가격의 형성 역시 별개로 이루어졌다. 시간과 지역에 따라서 전저가와 전면가의 금액은 다양한 변주를 보였다. 1910년대와 1920년대 쟝쑤성 쑹쟝현(淞江縣) 지역에서는 전면가가 토지가격의 절반 정도에 해당하여 전면가와 전저가가 비슷하게 형성되었지만, 저쟝성 쟈씽현(嘉興縣)에서는 전저가가 전면가의 2배에 달하기도 하였다.

전저가가 전면가와 같거나 그보다 높기도 하였지만, 대체로 전면가가 전저가보다 높게 형성되는 경우가 많았다. 이는 20세기에 들어와서 상품경제와 자본주의 경제의 발달에 따라 토지의 시장가치가 꾸준히 높아졌기 때문이다. 전면가가 높았던 지역도 대부분 이러한 지역이었다. 정액제가 보편화된 상황에서 지주가 소작인으로부터 받는 소작료는 아무리 시간이 많이 지나도 대부분 고정되어 있었지만, 토지와 농산물의 시장가치는 높아지면서 토지로부터 얻을 수 있는 수익이 높아졌고, 결과적으로 전면권자인 소작인들이 전저권자인 지주들보다 그 이익을 많이 차지하는 상황이 발생하였기 때문이다.

쟝시성 일대에서는 전면주가 토지를 제3자에게 소작을 주었을 때 ('轉佃'·'轉租'), 전면주가 받는 소작료('小租')가 전저주가 받는 소작료('大租')의 몇 배에 달하기도 하였다. 특히, 쟝시성 남부 지역에서는 전저주가 받는 소작료를 '골조(骨租)', 전면주가 받는 소작료를 '피조(皮租)'라 하였는데, 대체로 골조와 피조를 합한 것이 전체 수확의 ⅔ 정도에 달했으며, 피조가 골조보다 많았다. 그리하여 민간에서는 전저권보다 전면권을 중시하는 경향이 나타나기도 하였다.

한편, 1950년대 초에 중국공산당 화동군정위원회 토지개혁위원회에서 저쟝성 농촌 지역에 대하여 조사한 바에 의하면, 1931년 이전에는 전저가가 전면가보다 약 ⅔ 정도 높았으나, 1931~37년에는 전저가가 전면가보다 조금 높거나 비슷해졌으며, 1937~47년에는 전면가가 전저가보다 높아졌다고 한다. 이러한 가격 변화의 원인은 중국공산당 세력의 확대로 토지개혁이 확대되면서 지주들이 전저권을 구매하여 소작료를 받는 것을 꺼리게 되자 결과적으로 전저가가 하락하였기 때문이다. 아울러, 일본 제국주의 세력과 국민정부의 통치 아래 각종 납세 부담이 가중되면서, '대조(大租)'를 수취함으로써 발생하는 전저주의 수익이 감소한 것도 하나의 배경이 되었다.

제6장
20세기 전반기 토지 매매 및 담보 관행의 지속과 변화

민국 시기의 토지 매매: '절매(絕賣)'와 '활매(活賣)'

토지 매매의 과정에서는 민국 시기에도 이전과 마찬가지로 국가권력의 역할보다는 혈연·지연 등의 관계에 기초한 사회적 관행의 역할이 더 중요하였다. 국가권력은 새로운 소유자가 누구인지 확인하는 것, 즉 변경된 납세자가 누구인지 파악하는 것이 중요하였으며, 토지 매매의 세부 과정에 대해서는 강력히 개입하기보다는 토지 소유자의 명의를 변경하는 과정에서 약간의 수수료만 징수할 뿐이었다. 그리하여 민간 사회에서는 토지 소유권 및 재산권의 거래와 관련된 다양한 사회 관행이 형성되었고, 이러한 관행들은 법적 제도의 미비함을 보완할 수 있을 만큼 발달하였다. 1920년대까지 중국에서 근대적인 민법 및 상법 체계가 존재하지 않았음에도 불구하고, 토지 시장이 활발하게 작동될 수 있었던 이유도 여기에 있었다.

토지 소유권의 이전에 있어서 중국에서는 제도적 규범도 중요했지만, 사회적 관행이 훨씬 더 큰 영향을 미쳤다. 국가권력에 의한 토지 등기는 본래 재정적인 필요로 인해서 발생한 것으로서, 토지 소유자가 소유권을 등기하면 그 소유권을 제도적으로 보호받을 수 있었다. 하지만 국가권력의 일차적 관심사가 토지세의 확보에 있었기 때문에, 실제 소유자가 토지를 등기하지 않아도 누군가가 토지세를 납부하면 아무런 문제가 발생하지 않았고, 그리하여 민간의 토지 매매에서도 토지 등기를 불가결한 요건으로 간주하지도 않았다. 시간이 지나면서 등기를 하는 비중이 증가하기는 했지만, 1930년대에도 민간에서는 종래의 관행에 기초하여 납세 및 등기를 거치지 않은 '백계(白契)'의 효력이 널리 인정되었다. 특히, 과세의 대상이 되는 전저권 거래는 등기를 해야 했지만, 전면권의 거래는 법적 통제로부터 완전히 자유로운 상황에서 이루어졌다.

이러한 상황에서 민국 시기의 중국 사회에서는 이전부터 이어져 오는 다양한 토지 소유권 및 재산권 거래의 관행들이 계속 유지되었다. 1930년대 초에 이루어진 조사에 따르면, 중국에서는 지역에 따라 토지 매매의 방법이 다양하게 나타났다. 명·청 시대부터 계속되어 온 지역적 다양성은 20세기에도 여전히 나타나고 있었다. 근대 전환기의 역사적 변화 속에서 제도적 규범과 사회적 관행 사이의 격차가 더욱 벌어졌고, 게다가 중화인민공화국 수립 이전까지 중앙정부의 통치력은 이러한 격차를 좁힐 수 있을 만큼 강력하지도 못하였다.

전근대 중국 사회에서 토지 소유권과 재산권 매매의 가장 대표적인 특징이라고 할 수 있는 '활매(活賣)'의 관행도 민국 시기에 계속 유지되었다. 중국 사회에서는 가족 관념이 강하고 토지에 대한 애착이 강했기 때문에, 농민들이 부득이 토지를 판매할 때는 차후에 이를 되살 수 있는 '회속(回贖)'의 권리를 인정하는 관행이 있었고, 이러한 관행은 20세기 전반기에도 계속 살아있었다. 토지 매매계약서에 옛 업주에게 회속의 권리가 없다고 명확하게 기재되어 있지 않다면, 그것은 사실상 회속의 권리를 인정하는 것으로 받아들여졌다. 이때 회속권이 없음을 명시한 계약을 '사계(死契)'라 하였고, 명시하지 않은 것, 따라서 사실상 회속권을 인정한 계약을 '활계(活契)'라고 하였다.

활매와 관련하여 민국 초기에 나타난 중요한 제도적 변화는 법적으로 회속 가능 기한을 분명하게 제한함으로써 토지 소유권의 불안정성을 해소하는 것이었다. 민국 초기에 토지가격의 상승으로 인하여 토지의 회속을 둘러싼 분쟁이 확산되자, 북양정부(北洋政府)에서는 1915년 10월에 〈청리부동산전당판법(淸理不動産典當辦法)〉을 반포하여 회속 가능 기간을 거래 시점으로부터 30년 이내로 제한하였다. 2장에서 살펴보았듯이, '활매'와 '전(典)' 관행은 형식적으로 매우 유사한 특징을 보였고, 이에 활매를 지칭하는 표현으로 '전매(典賣)'라는 개념이 널리 사용되기도 하였다. 그런데 '전매'라는 용어가 널리 사용되면서, '전매'와 '전'의 개념도 혼용되기 시작하였다. 그리하여 위의 〈청리부동산전당판법〉에서도 '전당(典當)'이라는 표현이 사용되었는데, 그 내용에는 활매에 관한 것도 포함되었다.

〈청리부동산전당판법〉(1915)

제1조 전매(典賣)[1] 계약서의 내용이 불명확한 민간 소유의 부동산은 (거래 시점이) 30년보다 오래되었으면서 회속을 명시하는 글자가 없고, 회속이 가능하다는 것을 증명할 수 있는 다른 증거도 없다면, 절산(絶産)으로 처리하여 회속을 허락하지 않는다. 내용이 불명확한 계약의 부동산 중에서 (거래 시점이) 30년이 되지 않는 것은 모두 전산(典産)으로 처리

---

1) 여기서 '전매'는 '활매'와 동일한 의미로 사용되었다.

하여 회속을 허락한다. 단, 계약서의 내용이 명료한 경우에
는 이 제한을 받지 않는다.

제2조   전산(典産)이 원래의 계약이 성립한 날로부터 이미 60년이
지난 경우에는, 가전(加典)이나 속전(續典)에 관한 내용이
있든 없든 간에 모두 절산(絶産)으로 처리하여, 원래의 업
주가 다시 분쟁을 일으키는 것을 불허한다.

이 내용에 따르면, 절매인지 활매인지 분명하게 명시되어 있지 않
은 경우, 거래가 이루어진 시점이 30년보다 오래된 것이라면 모두
절매로 간주하여 회속이 금지되었고, 아직 30년이 되지 않았다면 회
속이 허용되었다. 아울러, 활매임이 명시되어 있는 경우라 하더라도,
거래 시점으로부터 60년이 지나면 회속이 불가능하도록 하였다.

그런데 국민정부에서는 제도적으로 활매 관행을 인정하지 않았
다. 국민정부 시기에 제정된 〈민법〉과 〈토지법〉에는 활매 관행을 의
미하는 '전매(典賣)'에 관한 규정이 포함되어 있지 않았다. 활매는
소유권의 이전을 수반하는 것이었기 때문에, 활매 관행을 인정하여
회속권을 승인하게 되면 토지 소유권의 불안정성을 유발할 수 있었
기 때문이다. 이에 국민정부의 〈민법〉과 〈토지법〉에서는 활매 형태
의 거래는 배제되었지만, '전(典)' 관행은 적극적으로 수용되었다.
'전'에서는 물권의 이전은 이루어졌지만, 소유권은 변동되지 않았기
때문이다. 이에 대해서는 후술하기로 한다.

제도적으로는 계약서에 절매(絶賣)임이 명시되어 있으면 거래가
이루어진 이후에 토지에 대해서 회속이나 '조가(找價)'가 이루어질
수 없었다. 그리고 계약서에 절매라고 명시되어 있지 않으면 회속이
나 조가가 가능한 활매로 인정되었다. 허난성 일대에서는 매매계약
서에 단순히 '판매한다(賣)'라는 표현만 사용되었으면, 시간이 아무

196

리 많이 지나더라도 판매자가 구매자로부터 토지를 회속할 수 있었으며, 보증인(中人)과 함께 협의하여 조가를 요구할 수도 있었다. 조가 또는 '조첩(找貼)'을 통하여 토지 소유권을 완전히 이전할 때는 별도로 절매 계약서를 체결하여 증거로 삼았다.

하지만 민국 시기에 중국 사회에서는 이러한 규정이 그대로 적용되지 않는 경우가 많았다. 지역에 따라서는 계약서 서두에 '절매'라고 명시되어 있음에도 불구하고, 다양한 장치를 통해서 사실상 회속이 가능하도록 계약서의 내용을 다소 모순적으로 작성하기도 하였다. 즉, 절매 계약서를 작성하면서 활매의 거래를 진행하는 것이다. 허난성 일대에서는 토지를 판매(절매)할 때, 쌍방의 합의로 회속이 가능한 특약을 맺으면 몇 년이 지난 뒤에 옛 업주가 토지를 회속하는 것이 허용되었으며, 이를 민간에서는 '사매활두(死賣活頭)'라 하였다. 다른 지역에서도 '사계활구(死契活口)'·'사계활활(死契活活)' 등의 표현 아래, 절매의 형식을 취하면서도 판매자에게 회속의 권리를 인정해주는 경우가 많았다.

이와 관련하여 산시성(山西省) 쓰로우현(石樓縣)에서는 '사계활거(死契活據)'라는 이름의 독특한 관행이 형성되었는데, 이는 토지를 매매할 때 구매자가 토지가격 전체를 지급하지 않고 일부만 '차약(借約)' 형식으로 지급한 뒤, 일정 기간이 지난 뒤에 판매자가 차입금을 상환하지 못하면 처음에 유보하였던 나머지 가격을 지급하고 토지의 절매를 완성하는 방식이었다.

허난성 외에도 여러 지역에서 절매 계약의 형식을 빌려 활매를 시행하는 관행이 확인되는데, 그 주요 원인은 절매의 계약 형식을 이용하여 사실상 '전(典)' 또는 '저압(抵押)'을 시행하는 경우가 많았기 때문이다. 산둥성 일대에서는 토지를 담보로 삼아 자금을 차입할 때,

먼저 절매 계약서를 작성하여 토지를 절매하는 형식을 취하였는데, 이때 계약서에는 언제까지 채무를 상환해야 하며, 채무를 상환하지 않으면 채권자가 담보물을 소유할 수 있다는 내용이 기록된 별도의 추가 계약서를 작성하여 원래의 절매 계약서에 첨부하였다. 만약에 약속된 기한까지 채무가 상환되지 않으면 조가를 통하여 채권자가 담보물을 소유하게 되었고, 이때 첨부되었던 별도의 계약서는 떼어져 폐기됨으로써 절매 계약서만 남게 되었다. 물론, 채무자가 채무를 상환하면 계약서 전체가 폐기되었다. 이를 '사약활첨(死約活簽)'이라 하였다. 특히, 쟝쑤성 일대에서는 이러한 관행이 매우 널리 행해졌으며, 저장성에서도 '전계후표(前契後票)'·'사두활미(死頭活尾)'라는 이름으로 유사한 관행이 유행하였다.

한편, 제도적 규정과는 반대로, 일부 지역에서는 계약서의 내용이 절매인지 활매인지 명확하지 않을 때는 이를 활매가 아닌 절매로 간주하는 것이 일반적인 경우도 있었다. 지린성에서는 계약서에 절매임이 명시되어 있지 않아도 관행적으로 절매로 인식되었다. 지린성 전 지역에서는 부동산을 매매할 때 계약서에 해당 거래가 절매임이 명시되어 있지 않아도, 지역민들이 일반적으로 절매로 간주하여 사후에 회속을 요구하지 않았다. '절(絶)'이라는 글자를 사용하는 것이 '가산(家産)이 끊긴다'는 의미를 가졌기 때문에 농민들이 계약서에 이 글자를 사용하는 것을 기피했기 때문이다. 헤이룽쟝성에서도 이러한 관행이 널리 나타났다.

계약서에 해당 거래가 절매인지 활매인지 명확하게 규정되어 있지 않은 경우가 많았는데, 20세기에 들어와 근대적 소유권 개념이 법제화되면서, 이로 인한 분쟁이 널리 발생하였다. 산시성(山西省)에서도 원래 토지를 판매할 때는 옛 업주가 언제든지 판매 원가 그대로 자신이 이전에 판매했던 토지를 회속할 수 있었는데, 민국 시기에 이 지역에서 발생한 토지 분쟁은 대개 옛 업주의 회속권을 명시하지 않은 계약들을 둘러싸고 발생하였다. 토지를 매입한 새 소유자는 계약이 '사계(死契)'임을 주장한 반면, 옛 소유자는 '활계(活契)'임을 주장했기 때문이다. 이러한 분쟁은 특히 해당 지역의 토지가격이 급등하면서 발생하는 경우가 많았다. 토지를 판매한 이후에 토지가격이 상승하면, 옛 업주가 원래의 거래가로 토지를 회속한 뒤 제3자에게 다시 판매하여 차익을 얻을 수 있었기 때문이다. 이러한 분쟁이 많이 발생하면서, 산시성에서는 지주의 권리를 보호한다는 명목으로 1927년에 포고문을 발표하여, 매매계약서에 원래의 소유자에게 회속권이 있다고 명시되어 있지 않은 경우는 모두 '사계'로 간주한다고 규정하기도 하였다. 하지만 이러한 조치는 결국 민국 시기의 사회적 관행에 부합하지 않아 쉽게 관철되지는 못하였다.

매매의 절차와 관행

토지를 매매하는 쌍방이 합의하여 계약이 최종적으로 성사되기 위해서는 판매자가 구매자에게 '노계(老契)'를 제출해야 하였다. '노계'는 '예전 계약서'라는 의미로서, 판매자가 해당 토지의 소유권을 보유하고 있다는 점, 적법한 절차를 통하여 획득했다는 점 등을 확인해주는 일종의 증빙서류로서 기능하였다. 아울러, 매매하는 토지의 범위와 면적을 명확하게 정한다는 의미에서도 노계를 증빙자료로 활용하였다. 토지 등기가 제대로 이루어지지 않던 상황에서, 토지 소유권의 귀속을 입증해주는 핵심 증거는 바로 민간에서 통용되던 계약서였다. 만약에 정부로부터 발급받은 증명서가 있다면 그것을 양도하면 그만이었다.

따라서 판매자는 구매자에게 노계를 제출함으로써 해당 거래의 합법성을 보증하였고, 동시에 노계를 넘김으로써 해당 토지의 소유권이 구매자에게 넘어갔음을 관습적으로 확인하였다. 다만, 거래되는 토지가 노계에 기재된 토지 전체가 아니라 그중 한 부분에만 해당된다면, 노계에 누구에게 얼만큼의 토지를 팔았다는 내용을 추가로 기재한 뒤에 판매자가 계속해서 보관하였다.

상속이나 매매 등의 절차를 거쳐 토지 소유권을 획득한 뒤에 많은 시간이 지나 계약서가 분실되는 경우도 많았다. 이러한 경우에는 보증인을 세워 판매자에게 해당 토지에 대한 소유권이 있음을 확인하였고, 매매계약서에는 노계가 유실되었다는 점을 명시하였다. 이러한 허점으로 인하여 종종 판매자가 노계가 유실되었다고 속인 뒤에 토지를 이중으로 판매하여 부당 이득을 취하는 경우도 많았다. 이러한 문제는 토지 거래를 둘러싼 분쟁이 빈발한 이유가 되기도 하였다.

매매가 이루어지면, 토지를 매입한 사람은 관청에 가서 토지 소유자의 명의를 변경하여 자신의 이름으로 토지세를 납부해야 하였고, 명·청 시대에도 이러한 절차를 '과할(過割)'이라 불렀다. 일반적으로는 절매가 이루어졌을 때 과할을 하는 경우가 많았지만, 지역에 따라서는 활매에 대해서도 과할이 이루어지기도 하였다. 쟝쑤성 난후이현(南匯縣)에서는 토지의 중복 거래와 같은 폐단을 방지하기 위하여, 토지를 활매한 뒤에도 구매자가 과할을 하여 토지세를 부담하는 것이 일반적인 관행이었다.

하지만 민간에서는 이 과할의 의무를 충실히 지키지는 않았다. 허베이성 쑤루현(束鹿縣)에 대한 조사 결과를 보면, 과할을 위해서는

'계세(契稅)'를 납부해야 했기 때문에, 새 업주가 돈이 있으면 곧바로 과할을 하지만, 돈이 없으면 과할을 하지 않는 경우가 많았다고 한다. 심지어 쉬수이현(徐水縣)에서는 명백한 매매임에도 불구하고 계약서에는 '전당(典當)'이라고 기록하기도 하였는데, 이는 토지를 '전입(典入)'하는 행위에 대해서는 세금이 부과되지 않았기 때문에 계약서를 허위로 작성한 것이었다.

민간에서 과할을 하지 않는 경우가 많았던 것은 과할을 하지 않았을 때의 현실적인 이익이 있었기 때문이다. 관아에 가서 세금을 내고 등기를 하지 않아도, 관습적으로 계약서를 근거로 토지 소유권을 확인할 수 있다면, 굳이 추가 비용을 들여서 과할을 할 필요가 없었다. 하지만, 과할을 하지 않으면 토지에 대한 법적 소유권이 확립되지 않았기 때문에 새 업주로서는 일정한 위험을 부담해야 하는 경우도 있었다. 산둥성 일대에서는 토지를 구매한 뒤에 과할을 시행하지 않으면, 토지 거래가 이루어진 뒤에 토지가격이 상승했을 때, 새 업주가 시세 차이로 획득한 이익의 절반 정도를 옛 업주에게 나눠주어야 하였다. 토지대장에는 옛 업주가 여전히 '현재의 업주'로 기재되어 있었기 때문이다.

과할이 이루어지지 않으면 옛 업주가 계속해서 법적 소유권자로 등기되어 있었기 때문에 토지세의 납부도 옛 업주가 계속 부담해야 하였다. 이러한 모순을 해결하기 위하여 많은 지역에서는 토지를 판매한 뒤에 과할을 하지 않으면, 매입자가 판매자에게 토지세 납부 명목으로 일정한 금액을 해마다 지급하는 관행이 형성되었다. 산시성(山西省) 일대에서는 이러한 관행을 '방교량(幫交糧)'·'소교량(小交糧)'·'간전량(干錢糧)'·'타간량(打干糧)' 등으로 불렀다. 주로 토지 매입자가 거래세·등록세 부담을 회피하기 위하여 과할을 시행하지 않는 경우가 많았지만, 일부 지역에서는 판매자들이 조상으로부터 물려받은 가산을 법적으로 포기하는 것을 꺼려서 계속해서 납세의 부담을 지면서도 법적 소유자로서의 신분을 유지하려 하는 경우도 하였다.

한편, 명·청 시대에 중국 사회에서는 땅을 판매할 때 먼저 친족과 이웃들에게 매입 의사가 있는지를 확인해야 하는 관행이 있었으며, 특히 친족이면서 동시에 이웃인 자들이 가장 높은 우선권을 가졌다. 토지를 가산(家産)으로 여기면서 이를 후손들에게 전해주는 것을 중요한 의무로 생각했던 시대에는 토지 소유권이 생면부지의 완전한 타인에게 넘어가는 것을 꺼렸기 때문이었다. 이러한 관행은 민국 시기에 들어와서도 많은 지역에서 계속되었다. 일반적으로 친족들에게 토지를 우선적으로 구매할 수 있는 권리가 주어졌기 때문에, 토지 매매에 대한 친족들의 동의가 없으면 계약이 효력을 잃는 경우가 많았다. 친족들의 동의가 없었다면, 계약이 체결된 이후에도 친족들이 동일한 가격을 제시하면 계약을 무효화하고 토지를 매입할 수 있었다. 일부 지역에서는 이를 '조매(刁買)' 등으로 불렀다. 우선권은 친족에서 이웃으로 확장되었고, 친족 내에서는 가까운 친족부터 먼 친족 순으로 주어졌다. 이러한 관행을 '진근부진원(盡近不盡遠)'이라 하였다.

일부 지역에서는 친족끼리 거래할 때는 아예 다른 용어를 사용하기도 하였다. 산시성(山西省) 일대에서는 토지를 전출(典出)하거나 판매하는 대상이 '기친(期親)'2) 이상일 때는 해당 계약을 '추약(推

---

2) [기친(期親)] 전통시대 상복(喪服) 제도에서 만 1년 동안 상복을 입어야 하는 범위의 친족을 가리킨다. 조부·조모, 백부·백모, 숙부·숙모, 미혼 고모, 형제,

約)'이라고 불렀고, 기친 이하일 때는 '병약(幷約)'이라는 개념을 사용하였다. 추약이나 병약 내용 중에 '영원(永遠)' 등의 글자가 사용되면 절매로 간주되었고, 그렇지 않으면 활매로 간주되었다. 쟝쑤성에서도 '추병(推幷)' 등의 개념이 사용되었는데, 이처럼 '매계(賣契)'와 같은 '매매'의 개념을 사용하지 않은 이유는 어차피 친족 내에서 거래가 이루어졌기 때문에 토지 자산이 '내부'에 머물러 있다고 생각하는 관념이 있었기 때문이다. 다만, 실제 '추병'의 효력은 일반적인 매매계약과 동일하였다.

쟝쑤성 북부 지역에서는 과부가 토지를 절매할 때는 계약서에 본인의 서명이 들어가야 할 뿐만 아니라, 관련 친족이 반드시 동등한 판매자의 자격으로 계약에 참여해야 하였다. 만약에 과부가 단독으로 토지를 팔아버리면 친족들이 임의로 간섭하여 분쟁이 발생하는 경우가 많았다. 토지에 대한 소유권이 개인보다는 가족이나 친족에 있다는 관념이 여전히 강하게 남아있었기 때문에, 과부가 '가산'을 외부인에게 넘기는 것을 최대한 견제하였던 것이다.

또한, 많은 지역에서는 계약서에 이웃('地鄰')들의 확인이 없어도 계약이 무효로 간주되었다. 일반적으로 부동산 소유권 이전의 효력은 당사자들이 작성한 계약서와 관청에서 발급한 증명서로 발생하였는데, 이웃들이 직접 와서 계약서 말미에 날인하지 않으면 계약의 효력이 발생하지 않는 것이 관행이었다. 허난성 일대에서는 '사린(四隣)'이 반드시 계약 현장에 도착하여 내용을 확인해야만 계약의 효력이 인정되기도 하였다. 이웃의 확인이 이루어지면 계약의 내용에 대한 보증이 확실히 이루어진 것으로 인정되었기 때문에 판매자

자매, 아들과 딸, 맏며느리, 남자 조카, 미혼 여조카, 적손(嫡孫) 등을 가리킨다.

는 굳이 노계(老契)를 따로 제공하지 않아도 되었다.

헤이룽쟝성에서는 구체적으로 다음과 같이 우선권의 순서가 정해져 있었다. '전권(典權)'이 설정되어 있는 토지를 업주가 타인에게 판매할 때, 가장 먼저 이 토지를 구매할 수 있는 권리를 가진 사람은 '전호(典戶)'였고, 그 다음이 '본족(本族)', 세 번째가 '사린(四隣)'이었으며, 이들이 모두 구매를 거절했을 때만 제3자에게 판매할 수 있었다. 반면, 지린성 일대에서는 토지의 물권을 보유하고 있었던 '전호(典戶)'보다도 '족린(族隣: 친족 및 이웃)'이 우선 매입권을 갖기도 하였다. 후베이성 일대에서는 가장 먼저 친족들에게 우선권이 주어졌으며, 그 다음에 '전호(典戶)' 또는 '당호(當戶)'에게 주어졌고, 세 번째로 이웃들에게 우선권이 인정되었다. 물론, 담보가 설정되어 있지 않은 토지에 대해서는 친족 다음에 이웃들에게 우선 매입권이 인정되었다.

물론, 친족 또는 이웃이라고 해서 무조건 토지를 우선 매입할 수 있었던 것은 아니다. 친족이나 이웃이라고 해도 시장가격에 비추어 합리적인 가격을 제시했을 때만 구매할 수 있었고, 우선권을 내세우면서 턱없이 낮은 가격을 판매자에게 강요할 수는 없었다. 만약에 친족과 이웃들이 고의로 가격을 낮추며 매매를 방해할 때는 판매자가 제3자에게 토지를 판매하는 것이 가능하였다.

단, 일부 조사에서는 이러한 관행이 상품경제와 자본주의의 발달에 따라 점차 실효성을 잃어갔다고 판단하기도 하였다. 민국 초기에 법정학사(法政學社)에서 토지 매매 관행에 대하여 조사한 결과에 따르면, 쟝시성 남부에서는 토지를 판매할 때 매매계약서 안에 먼저 친족 누구누구에게 매입 의사를 물었다는 것, 그리고 그들이 매입하지 않겠다는 의사를 표명했다는 것을 기입하기는 했지만, 이는 어디까지나 형식적인 것에 불과하였다고 한다. 관습적으로 친족들에게 토지 매입의 우선권이 주어지기는 하였으나, 현실에서는 친족들이 모두 시장가격이나 그보다 높은 가격을 제시했을 때나 우선 매입이 이루어졌으며, 아예 친족들에게 의사를 물어보지 않는 경우도 많았다. 과거의 친족·이웃 우선 매입권은 민국 시기에 이르러서는 계약상의 하나의 형식적 문구로 남게 되었다.

한편, 묘지가 포함된 토지를 거래할 때도 지역에 따라서 다양한 사회 관행이 형성되었다. 이미 조성된 타인의 묘지가 포함된 땅은 업주라 하더라도 절매를 하지 못하는 것이 일반적인 관행이었다. 합장(合葬)을 하는 풍속이 있었기 때문에 이미 매장된 자의 배우자가 사망한 뒤에 이 묘소에 합장되어야 하였고, 따라서 토지의 업주는 해당 토지를 제3자에게 절매할 수 없었던 것이다. 산시성(山西省) 지역에서는 토지 내에 묘지가 없는 땅을 '백지(白地)', 묘지가 있는 땅을 '홍지(紅地)'라 하여 매매계약서에 이를 반드시 기재해야 하였다.

단, 아직 묘소가 조성되지 않은 분지는 절매가 가능하기도 하였다. 일부 지역에서는 정해진 관행 없이 매매 쌍방의 협의에 따라 결정되기도 하였는데, 여하튼 절매가 허용되었을 때는 계약서에 묘소의 구체적인 위치와 함께, 나중에 옛 업주를 매장할 수 있다는 내용이 기재되어야 하였다. 이와 달리, 일부 지역에서는 계약서에 묘소의 면적과 위치를 정확히 기재하고 분지를 절매하는 것이 허용되었지만, 사후에 추가로 시신을 매장하는 것은 금지되기도 하였다.

여러 사람이 하나의 토지를 공유하고 있는 경우에도 지역에 따라 다양한 관행들이 형성되었다. 쟝쑤성 북부에서는 여러 사람이 하나의 토지를 개별적으로 공유(共有)하거나 다같이 함께 공유(公有)하

고 있는 상황에서는, 토지를 처분할 때 반드시 공유인 전체의 동의
를 얻어야 하였다. 그리고 각 공유인이 자신의 몫을 판매하거나 담
보로 설정할 때는 나머지 공유인들에게 우선적으로 인수할 수 있는
권리가 인정되었다.

후베이성 일대의 공유물 처분 관행을 조사한 내용을 보면, 민국
시대의 중국 사회에서 공유물을 어떻게 처분하였는지 파악할 수 있
다. 마청현(麻城縣) 등 일부 지역에서는 소유권을 공유하고 있는 사
람들의 과반수가 동의했을 때 공유물을 처분할 수 있었던 반면, 주
시현(竹溪縣) 등 다른 지역에서는 공유권을 가진 사람들 전체가 동
의했을 때만 공유물을 처분할 수 있었다. 단, 전체의 동의를 얻지 못
했을 때는 공유물을 처분했을 때 공공의 이익에 해가 되지 않는다는
조건 아래, 과반수의 동의만 얻어도 처분할 수 있었다. 씽산현(興山
縣)에서는 공유권을 가진 사람들이 모두 동의했을 때만 공유물을 처
분할 수 있었다. 민국 시기에 공유지를 처분하기 위해서는 공유인
전체의 동의, 또는 공유인들에게 손해를 끼치지 않는다는 조건 아래
과반수의 동의가 필요하였다.

'전(典)'의 법제화

청 말의 법률 개혁가들은 '전(典)' 또는 활매 관행이 근대적이지
못하다고 판단하였다. 이들이 1911년에 작성한 〈대청민률초안〉에는
'전'이나 활매에 관한 조항이 없었으며, 오직 '저압(抵押/mortgage)'
과 '질권(質權/pledge)', 아니면 '절매(絕賣)'에 관한 내용만 포함되었
다. 그러나 국민정부의 〈민법〉에서는 '전'과 '저압'·'질권'을 별개의
사안으로 취급하면서, 기존의 '전' 관행을 부분적으로 수용하였다.

국민정부는 이전의 정부에 비하여 민간의 '전' 관행의 중요성을 충분히 인지하였고, 이에 중앙정치회의는 민법 초안 작성자들에게 '전'을 별도의 범주로 삼아 법전에 포함시키도록 하였다. 중앙정치회의는 '전' 관행이 약자를 보호하는 중국의 '우수한 도덕'이 발현된 것이라고 평가하였고, 법전 안에는 '전'에 관한 규정을 담은 별도의 장(章)이 설정되었다.

국민정부는 기존의 '전' 관행을 법전 속에 담아 공식화하였고, 그 주요 내용은 이전까지의 사회 관행을 기본적으로 이어받는 것이었다. 〈민법〉 물권편의 제8장에는 '전권(典權)'에 대한 규정들이 정리되어 있다. 전기(典期)는 30년 이내로 제한되었고, 최소 기간은 명시되어 있지 않았지만, 적어도 15년은 지나야 절매(絶賣)가 가능하다고 규정함으로써 사실상 최소 15년의 전기를 보장하였다.

〈중화민국민법〉(1929)

제911조 전권(典權)이라 함은 전가(典價)를 지불하고 타인의 부동산을 점유하여 사용하고 이익을 획득할 수 있는 권리를 가리킨다.

제912조 전권의 약정 기한은 30년을 초과할 수 없다. 30년을 초과하는 경우에는 30년으로 단축한다.

제913조 전권의 약정 기한이 15년에 미치지 않는 경우에는 기한이 도래했을 때 회속하지 않으면 곧바로 절매(絶賣)한다는 조항을 첨가할 수 없다.

제914조 제774조부터 제800조까지의 규정은 전권자 사이, 또는 전권자와 토지 소유자 사이에도 준용(準用)된다.

'전권'을 매매하는 민간의 관행도 국민정부의 법전에 수용되었다. '전권'의 매매는 청대까지 국가의 공식 법체계에서 인정받지 못했지만, 〈민법〉 제917조에서는 전주(典主)가 '전권'을 타인에게 양도할 수 있다는 것, 그리고 제915조에서는 전주(典主)가 타인에게 '전전(轉典)'하거나 '전물(典物)'을 타인에게 소작을 줄 수 있다는 등의 내용이 포함되었다.

〈중화민국민법〉(1929)

제915조 전권이 존속되는 중에는 전권자가 전물(典物)을 타인에게 전전(轉典)하거나 임대(出租)할 수 있다. 단, 계약에서 따로 정하거나 별도의 관행이 있는 경우에는 그 정한 바와 관행에 따르도록 한다.

전권에 기한이 정해져 있는 경우에는 그 '전전' 또는 임대의 기간이 그것을 초과할 수 없다.

전권의 기한이 정해져 있지 않은 경우에는 '전전' 또는 임대에도 기한을 정해서는 안 된다. '전전'할 때의 전가(典價)는 원래의 전가를 초과할 수 없다.

제916조 전권자는 '전전'이나 임대로 인하여 전물이 손해를 입었을 때는 그 배상에 대한 책임을 진다.

제917조 전권자는 전권을 타인에게 양도할 수 있다. 양도를 받은 사람은 출전자(出典人)에 대하여 전권자와 동일한 권리를 갖는다.

제918조 출전자는 '전권'이 설정된 후에도 전물의 소유권을 타인에게 양도할 수 있다.

전권자는 (소유권의) 양도자에 대하여 계속해서 동일한 권리를 갖는다.

제919조 출전자가 전물의 소유권을 타인에게 양도할 때, 전권자가 동일한 가격을 제시하며 구매 의사를 표명하면 출전자는 정당한 이유 없이 이를 거절할 수 없다.

제920조 '전권' 존속 기간 중에 전물이 불가항력에 의하여 전부 또
　　　 는 일부가 훼손되었을 경우에는 그 훼손된 부분에 대하여
　　　 '전권'과 회속권(回贖權)이 균등하게 소멸된다.
　　　 이러한 상황에서 출전자가 전물의 남은 부분을 회속할 때
　　　 는, 원래의 전가에서 전물의 훼손 부분의 훼손 당시 시가의
　　　 절반을 삭감할 수 있다. 단, 원래 전가의 한도 내에서만 삭
　　　 감할 수 있다.
제923조 '전권'에 기한이 정해져 있는 경우에는 기한이 만료된 뒤에
　　　 출전자가 전가 원금으로 전물을 회속할 수 있다.
　　　 출전자가 전기가 만료되고 2년이 경과한 뒤에도 원래의 전
　　　 가로 회속하지 않으면, 전권자가 전물의 소유권을 취득한다.
제924조 '전권'에 기한이 정해져 있지 않은 경우에는 출전자가 수시
　　　 로 원래의 전가로 전물을 회속할 수 있다. 단, 출전 후 30년
　　　 이 경과해도 회속하지 않으면 전권자가 전물의 소유권을
　　　 취득한다.
제925조 출전자가 회속할 때는 전물이 경작지면 수확 계절이 끝나
　　　 고 다음 농사가 시작되기 전의 기간에 (회속을) 시행한다.
　　　 만약에 기타 부동산이면 6개월 전에 먼저 전권자에게 통지
　　　 해야 한다.
제926조 출전자가 '전권' 존속 기간 중에 그 전물의 소유권을 전권
　　　 자에게 양도하겠다는 의사를 표시하면, 전권자는 시가에
　　　 따라서 조첩(找貼)하여 전물의 소유권을 취득할 수 있다.
　　　 조첩은 한 차례로 제한한다.
제927조 전권자가 비용을 지불하여 전물의 가치를 높였을 때, 또는
　　　 제921조의 규정에 따라서 (훼손된 전물을) 재건하거나 수리
　　　 했을 때에는 (출전자가) 전물을 회속할 때 현존하는 이익의
　　　 한도 내에서 보상을 청구할 수 있다.

이처럼 〈민법〉에서는 '전(典)'에 관한 규정을 상세하게 정비함으

로써, 그동안 중국 사회에서 광범위하게 통용되던 사회 관행을 법률의 테두리 안으로 끌어들였다. '전권(典權)'의 성립과 양도, 임대에서부터 '전물(典物)'의 훼손에 대한 책임 소재, '전물'의 가치 상승에 대한 보상, 회속 절차와 방법 등에 이르기까지, 국민정부에서는 기존의 사회 관행을 구체적인 법률 규정의 형식으로 수용하였다.

민국 시기의 '전(典)' 관행

민국 시기에 들어와서도 토지의 '전' 거래는 계속되었다. '전'의 관행은 단순히 토지를 담보로 자금을 차입하는 것과는 달랐으며, 자금을 빌려준 '전입자(典入者)'·'전주(典主)'·'전호(典戶)'에게 약정된 기간('典期') 동안 토지에 대한 권리를 넘겼다가, 약정된 기한이 만료되었을 때 채무를 상환하는 방식의 담보 거래였다. 채무자가 전출(典出)한 토지를 판매하기 위해서는 전주(典主)에게 먼저 구매 의사를 확인해야 하였으며, 전주가 토지를 구매할 의사가 없을 때만 계약서에 전주에게 구매 의사가 없음을 명기하고 타인에게 판매할 수 있었다. 계약이 이미 체결되었다고 하더라도, 전주의 사전 동의가 없었다면 전주에게 우선적으로 매입할 수 있는 권리가 인정되었다.

일반적으로 토지를 전출하면 토지의 물권이 전주에게 넘어갔지만, 경우에 따라서는 전출자(典出者)가 토지를 전출한 뒤에도 전주에게 소작료를 납부하면서 담보로 설정된 '전지(典地)'를 계속 경작하기도 하였다. 이 경우에는 토지를 전출하였음에도 불구하고 토지에 대한 실제 점유권이나 사용권은 변경되지 않았다. 허베이성 일대에서는 이러한 경우를 "토지를 전출하여 경작한다(典田圖種)" 또는 "토지를 전출하되 넘기지 않는다(典地不出手)" 등으로 불렀다.

토지를 전출하는 원인은 대부분 생활비, 관혼상제, 자연재해, 인재(人災), 채무 상환 등으로 인한 경제적 궁핍에 있었으며, 농사 경비, 토지 개량, 가옥 수리 등을 위한 자금 조달의 목적은 매우 드물었다. 전기는 대부분 3년 이상인 경우가 많았으며, 길게는 12년에 이르기도 하였다. 민국 시기 각 성(省)별로 평균 전기를 살펴보면, 3년(河北·河南·山東), 3.5년(陝西·江西·湖南·湖北), 4년(江蘇·安徽), 4.5년(浙江), 5년(廣西), 6년(福建), 8년(廣東) 등으로 다양하게 나타났다.

토지의 전출은 원래 물권의 일시적 이전에 그치는 것이었지만, 전출에서 시작하여 결과적으로 아예 소유권이 완전히 이전되는 경우가 많았다. 중국 농촌에서는 농민들이 활용할 수 있는 금융기관이 부족했기 때문에 농민들이 자금을 얻기 위해서는 고리대를 사용하거나, 토지와 가옥을 담보로 돈을 빌려야 하였고, 이때 토지를 전출하는 방식이 많이 활용되었다. 일단 토지를 전출하면 급히 필요한 자금을 획득할 수 있었지만, 물권을 상실했기 때문에 농민의 수입은 더욱 줄어들 수밖에 없었고, 전기가 끝났을 때 처음의 전가(典價)를 상환하는 것은 거의 불가능하였다. 그렇게 되면 결국 농민들은 재차 토지를 전출하여 추가 자금을 받고 전기를 연장하거나, 아예 토지 소유권 자체를 채권자나 제3자에게 판매할 수밖에 없었다.

〈전국토지조사보고강요〉에 따르면, 전체 전출자의 약 90%는 농민이었으며, 전입자도 농민이 다수(약 60%)이기는 하였지만, 상인도 20% 이상에 달하였다. 이는 토지가 농민의 수중에서 상인과 같은 비농업 인구의 수중으로 넘어가고 있었던 상황을 반영하는 것으로서, 자금난에 시달린 농민들이 상인들로부터 자금을 빌리는 대가로 토지를 전출하였음을 보여주는 것이기도 하다.

전출한 토지는 관행에 따라 회속하는 것이 가능하였다. 계약서에서 특별히 업주가 아무 때나 회속할 수 있다고 명시한 경우가 아니라면, 일반적으로 전기 안에는 업주가 회속을 요구할 수 없었고, 기한이 만료되었을 때 전가(典價) 원금을 상환하고 토지를 회속할 수 있었다.

그러나 일부 지역에서는 전기가 끝나기 전에도 토지를 회속하는 것이 가능하였다. 펑톈성 톄링현(鐵嶺縣)에서는 전기가 대체로 3년이나 5년으로 설정되었는데, 기한이 끝나지 않아도 전기의 절반이 지난 시점부터는 회속할 수 있었다. 산시성(山西省) 다이현(代縣)에서는 전기가 끝나기 전이라도 업주가 원래의 전가에 1/3~1/4 정도의 이자를 더하여 전주(典主)에게 지급하면 토지를 회속할 수 있었다.

한편, 일반적으로 계약서(典契)에는 몇 년 뒤부터 원금을 상환하고 회속할 수 있다는 내용이 기재되었는데, 1년 중에 회속이 이루어지는 구체적인 시점에 대해서는 계약서에 명확하게 규정하지 않는 경우가 많았다. 그러나 관행적으로 토지를 회속할 때는 지역에 따라서 청명절(淸明節)이나 경칩(驚蟄), 음력 2월 이전에 할 수 있었고, 이 시점이 지나면 회속을 다음 해로 연기해야 하였다. 헤이룽장성 통화현(通化縣)에서는 반드시 음력 10월까지는 회속 의사를 전주에게 통지하고 새해가 되기 전에 전가를 상환해야 하였다.

회속이 가능한 구체적인 시점은 지역에 따라서 조금씩 차이가 있었지만, 공통적으로 한 해의 농사가 시작되는 봄 이전, 또는 농사가 끝난 추수 이후로 설정되었다. 추수가 끝나기 전에는 전주가 토지를 반환하지 않았으며, 날이 풀려서 농사가 시작되는 경칩(驚蟄) 이후에도 전주는 회속을 거절할 수 있었다. 전출자는 이 기한을 하루라도 어기면 회속을 다음 해로 미뤄야 하였다. 농사가 시작된 이후에 토지를 회속하게 되면, 전주로서는 다른 토지를 구하기가 어려웠기 때문이다. 다만, 간혹 경칩이 지난 뒤에도 회속이 이루어지는 경우가 있었는데, 이때 전출자는 반드시 사전에 전주에게 회속 의사를 전달하여 전주의 동의를 얻어야 하였다. 쟝쑤성 일대에서는 주로 민간에서 추수가 끝난 8월 이후에 토지를 전출했기 때문에 회속도 추수가 끝난 뒤에만 가능하였고, 이를 민간에서는 '백전백속(白典白贖)'이라 하였다. 작물이 심어진 토지와 그렇지 않은 토지에는 가치의 차이가 있었기 때문에 회속 시점에 대해서도 관행적으로 이러한 제한이 형성된 것이다.

한편, 회속은 업주의 권리였지 의무는 아니었다. 토지를 전출한 뒤에 아무리 토지가격이 하락하고 전주가 경제적으로 궁핍해지더라도, 업주가 토지를 회속하기를 원하지 않으면 이를 강제할 수 없었다. 산시성(山西省) 일대에서는 일반적으로 전기가 3년 또는 5년으로 설정되었는데, 전기 내에 토지가격이 크게 상승하면 원래의 업주가 기한에 상관없이 회속할 수도 있었지만, 반대로 가격이 내려가면 수십 년이 지나도 회속하지 않을 수 있었다.

한편, 이와 반대로 원래의 업주가 전주에게 피해를 당하는 경우도 많았다. 산시성(山西省) 일대에서는 업주가 토지를 전출할 때 계약서에 실제 받은 금액보다 전가(典價)를 높게 기재하기도 하였다. 이러한 관행을 '대두문서(大頭文書)'라고 하였는데, 이때 업주는 계약서대로 실제로 받은 전가보다 높은 금액을 전주에게 상환해야 토지를 회속할 수 있었다. 이러한 방식은 주로 농민들이 지역 권세가들에게 토지를 전출할 때 많이 사용되었다. 또한, 가오핑현(高平縣)에서는 전기가 지나도 업주가 전가를 상환하지 않으면, 전주가 관청에

신고하고 전지(典地)를 소유할 수 있었으며, 조가(找價)나 회속이 허용되지 않았다.

　토지의 전출이 이루어지면 토지는 약정 기간 동안 전주가 직접 경작하거나 제3자에게 소작을 주는 등 마음대로 처리할 수 있었다. 만약에 약정된 기한이 만료되었을 때 전출자가 원금을 상환하지 못하면, 전주는 계속해서 토지에 대한 권리를 행사할 수 있었다. 단, 기한이 만료되었을 때 전출자는 전기가 연장된 것에 대한 대가로 전주에게 전가를 더 올려달라고 요구할 수 있었는데, 이를 '조가(找價)' 또는 '복가(復價)'라고 하였다.

　조가에 관한 규정에서 국민정부는 청대의 법전을 계승하였다. 청대부터 전출자들이 토지가격이 상승할 때 토지의 회속을 요구하며 이를 빌미로 전주에게 조가를 요구하는 경우가 많았는데, 청조는 이로 인한 문제를 방지하기 위하여 단 한 차례의 '조첩(找貼)'만을 허용하였다. 조첩은 전주가 전가와 매매가의 차액을 지불하고 전출자로부터 토지를 완전히 인수하는 것을 의미하였다. 단 한 차례의 조가를 통한 조첩만 허용되었다는 것은, 곧 전출자가 수시로 전주에게 전가의 증액을 요구할 수 있는 것이 아니라, 토지 소유권을 최종적으로 완전히 이전(絶賣)할 때만, 애초에 지급된 전가와 토지 시장가격의 차액만큼을 추가로 받을 수 있도록 한 것이다.

　북양정부와 국민정부에서도 민간의 사회 관행과는 달리, 공식적으로는 동일한 전지(典地)에 대해서 여러 차례의 조가가 이루어지는 것을 인정하지 않았다. 하지만, 이러한 규정은 민간의 사회 관행과 부합하지 않았을 뿐만 아니라, 특히 전시의 물가 상승으로 인하여 여러 현실적인 문제들을 초래하였다. 실제로 민국 시기에는 법전의 규정과 달리, 조가가 보통 한 차례에 그치지 않았고, 전출자가 빌린 자금을 계속 상환하지 못하면 여러 차례 반복되는 경우가 많았다. 원래 전기 중에는 업주가 전주에게 전가 인상, 즉 조가를 요구할 수 없었지만, 쌍방이 동의하면 계약을 연장하고 조가를 할 수 있었다. 푸젠성 일대에서는 통상적으로 2~3 차례에 걸쳐서 조가가 이루어지는 경우가 많았으며, 이에 따라 '일조(一找)'·'이조(二找)'·'삼조(三找)' 등의 관행이 형성되었다.

이러한 과정을 거치면서 전기가 계속 연장되다 보면, 원래의 전가에 몇 차례의 조가가 더해져, 결국 전가를 합산한 금액이 토지의 매매가와 비슷한 수준에 올라오기에 이르렀다. 이렇게 되면, 결국 최종적으로 쌍방의 동의 아래 전주가 전가와 매매가의 차액만 지불하고 전출자로부터 토지 소유권을 완전히 넘겨받을 수 있었다. 전저권과 전면권을 따로 전출하는 것도 가능하였으며, 지주가 전저권을 전출하여도 소작인의 전면권에는 아무런 영향을 미치지 못하였다.

한편, 민국 시대에도 명·청 시대와 마찬가지로 절매가 이루어진 뒤에도 또다시 조가가 이루어지는 경우가 많았다. 푸젠성 구톈현(古田縣)에서는 토지를 절매한 이후에도 궁핍한 상황에 처한 옛 업주가 생계의 필요를 해결하기 위하여 새 업주에게 약간의 돈을 요구하는 관행이 있었는데, 이를 현지에서는 '진매(盡賣)'라고 하였다.

장쑤성 북부에 대한 조사 결과에 의하면, 농민들이 자금을 빌릴 때는 주로 의복이나 농기구, 농작물 등을 담보로 삼는 경우가 많았고, 어쩔 수 없는 경우에만 토지를 전출하였다. 전가는 대체로 토지 매매가의 절반에 해당되었다. 토지의 전출은 주로 농민의 생계가 곤란한 상황에서 이루어졌기 때문에 전가는 낮게 형성될 수밖에 없었다. 토지를 전입(典入)한 전주는 자산을 축적한 소농인 경우가 많았으며, 전출자는 빈농보다는 가세가 기울어진 부농들인 경우가 많았다. 이들은 빌린 돈('典價')을 상환하지 못하면서 점차 몰락해갔으며, 반대로 자금을 모은 소농들은 흉년이 되었을 때 토지를 낮은 가격으로 전입했다가 조가의 과정을 거쳐 결국 토지를 완전히 매입하기도 하였다. 이런 측면에서 토지 전출은 토지 매매로 연결되는 중간과정으로서 기능하기도 하였다.

1930년대 초의 연구 결과에 따르면, 토지의 전가는 전기의 길고 짧음에 따라서 정해졌다. 즈리(直隷) 북부의 경우에는 토지 1무(畝)의 매매가가 40위안(元)일 때, 전기가 3년이면 전가가 20위안, 전기가 10년이면 전가가 30위안으로 책정되어, 전기가 길어질수록 전가가 높아졌다. 안후이성 우후(蕪湖)에서는 전가가 일반적인 토지 매매가의 25%에 해당하였으며, 쟝쑤성 북부에서는 매매가의 절반 정도에 달하였다.

한편, 민국 시기에도 전권(典權)을 제3자에게 재차 전출하는 전전(轉典)의 관행이 계속되었다. 지역에 따라서 전전에 대한 업주의 사전 동의가 필요한 곳도 있었고, 그렇지 않은 곳도 있었다.

토지를 전전(轉典)할 때는 기존의 전주(典主)와 새로운 전주가 새 계약을 체결하거나, 아니면 기존의 전주가 업주와 체결했던 옛 계약서를 새 전주에게 그대로 인계하는 방식으로 계약이 이루어졌다. 이 과정에서도 역시 지역에 따라서 서로 다른 관행이 형성되었는데, 기존의 계약서를 새 전주에게 인계할 때는 업주에게 해당 사실을 통보하여 직접 거래 현장에 와서 확인하도록 하였다. 기존의 계약서를 양도하는 방식으로 전전(轉典)이 이루어지면, 원래의 업주는 최종 전주에게 전가를 상환하는 방식으로 토지를 회속할 수 있었다. 새로운 계약을 체결할 때는 옛 계약서를 새 전주에게 인계할 필요가 없었다.

원래의 계약서에 '비전(批轉)'이라는 글자를 추가로 기재하여 새 전주에게 인계하면, 원래의 전주와 전지(典地) 사이에 형성되었던 권리 - 의무 관계는 모두 해제되었으며, 업주가 회속할 때도 원래의 전주를 거칠 필요가 없었다. 이와 달리, 새로운 계약을 체결하여 토지를 전전(轉典)하면, 원래의 전주와 전지 사이의 관계가 공식적으로 해제되지 않았다. 그리하여 이전 전주는 새 전주로부터 토지를 회속할 수 있었을 뿐만 아니라, 업주도 이전 전주를 거치지 않고 새 전주에게서 직접 토지를 회속할 수는 없었다.

토지를 전전(轉典)할 때의 전가는 애초의 전가보다 낮아지는 경우가 많았는데, 원래의 업주가 토지를 회속할 때는 최종 전주에게 처음보다 낮아진 전가만을 지불하면 그만이었다. 전전(轉典)의 과정에서 전가의 차액이 발생하면 그 이익은 주로 업주에게 돌아갔다. 이러한 관행을 산둥성 일대에서는 '남가전전(濫價轉典)'이라 불렀다. 하지만, 이와 반대로 같은 산둥성 내에서도 전가의 차익이 전주에게 돌아가는 경우도 있었다. 텅현(滕縣)에서는 갑이 을에게 100냥을 받고 토지를 전출한 뒤, 을이 긴급한 필요로 인하여 병에게 80냥을 받고 토지를 전전(轉典)하면, 나중에 갑이 토지를 회속할 때는 병에게 100냥을 지급해야 하였다. 전가의 변동으로 인한 차익은 병에게 돌아갔으며 을과는 무관하였다.

당(當)·저압(抵押)의 관행

1930년대 전반기 각 지역 농촌의 자금 차용 현황을 분석한 통계에 의하면, 차용의 형식을 '신용대차(信用借貸)', '전지저압(田地抵押)', '가옥 및 기타 부동산 저압', '물품저압(物品抵押)' 등으로 나누었을 때, '전지저압'이 46.6%에 해당하여 전체 거래의 절반에 육박하였다. 다음으로는 '신용차대'가 33.36%였으며, 나머지 두 경우는 모두 합하여 약 20%에 그쳤다. 농민들이 돈을 빌릴 때 차용증만 쓰기도 하였지만, 일반적으로는 돈을 빌리는 사람의 신용이 부족할 때는 토지나 건축물을 담보로 사용하였다. 20세기 전반기에도 중국 농촌사회에서 담보물로서 가장 가치가 높았던 것은 토지였으며, 농산물도 담보 설정이 가능하기는 하였지만, 신식 저장시설이 발달하지 못한 상황에서는 널리 활용되기 어려운 면이 있었다. 토지를 담보로 빌릴 수 있는 금액의 범위는 토지가격의 30%에서 60% 정도였으며, 대부분 토지가격의 50% 전후에서 금융거래가 이루어졌다.

'전(典)'에서는 거래와 함께 곧바로 토지에 대한 물권이 전주(典主)에게 이전되었지만, '저압(抵押)'에서는 토지의 물권이 곧바로 이전되지는 않았다. 〈민법〉에서는 저압권자(抵押權者)는 상대방이 상환기한 내에 자금을 상환하지 않았을 때만 담보로 설정된 토지를 처분해서 얻은 금액 중 본인의 몫을 획득할 수 있었으며, 토지 그 자체를 점유할 수는 없다고 규정하였다.

〈중화민국민법〉(1929)

제873조 저압권자는 채권의 상환기한이 도래했는데도 상환을 받지 못하면, 법원에 청구하여 저압물(抵押物)을 경매에 부쳐 판매하여 얻은 금액으로 상환 받을 수 있다.
　　　　채권이 상환기한이 도래했을 때 상환되지 못하면 저압물의 소유권을 저압권자에게 양도한다고 약정했다고 하더라도, 그 약정은 무효로 한다.

제874조 저압물을 판매하여 얻은 금액은 각 저압권자의 순서에 따라서 분배한다. 그 순서가 같은 경우에는 평균하여 분배한다.

이는 명·청 시기의 저압 관행과는 다른 것이었으며, 〈민법〉 제873조에서는 채무의 상환이 이루어지지 않았을 때 담보물을 채권자의 소유로 변경하는 모든 계약의 효력을 부정하였다. 국민정부의 〈민법〉에서 사용한 '저압'의 개념은 영어의 'mortgage'를 번역한 것으로서, 이전까지 민간에서 이루어진 저압 관행과는 엄밀히 말하면 다른 것이었다. 〈민법〉에서는 이전까지의 저압 관행에 중대한 변경이 가해졌다.

　한편, 이전의 저압 관행과 마찬가지로, 채무자가 채무를 상환하지 못했을 때 담보물의 소유권 자체를 채권자에게 넘기는 방식의 금융거래에 관한 규정도 있었다. 이러한 방식의 금융거래는 '질권(質權)'이라는 개념으로 표현되었다. '질권'은 20세기에 들어와서 사용된 개념으로서, '저압(mortgage)'과 마찬가지로, 담보물의 점유권이 계약 성립과 동시에 채권자에게 곧바로 이전되는 것은 아니었다. 다만, '질권'은 '저압(mortgage)'과 달리, 채무자가 채무를 이행하지 않았을 때 담보물의 소유권이 채권자에게 넘어가는 것을 인정하였다. 즉, 청대의 '저압'과 같은 방식으로 담보물의 소유권이 변경되는 것이었다. 1911년에 작성된 새로운 민법전 초안에도 '질권' 개념이 포함되었으며(제1195조), 국민정부에서도 이를 계승하였다. 다만, '질권'은 부동산이 아닌 동산에만 적용되었기 때문에 토지의 담보 거래에는 적용될 수 없었다.

　이처럼, 국민정부의 법전에서 합법화한 '저압'의 개념은 서양의 '모기지(mortgage)'에 해당하는 번역어로서, 명·청 시대부터 중국 사회에서 발전되어온 저압 관행과는 조금 다른 것이었다. 따라서 사회적으로 통용되던 저압 관행과 법리 용어로서 사용된 '저압(mortgage)'의 개념 사이에는 일정한 간극이 형성되었다. 농촌사회에 대한 통제력이 강력하게 확립되어 있지 않았던 국민정부 시대에 법적 개념으로 도입된 '저압(mortgage)' 개념이 오랜 시간에 걸쳐 중국 사회에서 확립되어온 '저압' 관행을 쉽게 대체할 수는 없었다.

사회적 관행으로서 확립된 '저압'은 주로 토지 소유자가 급전이 필요할 때 토지를 담보로 삼아 현금을 획득하기 위한 목적에서 이루어졌다. 거래 쌍방은 계약을 체결하여 이자와 상환기한을 결정하였다. 일반적으로 담보물로 설정된 토지의 소유권과 물권은 모두 원래의 소유자인 채무자에게 남겨져 있었으며, 상환기한이 도래했음에도 불구하고 채무가 상환되지 않았을 때, 담보로 설정된 토지는 채권자의 소유로 넘어갔다.

다만, 채무 불이행으로 인한 토지 소유권의 이전이 즉각적으로 이루어지지 않는 경우도 있었다. 1910년대 북양정부에서 실시한 지방 관행 조사에 의하면, 쟝쑤성의 한 현(縣)에서는 채무자가 기한 내에 채무를 상환하지 못했을 때, 담보물이 동산(動産)인 경우에는 즉각적인 소유권 이전이 이루어졌지만, 담보물이 토지와 같은 부동산인 경우에는 소유권 이전이 5년에서 7년, 또는 10년씩 지연되기도 하였다.

민국 시기의 지역 관행에 대한 조사 결과를 살펴보면, 지역에 따라서 다양한 저압 관행이 통용되고 있었음이 확인된다. 먼저, 담보의 설정 자체를 입증하는 방법도 다양하였다. 허베이성 칭위안현(清苑縣)에서는 채무인이 차용증을 쓴 다음, 담보물(토지)에 대한 소유권을 확인할 수 있는 '홍계(紅契)', 즉 '노계(老契)'를 채권자에게 넘겨주었다. 채권자는 이 홍계를 담보로 보관하였으며, 채무자가 기한이 지나도 채무를 상환하지 않으면, 홍계를 이용하여 토지를 판매하고, 이를 통해 획득한 수입으로 자신의 채권을 우선적으로 상환받을 수 있었다.

토지를 전출(典出)할 때는 노계를 전주(典主)에게 반드시 인계할 필요는 없었지만, 저압의 경우에는 노계를 채권자에게 인계해야 하는 것이 일반적인 관행이었다. 그러나 이 또한 지역에 따라서 달랐으며, 산시성(山西省) 일대에서는 토지를 전출할 때도 노계를 전주에게 인계해야 하였다. 전주가 노계를 인수하면, 설령 나중에 업주가 불법적으로 토지를 이중으로 전출하거나 판매했다고 하더라도, 노계를 근거로 우선적으로 보상을 받을 수 있었다.

저압 거래의 성립 이후에 담보물의 점유권을 처리하는 방식도 지역에 따라서 차이가 있었다. 토지를 담보로 설정하면 채권자가 곧바로 담보물을 직접 관리하는 경우도 있었고 간접적으로 관리하는 경우도 있었다. 직접 관리하는 경우에는 채권자가 담보물을 스스로 경영하여 수익을 획득하였으며, 상환 기간이 종료된 뒤에 채무자가 채무를 상환하면 담보물을 돌려주었다. 간접적으로 관리하는 경우에는 채무자가 담보로 설정된 토지를 계속 경영하여 수익을 획득하였고, 그 대가로 채권자에게 주기적으로 이자를 납부하였다.

산시성(山西省) 일대에서는 '계약(揭約)'과 '차약(借約)'의 구분이 있었다. 두 가지 형식의 거래는 모두 농민들이 자금이 필요하여 토지를 담보로 돈을 빌리는 형식의 거래였는데, '계약'에서는 채무자가 토지 계약서를 담보로 설정하여 다달이 차입 원금의 20~30%에 해당하는 이자를 채권자에게 지급하는 방식이었고, '차약'은 토지 자체를 담보로 설정하여 채권자에게 토지에 대한 물권을 양도하는 대신에 별도의 이자를 납부하지 않는 형식의 거래였다. 두 경우 모두 채무자가 채무를 상환하지 못하면 채권자가 담보로 설정된 토지를 차지할 수 있었다.

쟝시성에서는 업주가 토지를 담보로 차입금을 받은 뒤, 담보로 설정된 토지를 경작하여 채권자에게 소작료를 냄으로써 이자를 상환하였다. 이때 채권자에게 납부하는 소작료에서 토지세 납부에 필요한 금액은 공제되었다. 담보로 설정된 토지를 채무자가 직접 경작하거나 따로 소작을 주었다는 의미에서, 이러한 형태의 담보 거래를 민간에서는 '과경당(過耕當)'이라고 불렀다.

쟝쑤성에서는 일반적으로 저압 기간을 거래 쌍방이 협의하여 정하였으며, 부동산을 담보로 설정한 경우에는 기한 내에 상환하지 못해도 상환기한을 5년이나 7년, 10년 정도 연장할 수 있었다. 담보물이 훼손되면 점유권의 이전 여부에 따라서 그 책임을 부과하여, 담보물의 점유권이 채권자에게 넘어갔으면 채권자가 배상의 책임을 지고, 넘어가지 않았으면 업주가 책임을 졌다.

한편, 저압이 이중으로 이루어지는 경우도 많았다. 하나의 토지에 2개 이상의 저압권이 설정된 것인데, 대부분의 경우에는 복수의 저압권자들이 모두 그 권리를 인정받을 수 있었으며, 먼저 저압권을 설정한 사람에게 우선적으로 상환받을 수 있는 권리가 인정되었다. 후베이성 일대에서는 '가당(加當)'이나 '중당(重當)'의 관행이 있었는데, '가당'은 채무자가 돈이 더 필요하여 이미 담보로 잡힌 토지를 담보로 채권자에게 추가로 자금을 차입하는 행위를 가리키며, '중당'은 채무자가 하나의 토지 담보물을 이용하여 복수의 채권자들로부터 자금을 차입하는 행위를 의미한다. 반면, 안후이성 일대에서는 하나의 토지에 대하여 한 번 저압권이 설정되면, 토지가격이 아무리 상승하여 담보 설정액의 몇 배에 달할 정도가 되어도 추가 담보가 설정될 수 없었다. 하나의 토지를 재차 담보로 설정하는 것을 민간에서는 '가모자(加帽子)'라 하였으며, 최초의 저압권자는 이에 대하여 반대할 수 있었다.

또한, 만주 일대에서는 "소작이 담보를 막을 수 없고, 담보가 매매를 막을 수 없다(租不攔當, 當不攔賣)"라고 하여, 소작인은 토지 소유권자가 토지를 담보로 설정하는 것을 저지할 수 없었고, 전주(典主)는 소유권자가 토지를 판매하는 것을 저지할 수 없었다. 소작인과 전주는 소작 기간 또는 전기(典期)의 설정 여부와 무관하게 소유권자의 소유권 행사를 제한할 수 없었으며, 단지 소작인은 토지를 전출(典出)할 때, 전주는 토지를 판매할 때 우선적으로 거래할 수 있는 권리를 가질 뿐이었다. 다만, 전지(典地)의 매매를 위해서는 동시에 두 가지 조건이 충족되어야 하였다. 먼저, 업주에게 부득이한 사정이 생겨서 토지를 처분해야 하는 상황이어야 한다는 것, 그리고 전출한 토지 이외에 처분할 수 있는 다른 토지나 자산이 없어야 한다는 것이다. 요컨대, 업주로서 전지(典地)를 판매하지 않을 수 없는 상황에서만 담보로 설정된 토지를 타인에게 판매할 수 있었다. 산시성(山西省) 제시우현(介休縣)에서는 전기가 끝나지 않은 상황에서 업주가 토지를 판매하기 위해서는, 원래의 전가(典價)에 20%의 이자를 더하여 전주(典主)에게 상환하여 토지를 회속해야만 제3자에게 토지를 판매할 수 있었다.

채권자는 담보물에 대한 권리를 이용하여 제3자에게 다시 자금을 빌릴 수도 있었다. 예를 들어, 갑(甲)이 토지를 담보로 설정하여 을(乙)로부터 자금을 빌린 상황에서, 을도 이 담보물을 이용하여 병(丙)으로부터 자금을 빌릴 수 있었다. 허난성 일대에서는 을이 원래 갑과 체결하였던 '당계(當契)'를 병에게 그대로 인계하는 경우를 '전당(轉當)'이라 하였고, 이 경우에는 갑이 나중에 채무를 상환할 때 병에게 곧바로 상환하도록 하였으며, 이때 을은 채무의 상환 과정에 관여할 수 없었다. 이와 달리, 을이 병에게 원래의 '당계'를 인계하지 않고 새로운 '당계'를 체결하기도 하였는데, 이를 '청당(淸當)'이라 하였다. 이 경우에는 원래 갑과 을이 체결했던 계약이 여전히 유효했기 때문에, 갑이 먼저 을에게 채무를 상환하고 을이 다시 병에게 채무를 상환해야 하였다.

쟝쑤성의 전당(轉當) 관행에 대하여 조사한 바에 따르면, 전당이 이루어지는 경우는 크게 두 가지였다. 첫 번째는 채무자가 전당하는 경우인데, 상환기한이 만료되었을 때 채무를 상환하지 않고 다른 사람에게 더 높은 금액을 받고 전당하여 최초의 채무를 상환하는 경우이다. 두 번째는 채권자('當戶')가 전당하는 경우인데, 이때 채권자는 당가(當價) 원가를 그대로 받을 수도 있었고, 낮춰 받을 수도 있었으며('濫價轉當'), 올려 받을 수도 있었다('長價轉當'). 당가(當價)를 올려서 전당한 경우, 원래의 업주는 최초의 당가를 최초의 당호(채권자)에게 지급하면 되었으며, 인상된 당가의 금액은 최초의 당호가 새 당호에게 상환해야 하였다.

채무자가 약속된 기한 내에 채무를 상환하면 저압을 통하여 담보로 설정된 토지에 대한 재산권은 온전히 회복되었다. 담보로 제공했을 때 토지가 '백지(白地: 농작물이 심어지지 않은 땅)'의 상태였으면, 수확이 모두 완료된 이후에만 채무를 상환하고 저압을 해제할 수 있었다. 농작물이 심어진 상태에서 담보로 설정되었다면, 수확이 이루어지기 전에도 저압을 해제할 수 있었다. 허베이성 일대에서는 이를 "백지로 저당 잡혔으면 백지로 돌려받고, 청묘(靑苗)로 저당 잡혔으면 청묘로 돌려받는다(當白回白, 當靑回靑)"라고 하였다.

채무자가 채무를 상환하지 못했을 때의 처리 방식에 대해서는 세부적으로는 지역에 따라 다양한 관행이 나타났지만, 대체로 담보물에 대한 소유권이 채권자에게 넘어가는 형식을 취하였다. 허난성 일부 지역에서는 일반적으로 10개월을 담보 기간으로 설정하여 채무자가 다달이 이자를 납부하였는데, 10개월이 지난 뒤에도 채무가 상환되지 않으면, 채권자가 담보로 설정된 토지를 거둬들여 본인이 직접 경작하거나 타인에게 소작을 줄 수 있었다. 푸젠성 푸칭현(福淸縣)에서도 채무자가 채무를 상환하지 못하면 채권자가 담보물을 소유하여 원금과 이자를 상환받을 수 있도록 하였다. 다만, 이때 채무자가 언제든지 담보물을 회속할 수 있었는데, 이러한 형식의 담보 거래를 '태차(胎借)'라 하였다. 다른 지역에서도 대부분 채무가 상환되지 않으면 채권자가 담보물을 소유하거나 처분할 수 있는 권리를 획득하였다.

토지의 매매와 '전(典)', '당(當)' 등의 거래 방식은 엄연히 구분되는 것이었지만, 실제 농촌사회에서는 모두 긴밀하게 연동되기도 하였다. 농민들은 주로 경제적으로 궁핍한 상황에서 토지를 '저압'('당')하여 자금을 차입했다가, 차후에 생활이 더욱 어려워져 부채를 상환할 능력이 없어지면, 토지를 '전출(典出)'함으로써 눈앞의 곤란을 해결하는 경우가 많았다. 이는 토지를 저압함으로써 받을 수 있는 자금보다 전가(典價)의 금액이 더 높았기 때문에 가능하였다. 저압에서는 채권자가 토지의 물권을 가질 수 없었지만 '전'에서는 물권을 가질 수 있었기 때문에 자연히 전가의 금액이 더 높게 형성되었다. 즉, '저압'을 '전'으로 전환함으로써 두 가격의 차액만큼을 추가로 획득할 수 있었던 것이다. 하지만, 일반적으로 농민들이 토지를 전출한 뒤에는 토지의 수익권마저 채권자에게 넘어가게 되면서 수입은 더 줄어들 수밖에 없었다. 따라서 토지를 전출하기 전보다 경제적으로 상황이 더 어려워지는 경우가 많았고, 결국에는 전기가 끝났을 때 토지를 회속하지 못하고 몇 차례의 조가(找價) 끝에 결국 채권자에게 조첩(找貼)을 통하여 토지 소유권을 완전히 양도하기에 이르는 경우가 많았다.

제7장
사회주의 혁명과 토지 소유권

중화인민공화국 초기의 토지개혁

중화인민공화국 수립을 앞두고 1949년 9월에 개최된 중국인민정치협상회의(中國人民政治協商會議)에서는 일종의 임시 헌법으로서의 성격을 갖는 〈중국인민정치협상회의 공동강령〉(이하 '〈공동강령〉')이 통과되었다. 〈공동강령〉에서는 새로운 국가의 주요 과제 중 하나로서 토지개혁을 제기하였으며, 토지개혁을 통하여 '봉건적·반(半)봉건적 토지 소유제'를 단계적으로 '농민 토지 소유제'로 바꿔나가겠다는 의지를 천명하였다.

신생 국가의 토지개혁 방침은 1950년 6월에 확정되었다. 중앙인민정부는 〈중화인민공화국 토지개혁법(中華人民共和國土地改革法)〉(이하 '〈토지개혁법〉')을 공포하여 전국적으로 토지개혁을 완성할 것임을 선언하였다. 〈토지개혁법〉은 다음과 같이 규정하였다. "농민 토지 소유제를 실행한다. 징수 또는 몰수한 모든 토지는 토지가 없거나 적은 농민에게 통일적으로 공평하게 분배한다. 토지개혁의 임무가 일단 완성되면 토지 소유권 증명서를 발급하며, 토지 소유자가 자유롭게 경영할 수 있는 권리, 토지를 매매하거나 임대할 수 있는 권리를 승인한다. 기존의 토지 계약과 관계는 모두 폐지한다."

중화인민공화국 초기의 토지개혁 정책은 지주의 토지를 몰수하여 농민에게 재분배한다는 중국공산당 제2차 전국대표대회 이래의 방침을 계승하였으며, 1947년 9월의 전국토지회의(全國土地會議)에서 통과된 〈중국토지법대강(中國土地法大綱)〉(이하 '〈토지법대강〉')의 내용도 계승하였다. 농민들에게 모두 동등한 토지를 분배하여 개인의 소유로 삼도록 하고, 분배된 토지에 대해서는 정부에서 토지증을 발급하여 농민의 자유로운 경영과 매매, 특정 조건 아래에서의 임대(出租) 등의 권리를 인정하였다.

〈토지개혁법〉은 '봉건적 토지 소유'의 구조를 해체하여 농민의 토지 소유권을 확대한다는 점에서는 〈토지법대강〉의 기본 정신을 이어갔지만, 지주와 부농에 대한 구체적인 정책에서는 일정한 차이점을 담고 있었다. 먼저, 지주에 대해서는 토지와 농사용 가축, 농기구, 잉여 식량, 농촌에 있는 여분의 가옥 등을 몰수하되, 그 밖의 나머지 재산은 몰수하지 못하도록 하였다. 〈토지법대강〉에서는 지주의 토지와 농사용 가축, 농기구, 식량 및 '기타 재산'을 몰수하도록 하여 사실상 지주의 모든 재산을 몰수할 수 있도록 하였지만, 〈토지개혁법〉에서는 '기타 재산'의 몰수에 대하여 제한을 두었다.

부농에 대한 방침의 차이는 〈토지법대강〉과 〈토지개혁법〉의 가장 큰 차이점이었다. 중화인민공화국 초기부터 부농에 대해서 어떠한 방침을 적용할 것인가라는 문제가 첨예한 논점이 되었다. 국공내전 시기 토지개혁의 출발점이 된 1946년의 '5·4 지시(五四指示)'에서는 공식적으로 부농의 토지를 몰수하지 말라고 규정하였지만, 농촌사회에서는 토지개혁의 실행 과정에서 부농의 토지도 광범위하게 몰수되었다. 〈토지법대강〉에서도 지주와 부농을 구분하여 대응하도록 하였지만, 일괄 몰수 및 평균 분배의 정책적 기조 속에서 부농의 토지도 몰수의 대상이 되는 것이 다반사였다.

그러나 국공내전에서의 승리를 통하여 새로운 국가를 건설한 시점에서 중국공산당의 우선 과제는 국민경제의 회복 및 발전에 두어졌다. 그에 따라 토지개혁에서도 부농에 대하여 이전보다 더욱 신중한 방침을 채택해야 한다는 관점이 강조되었다. 모스크바 방문 기간에 지주에 대한 투쟁과 부농에 대한 투쟁을 서로 구분되는 두 개의 긴 단계로 나누어 진행해야 한다는 스탈린의 의견을 청취한 마오쩌둥은 귀국 후에 각 중앙국(中央局) 및 지방 지도자들의 의견을 구하였다.

부농에 대한 투쟁을 완화하여 그들을 중립화시키는 정책에 대해서는 각 지방 지도자들이 대부분 이의를 제기하지 않았지만, 부농의 임대 토지 몰수 여부에 대해서는 이견이 제시되었다. 중남국(中南局) 제3서기 덩쯔후이(鄧子恢)를 대표로 하는 일각에서는 지주의 토지와 공유지만으로는 빈농들의 요구를 만족시킬 수 없으므로 부농의 임대 토지를 몰수해야 한다는 의견이 제시되었다. 반면, 화동국(華東局) 제1서기 라오쑤쓰(饒漱石)를 중심으로 하는 간부들은 부농의 임대 토지를 몰수하더라도 문제를 해결할 수 없을 뿐만 아니라 사회 혼란만 가중되므로, 농업 자금 지원, 사회구제 정책, 생산 증대 등을 통하여 경제적 문제에 대응해야 한다는 견해를 제시하였다.

중국공산당 중앙위원회는 1950년 5월 말부터 6월 초에 걸쳐 토지개혁공작회의(土地改革工作會議)를 개최하여 이 문제에 대한 결론을 도출하였다. 결국, 부농의 임대 토지를 몰수하지 않는다는 기본 방침이 결정되었고, 이러한 방침은 1950년 6월에 개최된 7기3중전회에서 통과되었다. 토지개혁의 단계적이고 질서 있는 집행을 위하여,

그리고 신속한 생산 회복을 위하여, 부농의 잉여 토지를 몰수하지 않고 부농경제를 보호한다는 방침이 정해졌다. 다만, 중남국의 의견도 수용하여, 부농의 임대 토지를 몰수하지 않고서는 빈농의 최저 생계를 보장할 수 없는 지역에서는 성(省) 인민정부의 비준을 얻어 몰수하는 것을 허용하기로 하였다. 그리하여 〈토지개혁법〉에서는 초안의 "부농의 토지 재산을 몰수하지 않는다"는 조항을 수정하여, "부농이 직접 경작하거나 사람을 고용하여 경작하는 모든 토지, 그리고 기타 재산은 침범할 수 없다. 부농이 이미 임대한 소량의 토지 역시 보류하여 몰수하지 않는다. 다만, 일부 특수한 지역에서는 성급 이상 인민정부의 비준을 거쳐 그 임대 토지의 일부 혹은 전부를 몰수할 수 있다"라고 규정하였다.

중국공산당은 류사오치가 이끄는 전국토지개혁위원회를 결성하여 전국의 토지개혁을 지휘하였고, 각 중앙국 단위에도 토지개혁위원회가 설립되어 토지개혁의 세부 방침 결정, 간부 교육, 토지개혁 진행 상황 점검, 관련 조사 등을 수행하였다. 각급 인민정부 내에도 토지개혁위원회가 설립되어 토지개혁을 지휘하였으며, 각급 농민대표대회에서 선출한 농민협회위원회에서 실제 토지개혁을 집행하는 업무를 담당하였다. 각급 기관과 학교에서 대규모 간부와 학생들이 선발되어 토지개혁 공작대(工作隊)에 참가하였고, 교사와 학생들은 주로 여름 방학 기간에 토지개혁 정책 교육을 받은 뒤 농촌에 투입되어 토지개혁에 동참하였다. 화동구(華東區)에서만 약 8만 명의 토지개혁 공작대 간부가 투입되었다.

각 중앙국과 성(省)에서는 토지개혁의 전면 시행에 앞서서 먼저 시범지구를 선정하여 토지개혁 시범공작을 진행한 뒤, 그 경험을 종

합하여 점차 확대 시행하는 방식으로 토지개혁을 추진하였다. 1950
년 10월까지 후난성에서는 47개 시범지역이 선정되었는데, 그중 여
덟 곳은 성 토지개혁위원회와 농민협회가 직접 지휘하였고, 나머지
지역에서는 각 전구(專區)[1]의 토지개혁위원회와 농민협회가 토지개
혁을 이끌었다. 화동구에서는 1950년 11월 초까지 700개 시범지역에
서 토지개혁이 완성되었고, 쟝시성에서는 8월부터, 후베이성에서는
10월부터 시범공작이 시작되었다.

　1950년대 초 토지개혁의 주요 무대는 국공내전 후기에 중국공산
당이 점령한 신구(新區)[2]였다. 신구에서의 토지개혁은 일반적으로
군중 동원, 계급 구분, 토지 몰수, 토지 분배, 토지개혁 점검 등 다섯
단계를 거쳐 진행되었다. 토지개혁 공작대가 농촌 지역에 들어가면,
공작대원이 대부분 외지인이라 현지 사정에 익숙하지 않았기 때문
에, 토지개혁에 협조할 '적극분자(積極分子)'들을 포섭하는 작업이
먼저 이루어졌다. 한편으로는 농민대회를 개최하여 전체 농민들에
게 토지개혁의 필요성과 정책을 널리 선전하면서, 다른 한편으로는
계속해서 빈농과 고농(雇農)들을 방문하며 협력자들을 늘려갔다.
'적극분자'들을 대상으로 한 회의를 개최하여 서로 정보를 공유하고
협력 관계를 강화하였다.

---

1) [전구(專區)] 원래 난징국민정부 시기에 성(省)과 현(縣)의 중간 단계에 행정
　독찰구(行政督察區)라는 것을 두어 성(省)의 파출 기관으로 삼았는데, 중화인
　민공화국에서도 이러한 시스템을 이어갔다. 1949년부터 1970년까지는 '전구'
　로 불리었고, 그 이후에는 '지구(地區)'로 개칭되었다.
2) [신구(新區)] 중국공산당은 점령한 지역을 점령 시점에 따라 구분하였다. 일반
　적으로 중일전쟁 종전 이전에 점령한 곳을 '노구(老區)', 국공내전 전반기에
　점령한 곳을 '반노구(半老區)', 국공내전 후반기에 점령한 곳을 '신구(新區)'라
　하였다.

토지개혁에 적극적으로 협력할 농민들을 확보하는 데 성공하면, 두 번째 단계인 계급 분류로 넘어갔다. 계급 분류의 단계는 다시 '계급을 설명하다(講階級)', '계급을 평가하다(評階級)', '계급을 통과시키다(通過階級)', '계급을 비준하다(批准階級)' 등 네 단계로 나뉘어 진행되었다. 공작대가 농민들에게 정부의 계급 구분 방침에 대해서 구체적으로 선전하고 교육한 뒤('講階級'), 촌락 단위에서 농민대회가 개최되어 '본인이 자신의 계급을 밝힌 뒤 함께 토의(自報公議)'하는 방식으로 1차 계급 분류가 이루어졌다('評階級'). 농민들이 계급 분류의 기준에 따라 자신이 생각하는 본인의 계급이 무엇인지를 밝히면 청중들이 그에 대하여 토론하는 방식이었다. 다음에는 마을의 농민협회위원회에서 1차 계급 분류의 결과에 대하여 심의하여 통과시켰다('通過階級'). 그리고 위의 단계를 모두 거친 뒤에는 향(鄕) 인민정부에서 각 촌락의 계급 분류 결과를 심의하여 구(區) 인민정부로 보고하였고, 구 인민정부에서 최종적으로 계급 분류를 확정하였다('批准階級').

계급 분류가 완성되면 몰수 및 징수의 단계로 넘어갔다. '몰수'는 지주계급의 토지와 농사용 가축, 농기구, 잉여 식량, 여분의 가옥 등을 압수하는 것을 지칭하였고, '징수'는 부농의 임대 토지를 압수하는 것을 의미하였다. '몰수' 및 '징수'는 일반적으로 향 농민협회의 지휘 아래 이루어졌으며, 몰수징수위원회 아래 각각 토지와 가축, 농기구 등의 몰수를 담당하는 부서들이 조직되었다. 각 지역에서는 〈토지개혁법〉의 규정에 따라 몰수 대상을 결정하였고, 규정에 명시되어 있지 않은 부분에 대해서는 몰수 및 징수가 금지되었다.

토지의 분배는 주로 향을 단위로 이루어졌다. 향 전체에서 몰수 또는 징수해야 할 토지, 그리고 토지를 분배받을 농가에서 이미 소유하고 있는 토지 등을 계산하여 1인당 받아야 할 평균 토지 면적의 기준이 산출되었다. 이를 위하여 먼저 토지 분배가 이루어지기 전에 각 촌락 단위에서 농민소조(農民小組)가 결성되어 토지의 면적과 생산량에 대한 측정이 이루어졌다. 토지에 대한 평가가 완성되면, 각 농가에서 이미 경작하고 있는 토지를 최대한 변경하지 않으면서, 1인당 토지 면적 기준에 비추어 '많은 부분에서 빼내어 부족한 부분을 보충(抽多補少)'하고, '비옥한 부분에서 빼내어 척박한 부분을 보충(抽肥補瘦)'하는 원칙에 따라서 분배가 진행되었다. 이와 같은 부분적인 조정을 통하여 농민들이 해당 지역의 1인당 평균 토지 면적에 상응하는 토지를 보유할 수 있도록 하였다. 주로 토지가 없거나 적은 농민들이 토지를 분배받았고, 토지를 몰수당한 지주 역시 같은 몫의 토지를 받을 수 있도록 하였다. 토지의 분배 역시 계급 분류의 방식과 마찬가지로 '스스로 보고하고 함께 토론(自報公議)'하는 방식으로 결정되었다. 토론의 결과는 전체 촌민대회를 통하여 확정되었다.

토지 이외의 농사용 가축, 농기구, 잉여 식량, 여분의 가옥 등 이른바 '4대 재산'의 분배는 몰수된 재물의 양과 이 재물에 대한 농민들의 수요 현황을 종합적으로 고려하여, '구덩이를 메우고 부족한 부분을 보충(塡坑補缺)'하는 원칙에 따라 이루어졌다. 농사용 가축은 한 마리를 최대 네 가구가 공유하여 함께 기르고 함께 사용하도록 하였다. 농기구는 농사용 가축과 함께 분배하여 생산 도구 이용의 효율성을 높이도록 하였고, 대형 농기구는 개별 농가에 분배하지 않고 여러 가구에서 공동 사용하도록 하였다. 잉여 식량은 농가를 단위로 인구수에 따라 분배하였는데, 식량이 부족한 빈농과 고농(雇農)에게 우선적으로 분배하였다. 여분의 가옥은 집이 없는 빈농들에게 먼저 분배한 뒤, 여유가 있으면 가옥이 부족한 농가에도 추가로 분배하였다.

　토지 및 잉여 재산의 몰수가 마무리되면, 마지막으로 토지개혁 점검이 이루어졌다. 토지개혁의 칼끝을 피해간 지주들을 색출한다든지, 분배 과정에서의 불공정한 부분을 바로잡는다든지, 간부들의 부정을 색출하는 등 다양한 문제들이 시정되었는데, 주로 계급 분류가 잘못 이루어지지 않았는지를 확인하는 작업이 많이 이루어졌다. 중국공산당 쟝시성위원회의 평가에 따르면, 토지개혁 중에 계급이 잘못 분류되어 투쟁 대상이 된 농민들이 전체 투쟁 대상의 약 15~30%에 해당하였다. 대부분 약간의 토지만 임대하는 부농들을 지주로 잘못 분류하는 경우가 많았다. 지주로 잘못 분류된 농민들에 대해서는 군중대회에서의 토론을 거쳐 계급이 재분류되었다. 몰수된 재산이 아직 분배되지 않았다면 원래의 주인에게 돌려주었고, 이미 분배되었다면 다른 자산으로 보상하도록 하였다. 만약 다른 몰수품으로 보상할 수 없는 경우에는 이후에 부과되는 각종 부담을 경감해주었다.

　토지개혁 점검이 완성된 뒤에는 현(縣) 인민정부에서 토지증을 발급하여 변경된 토지 소유권을 확정하는 작업이 이루어졌다. 토지개혁 이후에 지주들에게 분배된 토지와 가옥에 대해서도 똑같이 토지증이 발급되었다. 토지증은 각 가구를 단위로 발급되었으며, 토지증에는 해당 가구의 전체 구성원의 이름이 적혀 있었다. 토지개혁을 통해 분배된 토지는 농민 개인의 소유였다기보다는 사실상 가족 구성원 전체의 공동 소유였다고 할 수 있다. 토지개혁 이전의 각종 계약서와 증명서는 모두 폐기 처분되었다.

　토지개혁의 진행 속도가 가장 빠른 곳은 화동구(華東區)였다. 1951년 4월까지 화동구의 전체 35,636개 향 중에서 82.17%에 해당하는 43,394개 향에서 토지개혁이 완성되었고, 1952년 5월에는 전체 지역에서 토지개혁이 완성되었다. 중남구(中南區)는 전체 1.53억 명의 농민 중에서 1,600만 명만이 〈토지개혁법〉 시행 이전에 토지개혁을 경험했었는데, 1951년 4월까지 5,000만 명의 농민이 거주하는 지역에서 토지개혁이 완성되었고, 1951년 여름부터 1952년 봄까지 추가로 5,000만 명, 1952년 말까지 다시 2,000만 명의 농민 거주지에서 추가로 토지개혁이 완성되었다.

가장 늦게 중국공산당에 점령된 서남구(西南區)에서는 1950년 11월부터 토지개혁이 시작되었다. 이 지역은 다른 지역에 비해서 토지 소유가 특별히 집중된 곳으로서, 전체 인구의 3~4%에 해당하는 지주들이 전체 토지의 60~70%를 소유하고 있었다. 1951년 4~5월까지 이 지역 전체 인구의 15.61%가 거주하는 지역에서 토지개혁이 완성되었고, 1951년 5~6월부터 10월까지 진행된 토지개혁에서는 이 지역 인구의 27%가 거주하는 지역에서 토지개혁이 완성되었다. 이어서 1952년 5월까지 진행된 3단계 토지개혁에서는 지역 인구의 41%가 거주하는 지역에서 토지개혁이 추가로 완성되었다.

서북구(西北區)에서도 1950년 가을부터 1951년 봄까지, 그리고 1951년 가을부터 1952년 봄까지 두 차례에 나뉘어 진행된 토지개혁을 통해서 각각 700만 명과 1,500만 명의 농민이 거주하는 지역에서 토지개혁이 시행되었다. 1952년 말에는 신쟝(新疆)과 칭하이(靑海), 간쑤(甘肅) 등 소수민족 지역을 제외한 나머지 지역에서는 토지개혁이 기본적으로 완성되었다.

1952년 말까지 일부 소수민족 지역을 제외한 전국 대부분의 농촌 지역에서 토지개혁이 기본적으로 완성되었다. 토지개혁 이전까지는 전국 인구의 4.75%를 차지하는 지주들이 전국 토지의 38.26%에 해당하는 토지를 소유하고 있었고, 전국 인구의 52.37%를 차지하는 빈농과 고농들이 전국 토지의 14.28%만을 소유하고 있었다. 하지만, 토지개혁을 통하여 4,700만㎢(약 7억 畝)의 토지가 몰수되어, 전체 농업인구의 60~70%에 해당하는 3억 명의 농민들에게 재분배되었다. 〈토지개혁법〉 시행 이전에 이미 토지개혁을 완성한 노구(老區)를 합하면, 전국 농민의 90% 이상이 중국공산당의 토지개혁을 통하여 토지를 분배받았다.

1950년대 초기의 토지개혁은 토지의 사유제도를 근본적으로 부정하지 않았다는 점에서 사회주의 혁명의 성격을 갖는 것이 아니었다. 토지개혁은 지주들이 소유하고 있는 토지 자산을 농민들에게 재분배한 것으로서, 국가권력이 개입하여 소유의 주체를 변경하였을 뿐, 토지의 사적 소유 자체가 부정된 것은 아니었다. 류사오치(劉少奇)는 1기 전국인민정치협상회의 2차 전체회의에서 〈토지개혁 문제에 관한 보고(關於土地改革問題的報告)〉를 발표하여, 토지개혁의 기본적인 성격을 지주계급을 소멸시킴으로써 '봉건적 착취의 토지 소유제'를 '농민적 토지 소유제'로 바꾸는 것이라고 정의하였다. 중국공산당의 이러한 입장은 심지어 농업 집단화가 진행되고 있었던 1954년에 제정된 헌법에도 반영되었다. 헌법에서 중국 정부는 농민의 토지 소유권을 법적으로 보호할 것임을 명시하였다. 토지개혁은 사실상 일찍이 쑨원이 제기하였던 '경작하는 사람이 그 땅을 갖는다(耕者有其田)'는 혁명 목표를 실현하기 위한 것이었다. 이러한 의미에서 중국공산당은 토지개혁이 '봉건적 착취계급'의 토지 소유를 폐지하는 '부르주아지 민주혁명'의 성격을 갖는다고 규정하였고, 반드시 '봉건적', '반(半)봉건적' 착취를 폐지하는 범위 내에서 이루어져야 함을 강조하였다.

　토지개혁이 근본적으로 토지의 사유제도를 유지하는 맥락에서 이루어졌다는 사실은 일반적인 예상과 달리 토지개혁으로 농촌에서 빈부격차가 크게 해소되지 않았다는 것에서도 확인된다. 민국 시대에 비하여 농촌의 빈부격차가 축소되기는 하였지만, 토지개혁 이후에도 부농의 수입은 모든 지역에서 빈농의 수입의 2배를 초과하였다. 지주계급의 토지가 중농과 빈농들에게 분배되기는 하였지만, 부농들은 본인의 소유지 중에서 제3자에게 임대한 일부의 토지만을 징수당했기 때문에, 토지개혁 이후에도 중농이나 빈농에 비하여 훨씬 더 넓은 토지를 소유하고 있었다. 이러한 결과는 사실 부농경제의 보존을 통해서 농업생산의 회복을 도모하고자 했던 중국공산당이 의도한 바이기도 하였다.

　다만, 토지개혁을 통하여 농민들이 보유하게 된 토지 소유권이 그다지 확고한 것은 아니었다. 표면적으로 볼 때는 토지개혁 이후에도 기본적으로 개별 농민의 토지 소유를 인정하는 토지 사유제의 형태를 취하고 있었지만, 토지개혁은 국가권력이 일부 집단의 재산권을 부정하는 방식으로 이루어졌다. 즉, 토지개혁 이후 중국 사회에서의 토지 소유는 서구의 근대적 소유권 개념과는 달리 개인의 소유권에 대한 절대적 보장에 기초한 것이 아니었으며, 반대로 국가권력의 강력한 통제 아래에 놓여 있었기 때문에 언제든지 부정될 수 있는 것이었다. 토지개혁을 통해서 국가권력이 농민에게 토지 소유권을 부여한 것이기 때문에, 이는 사실상 농민의 토지 소유권에 대한 최종 결정권이 국가권력에 있다는 것을 의미하였다. 곧이어 진행된 집단화 정책으로의 전환이 이루어질 수 있는 조건이 이미 형성되어 있었다.

한편, 도시 외곽의 농촌 지역인 교구(郊區)에 대해서는 일반 농촌과는 다른 정책이 시행되었다. 교구에서는 토지개혁을 통하여 몰수 또는 징수된 모든 토지가 국유화되었다. 국유화된 토지는 시(市) 인민정부에서 관리하였으며, 교구의 농지는 시정부에서 땅이 없거나 부족한 농민들에게 나눠주어 경작하게 하였다. 교구의 토지를 경작하는 농민들은 법에 따라 국가에 농업세를 납부하는 것 외에는 별도의 토지 사용료(임대료)를 지불하지 않았다. 농촌의 사유지에 대해서는 정부에서 토지증을 발급하여 그 소유권을 보호하였고, 교구의 토지를 경작하는 농민들에게는 시정부에서 국유지 사용증이 발급되어 그 경작권을 보호하였다.

마지막으로, 중화인민공화국 초기의 토지개혁은 송대 이후에 중국 사회에서 널리 나타났던 일전양주(一田兩主) 관행을 종식시켰다는 점에서 역사적으로 매우 중요한 의의를 갖는다. 청조는 일전양주 관행의 폐해를 강조하면서 이를 금지하려 하였지만, 민간의 오래된 관행을 제어하는 데 실패하였다. 청 말과 민국 시기에는 법제의 근대화를 추진하면서, 일본과 서구의 '영전권(永佃權)' 개념을 들여와 전면권(田面權)을 근대법의 테두리 안으로 끌어들이려 하였다. 특히, 〈중화민국민법〉에서는 영전권의 기간을 영구적인 것으로 인정하였고, 영전권을 양도하는 것이나 일정 기간 임대하는 것도 사실상 승인하였다. 단, 체납 소작료가 2년치 소작료를 초과하면 영전권을 취소할 수 있다고 규정한 것이나, '전조(轉租)'를 금지한 것은 민간의 관행에 어긋나는 것이었다.

1930년대 말부터 일부 지역에서는 토지 소유권의 분할로 인하여 각종 분쟁이 유발된다는 문제의식에 근거하여, 민간의 전면권을 영전권으로 대체하려는 시도가 이루어지기도 하였다. 압금(押金)을 지

불하고 전면권을 획득하여 해마다 소작료를 납부하고 있는 경우에
는 영전권을 획득한 것으로 간주하였고, 압금을 지불하고 전면권을
획득했지만 소작료를 지불하지 않는 경우에는 전권(典權)을 획득한
것으로 간주하였다. 아울러, '실제 경작자 → 전저주 → 전면주'의 순
서대로 분할된 토지 소유권을 사들여 완전한 소유권을 획득할 수 있
는 기회를 주기도 하였다. 요컨대, 민간의 전저권(田底權)과 전면권
관행을 법에서 허용하고 있는 영전권과 전권(典權) 등의 권리 개념
으로 대체하려 한 것이다. 하지만, 이러한 시도들은 민간의 오래된
관행 앞에 큰 효력을 발휘하지 못하였다. 민간의 관행을 통해서 유
통되는 전면권의 권한이 근대법에서 규정한 영전권보다 컸기 때문
에, 국민정부의 제한된 노력으로 민간의 전면권 관행을 영전권으로
대체할 수는 없었다.

중국공산당은 건국 후에 토지개혁을 시행하는 과정에서 과거의
토지 소유제를 폐지하면서 일전양주 관행도 폐지하였다. 지주나 부
농이 보유하고 있는 전면권은 몰수하고 농민의 전면권은 승인하는
정책을 펼쳤는데, 농민이 보유하고 있었던 전면권에 대해서는 토지
를 분배하는 과정에서 전면권의 가격에 상응하는 만큼의 토지를 최
대한 보장해주었다. 전면권의 가격은 일반적으로 중일전쟁 이전의
가격을 기준으로 삼았다. 시가의 차이로 인하여 토지개혁을 통해 농
민들이 획득하는 경지의 면적은 줄어들 수 있었지만, 이와 같은 조
치를 통하여 농민들은 토지에 대한 완전한 소유권을 획득할 수 있었
다. 또한, 농민들이 보유하고 있었던 전면권을 환산한 가치와 농민
의 기존 소유지를 합한 토지 면적이 현지의 1인당 평균 토지 면적을
초과하더라도, 전면권으로 인하여 발생한 토지 초과분은 계속 보유
할 수 있도록 하였다. 요컨대, 중국공산당은 토지개혁을 통해서 전

면권이라는 권리 자체는 폐지하였지만, 농민들이 기존에 보유하고 있었던 전면권을 토지개혁의 과정에서 최대한 보상해줌으로써 일전 양주 관행을 없애는 데 성공하였다.

농업 집단화와 토지의 '집체소유(集體所有)'

중화인민공화국 초기의 토지개혁으로 농업생산의 회복 및 증가가 이루어졌지만, 신속한 사회주의 공업화를 추구하고 있었던 상황에서, 중국공산당은 중공업 원재료의 공급을 시장의 자발적 기능에만 의지할 수는 없었다. 공업화 우선 발전 전략 아래 국가권력은 농촌의 집단화를 단행함으로써, 농업생산을 신속하게 증대시켜 잉여생산을 공업에 투자하는 전략을 추진하였다. 그리하여 토지개혁이 완성되고 얼마 지나지 않아, 중국공산당은 곧바로 농촌에서 사회주의 개조를 시작하여 농업 집단화를 시행하였다.

1950년대의 농업 집단화는 크게 세 단계를 거쳐 진행되었다. 첫 번째 단계는 호조조(互助組) 단계(1949년 10월~1953년)이다. 호조조는 농민의 사적 토지 소유를 그대로 유지하면서 농기구와 농사용 가축을 공동으로 사용하고 협동 노동을 실시함으로써 토지 경작의 효율성을 높이기 위한 것이었다. 대체로 10개 이내의 농가가 하나의 호조조로 편성되었고, 농번기에만 활동하는 임시 호조조와 1년 내내 활동하는 상시 호조조로 구분되었다. 호조조 단계에서는 기존의 토지 소유제도에 큰 변화가 가해지지 않았다.

1951년 9월에 토지개혁이 두드러진 성과를 보이기 시작하면서, 중국공산당은 〈농업생산 호조합작에 관한 결의(關於農業生產互助合作的決議)〉를 통과시켜 각지에서 호조합작화운동(互助合作化運動)

을 전개하였다. 토지개혁과 호조합작화운동이 함께 진행되면서 곳곳에서 호조조 편성이 크게 늘어났다. 1950년 단계에서 전국적으로 약 272만 개의 호조조가 편성되어 있었지만, 1952년 말에 이르러 전국에 약 830만 개의 호조합작조직이 설립되었고, 전국 농민의 40%가 여기에 참가하게 되었다. 일부 지방에서는 호조조를 넘어 농업생산합작사를 설립한 곳도 있었는데, 1952년에 전국적으로 약 4,000개의 초급합작사(初級合作社)와 10개의 고급합작사(高級合作社)가 존재하였다.

두 번째 단계는 초급합작사 단계(1954년~1955년 상반기)이다. 전국적으로 호조조 편성이 확대됨에 따라 중국공산당 지도부 내에서는 집단화 방안을 둘러싼 논쟁이 전개되었는데, 1953년은 하나의 분기점이 되었다. 1953년 2월에는 〈농업생산 호조합작에 관한 중공중앙의 결의(中共中央關於農業生産互助合作的決議)〉 초안이 수정 후에 정식으로 통과되어 농촌에서의 집단화를 확대할 것임이 공식화되었다. 1953년 봄부터 각지에서 초급합작사 설립이 확산되기 시작하였고, 12월 16일에는 중공중앙에서 통과된 〈농업생산합작사를 발전시키는 것에 관한 결의(關於發展農業生産合作社的決議)〉가 채택되었다. 이 결의에서는 호조조를 농업생산합작사로 발전시킴으로써 농업의 완전한 사회주의 개조를 실현한다는 목표가 제시되었다. 농업의 사회주의 개조는 궁극적으로 '낙후된 소규모 생산의 개체경제'를 '선진적인 대규모 생산의 합작경제'로 발전시킴으로써 농업과 공업의 조화로운 발전을 도모하기 위한 것으로 규정되었다.

초급합작사의 특징은 농민의 토지 지분 출자('入股')와 합작사의 통일적인 토지 경영, 노동과 토지 지분에 따른 분배 등에 있었다. 초급합작사에 가입한 농민들은 개별 소유의 토지를 합작사에 출자하였고, 이렇게 모인 합작사의 토지는 공동으로 경작되었다. 이에 따라 원래의 토지 '소유권'이 '지분에 대한 권리'로 바뀌었고, 농민들은 토지 경영에 대한 결정권을 상실하였다. 하지만 이 단계에서는 농민들이 원래 소유하고 있었던 토지에 해당하는 만큼의 지분을 보유하였고, 합작사로부터 생산물을 분배받을 때 토지의 지분에 해당하는 만큼의 추가적인 몫을 받을 수 있었다.

〈농업생산합작사를 발전시키는 것에 관한 결의〉가 채택된 이후부터 초급합작사 결성이 급속도로 확대되었다. 1954년 3월에 각지에 이미 건립되었거나 건립 중이었던 초급합작사가 7만여 개에 달하였는데, 5월에는 9만여 개, 가을 전까지는 10만 개로 증가하였다. 여기에 추수 전까지 12만 개가 새로 결성되어, 1955년 초에 이르러서는 전국적으로 약 48만 개의 초급합작사가 성립되었다.

세 번째 단계는 고급합작사 단계(1955년 하반기~1956년 말)이다. 초급합작사 설립이 지나치게 빠른 속도로 확대되면서 여러 부작용이 생기자, 중국공산당은 1955년 초부터 속도를 조절하기 시작하였다. 하지만 집단화 속도를 끌어올리고자 했던 마오쩌둥은 1955년 7월 말부터 8월 초에 걸쳐 개최된 전국성시위서기회의(全國省市委書記會議)에서 〈농업 집단화 문제에 관하여(關於農業合作化問題)〉를 발표하여, 전족을 한 여인에 비유하면서 농업 집단화에 대한 지도부의 소극적인 태도를 비판하였다. 10월에는 7기6중전회에서 마오쩌둥의 위의 보고를 채택하여 〈농업 집단화 문제에 관한 결의(關於農業合作化問題的決議)〉가 통과되었고, 집단화 속도를 늦추는 것을 '우경 기회주의'로 비판하였다. 이후부터 집단화는 재차 급속도로 확대되어, 1955년에 전국의 고급합작사는 1,000개 정도에 불과했으나, 1956년 말에는 전국적으로 54만 개의 고급합작사가 설립되어 약

87.8%의 농촌 인구를 흡수하였다. 1957년 말에는 고급합작사의 수가 75만 개로 증가하였고, 농촌 인구의 96% 이상이 고급합작사에 가입되었다. 이로써 토지에 대한 농민의 사적 소유가 거의 사라지고 집체소유(集體所有)로의 전환이 완성되었다. 토지를 비롯한 각종 자산에 대한 소유권과 사용권이 모두 집체(합작사)로 이관되었고, 토지의 사유는 기본적으로 폐지되었다.

초급합작사 단계에서는 농민이 토지의 소유권을 갖고 집체(集體)가 사용권을 갖고 있었다고 본다면, 고급합작사 시기에는 토지의 소유권과 사용권 모두가 집체의 소유로 바뀌었다고 할 수 있다. 고급합작사에서는 사원(社員) 소유의 묘지와 택지를 제외한 나머지 토지와 그에 부속된 수리시설이 모두 무상으로 합작사 소유로 전환되었다. 토지 지분에 따른 추가 분배도 취소되었고, 오로지 노동량에 기초한 분배가 시행되었다. 1956년 3월의 제1기 전국인민대표대회 제33차 상무위원회에서 통과된 〈농업생산합작사 시범장정(農業生産合作社示範章程)〉과 6월의 제1기 전국인민대표대회 제3차 전체회의에서 통과된 〈고급농업생산합작사 시범장정(高級農業生産合作社示範章程)〉에서는 사원 소유의 토지와 농사용 가축, 대형 농기구 등을 모두 합작사의 집체 소유로 전환하도록 하였다. 단, 사원들의 생활 물품이나 소규모 수목, 가축, 농기구, 가내 부업에 필요한 기구 등은 계속해서 사유할 수 있도록 하였다. 개인 소유의 묘지나 택지, 가옥은 합작사 소유로 전환하지 않았으며, 상업용 목적의 수목은 합작사 소유로 전환하여 합작사에서 경영하도록 하였다.

한편, 고급합작사에서도 사원들은 소규모 자류지(自留地)를 경작할 수 있었다. 인민공사(人民公社) 제도가 정점에 달하였던 1958년부터 1961년 초까지의 시기를 제외하면, 중국공산당은 집단화 시기에도 대부분 농민의 자류지 경영을 허용하였다.

자류지는 초급합작사 결성 과정에서 농민들의 식량 조달 목적을 위하여 사원들에게 약간의 토지를 따로 남겨놓을 수 있도록 허용한 것에서 시작되었다. 이때의 자류지는 농민들에 의하여 자발적으로 창조된 것으로서, 합작사 가입으로 인한 위험에 대한 일종의 보험으로서의 성격을 갖고 있었다. 1953년에 초급합작사 관련 규정이 처음 정비되었을 때만 하더라도, 농민의 자류지 보유 한도는 소유지의 20% 이내로 규정되었다.

1955년 11월에 반포된 〈농업생산합작사 시범장정 초안(農業生産合作社示範章程草案)〉에서는 사원들이 채소나 기타 원예식물을 재배할 수 있도록 소규모의 자류지를 허용해야 한다고 규정하였다. 고급합작사에서도 소규모 토지를 사원들에게 자류지로 분배하여 사원들이 채소를 재배할 수 있도록 하였으며, 그 면적은 현지의 1인당 평균 토지 면적의 5% 이내로 제한하였다. 1958년 8월에 인민공사 건설이 본격화되면서 농민들의 자류지는 모두 몰수되어 인민공사의 소유로 귀속되었지만, 대약진 운동의 폐해가 사그라든 1961년 3월부터는 농민들에게 다시 소규모 자류지를 장기간 분배하였다.

고급합작사의 자류지 규정에서는 집체소유의 토지에서 일정 부분을 사원들에게 자류지로 배분한다고 규정하였는데, 이는 곧 자류지 소유권의 성격이 변화했음을 의미하였다. 초급합작사 단계에서 자류지는 농민들이 합작사에 출자하지 않고 남긴 토지였기 때문에 근본적으로 사유지로서의 성격을 가졌지만, 고급합작사 단계에서는 자류지의 소유권 또한 집체에 귀속되었다. 비록 자류지의 소유권은 농민이 아닌 집체에 있었지만, 농민들은 자류지를 자유롭게 경영할 수 있었고, 그 생산물을 사적으로 소유할 수 있었다. 이러한 자류지 제도는 어떤 의미에서는 농민들의 소규모 토지 소유의 심리를 만족시켜줄 수 있었고, 중국의 농촌사회에서 장기간 유지되어 온 생활방식에도 부합하는 것이었다. 자류지는 오랫동안 유지되어 온 중국의 소농경영방식이 집체화 시기에도 일부분 연속된 것이라고 볼 수 있다.

한편, 사회주의 개조에 따라 도시 토지의 소유방식에서도 큰 변화가 일어났다. 사회주의 개조 이전에는 도시에서도 기본적으로 토지의 사적 소유가 인정되었기 때문에 국유지든 사유지든 소유자가 아닌 개인 또는 집단이 토지를 사용하기 위해서는 일정한 비용을 지불해야 하였다. 그러나 사회주의 개조의 과정에서 도시의 토지는 모두 국유지로 전환되었고, 토지 소유권을 국가에서 장악하게 되면서 토지를 이용하는 각 단위에서는 더 이상 비용을 지불할 필요가 없게 되었다. 도시 토지의 무기한 무상 이용이 가능해졌다. 도시 토지의 임대나 매매는 금지되었고, 도시의 토지 자원은 오로지 행정적 조정과 배분을 통해서 조정되었다. 이른바, '무상(無償)', '무유동(無流動)', '무기한(無期限)'의 '3무(無)' 단계로 접어들게 되었다.

농업 집단화 과정에서 농민들은 토지와 농기구 등 생산수단에 대한 사적 소유권을 상실하였다. 호조조에서 초급합작사, 초급합작사에서 다시 고급합작사로 재편되어가는 과정에서 토지 등 생산수단에 대한 농민의 소유권에는 본질적인 변화가 발생하였다. 호조조는 생산수단의 완전한 사적 소유의 제도적 기초 위에서 이루어지는 느슨한 합작이었지만, 집단화는 기존의 '농민소유제'를 '집체소유제'로 전환하였다. 초급합작사는 근본적으로는 사적 소유를 인정하는 바탕 위에서, 일종의 지분과 같은 형식으로 토지를 합작사에 출자('入

股')한 뒤에 합작사에서 전체 토지를 통일적으로 경영하는 방식이었다. 고급합작사는 생산수단의 완전한 '집체소유'를 실현하고, 아울러 잉여생산에 대한 농민의 지배력을 크게 약화시켰다. 고급합작사 단계로의 이행을 통하여 생산수단의 집체소유는 일차적으로 완성되었다고 할 수 있다.

서구에서 도입된 근대적인 민법 체계에는 '집체소유'라는 개념이 없었다. '집체소유'는 '공유(共有)'와도 다른 것으로서, 대상을 개인들이 지분에 따라 부분적으로 소유하는 것도 아니었고, 공동으로 함께 소유하는 것도 아니었다. 집체에 소속된 개인은 집체소유의 토지(자산)에 대해서 사실상 아무런 권리도 갖고 있지 않았다. '집체소유권'은 개별 농가의 소유권을 합친 것과는 엄연히 다른 성격을 갖는 것이었다. 이는 국가권력이 농촌의 토지와 경제를 통제하기 위해 만들어낸 특수한 제도로서, 사실상의 국유화로 볼 수 있다. 명령형 계획경제를 통해서 물자의 생산과 유통, 시장을 전면적으로 통제하기 위하여 국가는 집체소유권의 최고 결정권자이자 수익자가 되었으며, 집체는 국가의 의지를 합법적으로 관철시키는 매개가 되었다. 집체소유의 시스템에서 나타나는 토지 소유권의 모호성은 오히려 토지에 대한 국가권력의 지배력을 강화할 수 있었다.

인민공사(人民公社)의 우여곡절

대약진 운동으로 인민공사 설립이 본격화되기 이전부터, 1957년 겨울에 곳곳에서 수리 건설 프로젝트가 대대적으로 추진되면서 '소규모 합작사를 대규모 합작사로 합병(小社幷大社)'하는 정책이 시행되었다. 대규모 수리 건설을 위해서는 대량의 인적·물적 자원 동원이 필요했지만, 고급합작사가 이 필요를 충당시키지 못하면서 고급합작사들을 대규모 합작사로 병합하는 조치가 취해졌다. 마오쩌둥은 향(鄕)과 합작사를 통합하여 미래 공산주의 사회의 기초 단위로 발전시킨다는 구상을 제시하였고, 1958년 7월에 천보다(陳伯達)는 〈홍기(紅旗)〉의 지면을 통하여 마오쩌둥의 구상을 발표하였다. 공업과 농업, 상업, 교육, 군사 등 모든 방면이 통합된 하나의 대규모 사회 단위로서 '인민공사'라는 개념이 처음으로 공개적으로 제시되었다.

7월 초에는 허난성 수이핑현(遂平縣)에서 27개 고급합작사의 농가 9,369호로 편성된 차야산(嵖岈山) 집단농장에서 처음으로 '차야산위성인민공사(嵖岈山衛星人民公社)'라는 명칭을 사용하였다. 8월에 통과된 〈농촌에서 인민공사를 건립하는 문제에 관한 중공중앙의 결의(中共中央關於在農村建立人民公社問題的決議)〉에서는 전국의 농촌에서 인민공사를 널리 설립할 것을 결정하였다. 특히, 8월 6일에 마오쩌둥이 허난성 신샹현(新鄕縣) 치리영(七里營)의 인민공사를 방문하여 적극적으로 칭찬한 것이 계기가 되어, "인민공사가 좋다(人民公社好)!"는 구호가 전국에 퍼졌다. 이후 인민공사 합병이 확대되면서, 1958년 10월 말에 이르러 전국적으로 74만 개의 고급합작사가 2.6만 개의 인민공사로 합병되었고, 99% 이상의 농가가 인민공사에 편입되었다.

인민공사는 여러 개의 생산대대(生産大隊)로 나뉘었고, 생산대대는 다시 여러 개의 생산대(生産隊)로 나뉘었다. 인민공사는 대체로 하나의 향(鄕)을 단위로 설립되었고, 생산대대는 대체로 하나의 촌(村)을 단위로 설립되었다. 인민공사에서 전체 향의 생산계획을 수립하고 노동력 및 자원의 분배 방안을 결정하였고, 생산대는 실제 노동 동원 및 생산을 담당하였다. 생산대대는 중간에서 촌 단위의 생산과 분배를 관리하였다. '통일경영(統一經營), 분급관리(分級管理)'라는 원칙 아래, 인민공사에서 통일적으로 재정 계획과 연도별·계절별 장·단기 생산계획을 수립하면, 생산대대에서는 할당된 한도 내에서 자체 계획을 수립하여 실행하였다. 생산대에서는 생산대대로부터 할당받은 노동력을 동원하여 생산 현장에 투입하였다. 인민공사는 생산대대에, 생산대대는 생산대에 생산 목표치를 할당하였고, 그에 맞추어 담당 경작 구역과 생산 도구가 할당되었다. 비교적 규모가 크고 수익이 많은 공장은 인민공사에서 직접 관리하였고, 규모가 비교적 작은 공장은 생산대대에서 관리하였다. 생산대에서는 주로 자체적으로 가동할 수 있고 농업생산에 보탬이 되는 소형 작업장들을 운영하였다.

인민공사의 특징은 '일대이공(一大二公)'으로 표현되었다. 먼저, '대'는 규모가 크다는 것을 의미한다. 마오쩌둥에 따르면, 인민공사는 사람과 땅이 많고 규모가 크며, 공업·농업·군사·교육·상업 등 모든 분야를 통합하는 단위였다. 1958년 9월 말에 전국적으로 23,384개의 인민공사가 설립되었고, 각 인민공사는 평균적으로 약 4,797호(戶)를 포함하고 있었다. 그중에서 1,718개의 인민공사가 5,000~10,000호로 구성되었고, 5,331개의 인민공사는 10,000~20,000호를 포함하고 있었으며, 51개의 인민공사는 20,000호 이상의 농가를 포함하고 있었다. 허난성과 지린성 등 13개 성(省)의 93개 현(縣)에서는 현을 단위로 한 인민공사가 수립되기도 하였다. 다만, 이후 대약진 운동의 실패에 따른 경제적 궁핍을 겪으면서 인민공사의 규모도 축소되었다. 개별 인민공사의 규모가 축소되면서 전체적으로 인민공사의 수는 크게 늘어났는데, 1961년 8월까지 전국의 인민공사는 55,682개로 증가하였고, 생산대대는 708,912개, 생산대는 4,549,474개로 증가하였다.

다음으로, '공(公)'이라 함은 모든 것을 공유화한다는 것을 의미한다. 인민공사 성립 초기에는 단일한 '공사소유제(公社所有制)'를 시행하여, 인민공사를 기본 회계단위로 삼았다. 사원(社員)들의 자류지, 가축, 과일나무, 농기구 등은 모두 집체 소유로 귀속되었고, 가내부업이나 소규모 상행위 또한 모두 폐지되었다. 생산수단의 완전한 집체소유가 시행되었다. 고급합작사들을 병합하는 과정에서 원래각 합작사에서 소유하고 있었던 토지와 기타 생산수단들이 모두 무상으로 인민공사에 귀속되었고, 합작사 사원들이 소유하였던 소규모 생산도구도 모두 인민공사 소유로 변경되었다. 다른 합작사나 사원들에 비하여 많은 재산을 헌납했다고 해서 보상을 받지도 않았다. 또한, 인민공사에서는 전민소유제(全民所有制) 성질의 공업과 기타건설사업을 추진함으로써 공사소유제(公社所有制) 속에서 전민소유제의 요소를 늘렸고, 이러한 것들은 모두 '공(公)'의 실현으로 높이 평가되었다.

중국공산당은 인민공사가 사회주의로부터 공산주의로 넘어가는 과도기에 가장 적합한 사회조직이라고 설명하였다. 1958년의 8기6중전회에서 통과된 〈인민공사의 약간 문제에 관한 결의(關於人民公社若干問題的決議)〉에서는 인민공사의 의의를 "농촌의 집체소유제(集體所有制)로부터 점진적으로 전민소유제(全民所有制)로 넘어가는 길"이라고 규정하였다. 중국공산당은 1953년부터 농업과 수공업, 상공업 등 세 방면에서의 이른바 '사회주의 3대 개조'를 추진하였고, 생산수단 소유제 방면에서의 이러한 사회주의 혁명이 1956년에는 기본적으로 완성되었다고 평가하였다. 사회주의 개조를 통하여 국유경제의 지배적 지위와 사회주의 제도를 확립한 상황에서, 사회제도의 다음 발전 단계는 공산주의 사회로의 이행이었다.

1958년 8월의 〈농촌에서 인민공사를 건립하는 문제에 관한 중공 중앙의 결의〉에서 중국공산당은 인민공사의 집체소유제 안에는 전민소유제의 요소가 포함되어 있으며, 이러한 전민소유제의 요소를 이후 계속해서 발전시켜 점차 집체소유제를 대체할 것임을 천명하였다. 인민공사는 생산수단의 집체소유제로부터 전민소유제로의 이행을 위한 과도기의 사회조직으로 규정되었고, 합작사 사원들이 사용하고 있었던 자류지나 소형 농기구, 가축 등이 모두 사유제도의 잔여물로서 청산의 대상이 되었다.

그러나 대약진 운동의 파괴적 결과가 점차 드러나면서, 1959년 초부터 인민공사 정책의 조정을 위한 움직임이 나타나기 시작하였다. 1959년 2월 말에 개최된 정치국 확대회의에서 통과된 〈인민공사 관리조례에 관한 약간의 규정(關於人民公社管理條例的若干規定)〉에서는 '생산대를 기초로 하는 3급 소유'의 제도를 인민공사 제도의 기본으로 삼는다는 규정이 포함되었다. 이로써 생산대를 농촌 토지의 기본 소유 단위로 삼는 제도가 수립되었고, 사원들에게 자류지를 부여하는 정책도 다시 회복되었다.

루산회의(盧山會議)로 조정 정책은 일시적으로 무산되었지만, 결국 대기근의 심화로 대약진 운동은 종결되었고, 1960년 하반기부터 본격적으로 경제 조정 정책이 시행되었다. 9월 30일에 중국공산당 중앙위원회는 이른바 '팔자방침(八字方針)'을 제시하여 정책의 '조정(調整)', '공고(鞏固)', '충실(充實)', '제고(提高)'를 강조하였는데, 그중에서도 가장 중심이 된 것은 '조정'이었다. 중앙위원회는 11월에

〈농촌 인민공사의 당면 정책 문제에 관한 긴급 지시 서신(關於農村人民公社當前政策問題的緊急指示信)〉을 발표하여, '생산대－생산대대－인민공사'의 '3급(三級) 소유'의 실현을 강조하였다. 집체소유의 기본 단위를 생산대대로 하면서, 아울러 사원들에게 소량의 자류지를 경영하거나 소규모 가내 부업을 수행하는 것을 허락하였다.

1961년 3월의 중앙공작회의에서 제정된 〈농촌인민공사공작조례초안(農村人民公社工作條例草案)〉('農業 60條')에서는 인민공사의 규모를 지나치게 크게 하지 말 것, 생산대대 소유제를 기초로 하는 3급 집체소유제를 시행할 것, 경제 수준의 격차가 큰 생산대들을 억지로 하나로 통합하여 평균주의를 강제하지 말 것 등을 규정하였다. 이어서 5월에는 '농업 60조' 초안에 대한 수정이 이루어졌는데, 여기에서는 생산대대를 하나의 독립적인 경영 단위로 삼아 스스로 손익을 책임지도록 하였고, 생산대에 대해서도 절대적인 평균주의를 시행하지 않고 노동에 따른 차등 분배를 적용하도록 하였다. 생산대대의 집체소유제를 기초로 하는 3급 집체소유제가 인민공사의 '근본 제도'임이 강조되었고, 생산대대를 농촌 인민공사의 기본 회계단위로 삼는다는 입장이 재차 강조되었다. 즉, 생산의 기본 단위는 생산대이고, 회계와 분배의 기본 단위는 생산대대가 되었다.

대약진 노선에 대한 공식적 조정이 이루어진 1962년 1월의 '7천인대회' 이후, 2월에 중앙위원회는 〈농촌 인민공사의 기본 회계단위를 변경하는 문제에 관한 지시(關於改變農村人民公社基本核算單位問題的指示)〉를 발표하였다. 이 지시에서는 농촌의 기본 회계단위를 생산대대에서 생산대로 낮추도록 하였으며, 생산대의 규모도 축소하여 대체로 20~30호를 단위로 할 것을 규정하였다. 또한, 이러한 '생산대를 기초로 하는 3급 집체소유제'가 앞으로도 최소한 30년 이상 장기간 시행될 것임을 명시하였다. 회계단위를 생산대대에서 생산대로 한 단계 더 낮춤으로써, 분배 과정에서 생산대 사이에 일률적인 평균주의가 적용되는 것을 피하려 하였다. 나아가, 1962년 9월의 8기10중전회에서는 생산대 범위 내의 토지를 모두 생산대의 소유로 하도록 규정하였고, 소유권과 사용권, 분배권 등을 모두 생산대에 귀속시켰다.

1960년대 초의 정책 조정에 대한 마오쩌둥의 반격이 시작되면서, 공산주의 사회로 이행하기 위하여 '자본주의의 꼬리(資本主義尾巴)'를 자르고, 생산수단 소유의 기본 단위를 이전보다 높은 단위로 올려야 한다는 주장이 강조되었다. 사청운동(四淸運動)[3]이 전개되면서 각지에서는 공산주의로의 신속한 이행을 위한 움직임이 다시 나타나기 시작하였다. 특히, '농업은 다자이로부터 배우자(農業學大寨)'는 운동이 확대되면서, 생산수단 소유의 기본 단위를 보다 높은 단위로 올리자는 요구도 강화되었다. 1967년에 다자이현(大寨縣) 설립이 제기된 이후로 생산대가 아닌 생산대대를 기본 회계단위로 삼는 이른바 '다자이 모델'이 전국적으로 선전되었다. 농촌의 기본 회계단위를 생산대에서 생산대대로, 다시 생산대대에서 인민공사로 높이라는 지시가 하달되기 시작하였고, 자류지 또한 자본주의의 유산으로 규정되어 다시 반납하라는 지시가 내려졌다. 이후 다자이 인민공사에서는 인민공사소유제를 실현하였고, 다자이 인민공사가 소

---

3) [사청운동(四淸運動)] 1963년부터 1966년까지 농촌 각지에서 전개된 사회주의 교육운동이다. 처음에는 지방의 '노동점수와 장부, 창고, 재물' 네 가지에 대한 점검 운동에서 시작되어, '사상, 정치, 조직, 경제'의 점검 운동으로 변하였다.

재한 시양현(昔陽縣)에서는 전현소유제(全縣所有制) 시행을 추진하기까지 하였다.

그러나 문화대혁명의 혼란이 정점에 달하였던 1966~69년이 지나고 1970년대로 넘어오면서, 중국공산당은 저우언라이(周恩來)를 중심으로 다시 경제정책 조정에 나섰다. 이러한 조정은 농촌에도 적용되었다. 1971년 12월에 중국공산당 중앙위원회는 〈농촌 인민공사의 분배 문제에 관한 지시(關於農村人民公社分配問題的指示)〉를 발표하여, 평균주의를 반대하면서 노동에 따라 차등적으로 분배할 것을 지시하였다. 1973년의 전국계획회의에서는 인민공사 확대 및 평균주의 강화 방침, 자류지 몰수 및 가내 부업 금지 등의 방침을 비판하고, 문화대혁명 이전의 정책을 국가의 기본 방침으로 재차 강조하였다.

한편에서는 저우언라이를 중심으로 한 정책 조정이 이루어지고 있었지만, 다른 한편에서는 쟝칭(江青) 등 문혁파를 중심으로 대약진 운동 방식의 인민공사 모델을 강조하는 움직임이 계속되었다. '다자이 모델'은 1970년대에도 문혁파를 중심으로 계속해서 핵심 농촌정책으로서 강조되었다. 마오쩌둥이 사망한 이후에도 이러한 경향은 당분간 이어졌다. 1977년 11월에 중국공산당은 다자이 모델 보급을 위한 좌담회를 개최하였고, 중앙위원회는 12월 19일에 여기에 원칙적으로 동의하였다. 그에 따르면, 생산대를 기본 회계단위로 삼는 것은 농업생산의 발전 수요에 부응할 수 없으므로, 기본 회계단위를 생산대에서 생산대대로 이행하여 인민공사의 '일대이공(一大二公)의 우월성'을 발휘해야 한다는 것이었다.

그러나 1970년대 농촌에서의 대약진 정책은 큰 추진력을 얻지 못하였고, 기본 회계단위 변경 문제에서도 그 성과는 크지 않았다.

33.4%의 생산대대가 기본 회계단위로서 기능하고 있었던 베이징과 같은 일부 지역들을 제외하면, 전국적으로 기본 회계단위를 생산대대로 높인 곳은 많지 않았다. 당시 전국의 생산대대 중에서 기본 회계단위로 편성되어 있었던 곳은 7.7%에 불과하였다. 문화대혁명 시기의 토지정책은 기본적으로 정지 또는 혼란 상태에 있었다. 1949년 10월부터 1978년 11월까지 국가에서 30여 건의 토지정책 관련 문건을 제정했지만, 그 절대다수는 문화대혁명 이전에 정해진 것이었다. 문화대혁명의 혼란은 주로 도시에서 발생했지만, 농촌에서도 문화대혁명의 여파로 국가의 정책이 온전히 집행될 수 없는 상황이 도래하였다. 모순되는 정책과 구호의 범람 속에서 오히려 농촌은 대약진운동 시기의 피해를 다시 겪는 것을 피할 수 있었다.

개혁·개방과 농가 생산책임제

문화대혁명의 혼란 속에서 1970년대 중반부터 일부 빈곤 지역에서 농업생산의 방식이 변화하기 시작하였다. 안후이성과 쓰촨성 등 경제적으로 가장 궁핍했던 지역에서는 농업생산을 늘리기 위하여 생산대 또는 생산대대에서 각 작업조 또는 개별 농가에 토지를 나눠주어 경작하도록 하였다. 집체에서 일정한 할당량을 부여하고, 할당량 이상의 초과 생산량에 대해서는 작업조 또는 농가에 보상을 제공하는 방식으로 농민들의 생산 의욕을 고취하는 방식이었다. 공산당 지역 간부들이 농업생산을 늘리기 위하여 주도적으로 먼저 생산대의 토지를 작업조나 농가에 배분하기도 하였고, 아니면 반대로 농민들이 먼저 생산대의 토지를 나누어 경작하고 있는 상황에서 간부들이 이를 사후에 승인하기도 하였다.

농촌의 토지 경영에서 나타난 이러한 새로운 변화는 크게 두 가지 방식으로 나뉘어 전개되었다. '포산도조(包産到組)' 또는 '포산도호(包産到戶)'의 방식에서는 생산대로부터 토지를 분배받은 작업조 또는 농가가 생산대에서 지정한 작물을 경작하고, 이에 필요한 생산수단 및 자본을 생산대로부터 지원받았다. 작업조와 농가에서는 토지를 경작하여 일정한 할당량을 충족시켜야 하였고, 초과 생산분에 대해서는 집체에서 생산물의 질과 양을 평가하여, 생산물을 분배할 때 해당 초과분에 대하여 추가적인 인센티브를 제공하였다.

　이와 달리, '포간도호(包幹到戶)'는 농가에서 생산대로부터 토지와 일부 자원을 배분받은 뒤 자체적인 판단에 따라 토지를 경작하고, 그 수확물에 대해서도 국가와 집체에 납부하는 공공비용을 제외한 나머지를 스스로 처분하는 방식이었다. '포산도조'와 '포산도호'는 일단 생산물을 집체에 납부한 뒤에 초과 생산분에 대하여 보상을 받는 방식으로서 집단경작의 요소가 남아있었지만, '포간도호'는 그렇지 않았다. 농가에서는 계약에 따라 국가에 제공해야 하는 농업세와 수매 할당량, 그리고 집체에 납부하는 공공비용을 제외한 나머지를 자유롭게 처분할 수 있었다.

　위와 같은 변화는 주로 경제적으로 가장 궁핍한 지역에서 적극적으로 도입되었다. 1인당 평균 수입이 300위안 이하였던 촌락에서는 77%의 촌락에서 1982년 이전에 '포간도호'가 도입되었다. 반면에 평균 수입이 650~900위안이었던 촌락에서는 35%, 평균 수입이 900위안 이상이었던 촌락에서는 16%만이 1982년 이전에 '포간도호'를 도입하였다.

　완리(萬里)가 제1서기로 재직하고 있었던 안후이성이 이러한 변화를 선구적으로 도입한 대표적인 사례였다. 완리는 3개월에 걸쳐 농촌 지역을 조사한 뒤, 성 전체의 28만 개 생산대 중에서 그나마 기본적인 생활 수준을 유지하고 있는 것은 10%에 불과하다는 것을 확인하였다. 이에 1977년 11월에 완리는 농촌공작회의를 개최하여 〈현재 농촌 경제정책의 몇 가지 문제에 관한 규정(關於當前農村經濟政策幾個問題的規定)〉을 제정하여, 생산대마다 작업조를 조직하여 각각의 상황에 적합한 농업 활동을 통하여 생산 할당량을 책임지는 '포산도조'의 도입을 허용하였다. '포산도호' 역시 안후이성에서 시작되었다. 펑양현(鳳陽縣) 리위안공사(梨園公社) 샤오강대(小崗隊)에서는 각 농가에 토지를 나누어주어 농가별로 경작하게 한 뒤, 할당된 상납량을 채우고 남은 잉여분에 대한 보상을 제공하였다.

1978년의 11기3중전회는 개혁·개방의 신호탄이 되었지만, 농촌에서의 변화는 조금 더 천천히 진행되었다. 11기3중전회를 전후하여 구이저우성, 쓰촨성, 간쑤성, 내몽골, 허베이성, 허난성, 광둥성 등에서는 빈곤한 지역의 농민들을 중심으로, 공개적으로든 비공개적으로든 '포산도호' 또는 '포간도호'를 시행하여 성과를 나타내고 있었다. 그러나 11기3중전회에서 통과된 〈농촌 인민공사 공작조례(農村人民公社工作條例)〉에서는 자류지의 합법성과 '포산도조'의 도입은 승인했지만, '포산도호'의 도입은 허용하지 않았다. 토지를 개별 농가에 나눠주어 독자적으로 경영하게 하는 '분전단간(分田單幹)'의 방식이 금지되었다. 1979년 말에 전국적으로 각종 형태의 생산책임제를 시행하는 생산대는 이미 84.7%에 달하였지만, 주로 '포산도조'의 형식을 도입한 것이 많았으며, '포산도호'나 '포간도호'는 일부 지역에서만 비밀리에 시행되어 전국적으로 그 비중이 높지 않았다. '포산도호' 또는 '포간도호'의 방식이 공식화된 것은 1980년이었다. 5월 31일에 덩샤오핑(鄧小平)은 농촌정책에 관한 담화문을 발표하면서, '포산도호'와 '포간도호'를 지지한다는 입장을 공개적으로 발표하였다. 이후 각 지역에서는 일부 지역에서 시행되고 있었던 '포산도호'와 '포간도호'를 합법화하였고, 1981년 말에 이르면 두 가지 방식을 시행하는 생산대가 전국에서 약 50%를 차지하게 되었다. 1982년 1월 1일에 중국공산당 중앙위원회는 '포산도호' 및 '포간도호'의 이른바 '쌍포(雙包)' 방식이 중국 농촌의 실제 상황에 적합하다고 평가하면서, 이러한 방식은 토지 집체소유제의 기초 위에서 농가와 집체가 생산 청부의 관계를 맺는 것으로서, 집단화 이전의 사유제도와는 엄연히 다른 사회주의적 제도임을 강조하였다. 1983년에는 '쌍포' 방식이 '마르크스주의 농업합작화 이론'의 중국적 적응 및 발전이라고 평가하여 이론적으로 정당화하였다. 이로써 집체소유의 토지를 개별 농가에 분배하고 생산 할당량을 부과하는 '가정연산승포책임제(家庭聯産承包責任制)'라는 이름의 농가생산책임제가 국가의 공식적인 지원 속에서 전면적으로 확대되었다. 이러한 생산책임제의 두 가지 형식 중에서 농가의 자율성이 더 높은 것은 '포간도호' 방식이었고, 1984년 말이 되면 99%의 생산대에서 '포간도호'의 방식을 도입하였다.

1984년에 중국공산당은 농가생산책임제의 안정적 발전을 위하여 농민의 승포지(承包地: 집체와 계약을 체결하여 생산 청부를 받은 토지) 사용 기간을 일괄적으로 15년 이상으로 설정하도록 규정하였다. 토지의 장기간 사용권이 확립되어야 농민들이 토지에 대한 투자를 늘릴 수 있었기 때문이다. 다만, 자류지나 승포지를 제3자에게 매매하거나 임대하는 것, 또는 비농업 용지로 용도를 변경하는 것 등은 모두 금지되었다.

1986년에 제정된 〈토지관리법(土地管理法)〉은 농가생산책임제를 처음으로 법제화한 것이었다. 1982년의 수정헌법에 따라 토지를 기본적으로 도시의 국유지와 농촌의 집체소유지로 구분하였고, 집체소유지의 관리 주체를 '촌농업생산합작사(村農業生産合作社)'와 '농업집체경제조직(農業集體經濟組織)', '촌민위원회(村民委員會)' 등으로 구체화하였다. 국유지나 집체소유의 토지에 대한 사용권을 한 단위 또는 개인에게 이전하는 것이 법적으로 허용되었고, 토지 사용권을 이전받은 단위 또는 개인에게는 해당 토지를 보호하고 관리하여 적절한 방식으로 사용해야 한다는 의무가 부여되었다. 토지에 대한 소유권이나 사용권을 가진 모든 집체와 단위, 개인은 반드시 이를 현(縣) 정부에 등기해야 하였고, 현 정부에서는 증명서를 발급하여 그 권리를 확인하도록 하였다.

1988년에는 헌법과 〈토지관리법〉이 함께 수정되었다. 수정된 헌법에서는 어떠한 조직이나 개인도 토지를 불법적으로 점유하거나 매매, 양도할 수는 없지만, 법률의 규정에 의거하여 토지의 사용권을 제3자에게 양도할 수는 있다고 규정하였다. 수정된 〈토지관리법〉에서도 이러한 변화가 반영되었다. 1986년의 〈토지관리법〉에서는 집체소유지의 불법적 점유와 매매, 임대('出租')를 금지한다는 규정이 포함되어 있었지만, 1988년의 수정 법안에서는 임대를 금지한다는 내용이 삭제되었다. 즉, 농민들이 승포지를 제3자에게 다시 임대하는 것, '전포(轉包)'가 사실상 합법화된 것이다. 1986년과 1988년 사이의 2년 동안 연해 지역의 대도시를 중심으로 토지의 소유권은 유지하면서 사용권만을 임대하는 실험이 진행되었고, 그 경제적 효과가 인정받게 되면서 전국적으로 토지 사용권의 임대가 허용되기에 이른 것이다. 이는 한편으로는 중국 토지정책의 핵심 목적이 토지 사용권의 균등 분배보다는 토지 자원의 효율적 활용으로 옮겨갔음을 의미하는 것이기도 하였다.

1993년에 수정된 헌법 조문에서는 농가생산책임제가 농촌 토지 정책의 근본임을 명시하였다. 그리고 국무원(國務院)에서는 농가생산책임제의 안정을 위하여, 기존에 정해진 농가의 토지 사용권 기한, 즉 승포기(承包期)가 만료되면 다시 30년을 연장할 수 있도록 하였다. 특히, 농민이 집체소유의 황무지나 숲을 개간한 경우에는 승포기를 30년보다 더 길게 설정할 수 있도록 하였다. 또한, 같은 해에 제정된 〈중화인민공화국 농업법(中華人民共和國農業法)〉에서는 생산 청부를 받은 쪽, 즉 '승포방(承包方)'은 계약서에 명시된 의무사항을 준수해야 하지만, 그 밖의 토지 경영에 있어서는 결정권을 행사할 수 있다는 것, 그리고 이윤 획득을 위하여 수확물을 시장에 판매할 수 있다는 것을 명시하였다. 생산 청부를 한 쪽, 즉 '발포방(發包方)'의 동의 아래 '승포방'이 토지 사용권(승포권)을 제3자에게 양도('轉讓')하는 것도 가능하다고 규정하였다. 또한, 승포기가 만료되면 기존에 해당 토지를 경작하던 농민에게 승포권(사용권)을 다시 우선적으로 부여하도록 하였으며, 만약에 토지를 승포한 농민이 승포기 중에 사망하면 그 상속자가 승포권을 승계할 수 있도록 하였다.

2002년 8월에 공포된 〈중화인민공화국 농촌토지승포법(中華人民共和國農村土地承包法)〉(이하 '〈토지승포법〉')에서는 농촌의 집체 내부에서 개별 농가가 토지를 청부받아 경작하도록 한다는 것을 명시하고, 이러한 '통일적이면서 분화된 이중 경영 체제(統分結合的雙層經營體制)'를 중국의 기본적인 토지정책으로 삼는다는 것을 확인하였다. 아울러, 국가는 농촌의 생산청부관계가 장기간 안정적으로 유지될 수 있도록 보장한다는 것, 그리고 국가는 농민이 승포지의 사용권을 합법적인 방식으로 양도할 수 있도록 보장한다는 것을 규정하였다. 〈토지승포법〉은 중화인민공화국 수립 이후에 농민의 토지 권리에 대하여 전문적으로 정리한 첫 번째 법률이며, 농가생산책임제 도입 이후에 발전되어온 농민의 토지 사용권을 상세하게 정리하였다.

일례로, 〈토지승포법〉에서는 처음으로 여성의 토지 사용권이 강조되었다. 새로운 촌락으로 시집을 간 여성이 새로 이주한 촌락에서 적당한 토지를 받을 수 없을 때는 결혼 전에 이전 촌락에서 계약을 체결하여 받은 토지를 계속 유지할 수 있도록 하였다. 여성이 이혼하거나 과부가 된 경우에도 이와 비슷한 방식으로 토지 사용권을 보장받을 수 있도록 하였다. 또한, 서면 계약의 중요성도 더욱 강조되었다. 토지 사용권에 관한 계약은 반드시 서면 형태로 작성되어야 하며, 이를 정부에 등기하여 계약서를 통해 확보된 권리를 확인할 수 있는 증명서를 반드시 발급받도록 하였다.

무엇보다도 〈토지승포법〉에서는 다양한 형식의 토지 사용권 거래에 대하여 비교적 상세한 규정이 마련되었다. 농업 용도를 벗어나지 않는다는 조건 아래, 그리고 권리의 이동은 잔여 승포기 내에서만 이루어진다는 전제 아래, 모든 승포지의 사용권은 '양도(轉讓)'4), '전포(轉包)'5)나 '임대(出租)'6), '교환(互換)'7) 등의 방식으로 이전할 수 있다는 것도 명문화되었다. 이 경우, 같은 촌락의 주민에게 거래

---

4) [양도(轉讓)] 승포권을 제3자에게 영구히 넘기는 것.
5) [전포(轉包)] 승포권을 일정 기간만 제3자에게 넘기는 것.
6) [임대(出租)] 승포지를 일정한 대가를 받고 제3자에게 빌려주는 것.
7) [교환(互換)] 동일 집체 내의 농민들이 승포지를 맞교환하는 것.

의 우선권이 주어졌으며, 만약에 외부인에게 토지 사용권을 이전할 때는 전체 촌민회의에서 $\frac{2}{3}$ 이상의 찬성을 얻은 뒤 촌 정부의 승인을 받아야 가능하도록 하였다. 권리 이전의 대가는 상호 간의 협의를 통하여 결정하도록 하였다. 토지 사용권을 이전받은 농민도 어떠한 이유에서든 토지를 계속 경작할 수 없는 상황이 되면 토지 사용권을 다시 제3자에게 임대할 수 있도록 하였다.

2005년에 농업부에서 발간한 〈농촌 토지 승포경영권 유통 관리 방법(農村土地承包經營權流轉管理辦法)〉에서는 모든 토지 사용권 거래는 반드시 합법적으로, 자발적으로, 유상(有償)으로 이루어져야 한다고 규정하였다. 그리고 토지 사용권 거래의 형식을 '양도(轉讓)', '전포(轉包)', '교환(互換)', '임대(出租)', '지분 출자(入股)'[8], '기타' 등 여섯 가지로 구분하였다. 이 모든 형태의 거래에는 서면으로 된 표준 양식의 계약서를 작성하도록 하였다.

위의 거래형태 중에서 '양도'와 '교환'의 두 방식은 농가생산책임제의 생산청부 계약관계에 영향을 미친다. 이 두 경우에 토지 사용권을 넘겨주는 쪽은 기존에 집체와 체결한 승포계약으로 발생한 모든 권리와 의무를 상실하게 된다. 토지 사용권의 '양도'에는 승포계약을 처음 체결한 '발포방(發包方)'의 동의가 필요하며, 양도하는 농가가 안정적인 비농업 분야의 직업을 갖고 있거나 다른 안정적인 수입원이 있을 때만 허용된다. '교환'의 경우에도 거래의 대가로 새로운 승포권을 획득하기는 하지만, 애초의 승포권에 대한 권리와 의무는 모두 상실된다.

반면, 나머지 거래형식은 기존에 체결된 생산청부계약으로 발생

---

8) [지분 출자(入股)] 승포지를 합작사나 기업 등에 지분 형식으로 출자하는 것.

하는 권리와 의무에 항구적인 영향을 미치지는 않는다. '전포'는 집체로부터 받은 승포권을 일정 기간 제3자에게 넘기는 것으로서, 일반적으로 '전포'를 통해서 토지 사용권을 획득하는 쪽에서는 토지 사용권을 넘기는 쪽에 일정한 비용을 지불한다. 그리고 사용권을 넘겨받으면서 원래의 계약자가 부담하고 있었던 납세 의무와 수매 할당량도 함께 떠안는다. 그러나 '전포'는 승포기 내에서 일정 기간만 이루어지는 것이기 때문에 '양도'처럼 애초의 계약관계 자체에 항구적인 영향을 미치지는 않는다. '전포' 행위에 대해서는 아무런 제약이 가해지지 않는 경우가 많으나, 지역에 따라서는 같은 촌락 내의 농민에게만 사용권을 이전해야 한다든지, 사전에 촌 간부의 승인을 얻어야 하는 등의 제약이 가해지기도 한다.

'임대'는 승포지를 받은 농민이 임대료를 받으면서 토지 사용권을 일정 기간 제3자에게 빌려주는 방식이다. 원래의 승포 계약으로 발생하는 권리와 의무에는 아무런 변화가 발생하지 않으며, 납세 의무나 수매 할당량은 원래의 계약자가 계속해서 부담하게 된다.

한편, '전포'나 '임대'의 방식으로 토지 사용권을 획득한 쪽에서도, 원래의 승포권자가 동의한다는 전제 아래, 제3자에게 같은 방식으로 토지 사용권을 재차 이전할 수 있었다. 그리고 만약에 토지 사용권을 새로 획득한 농민이 투자를 통하여 토지의 가치를 향상시킨 경우에는 원래의 승포권자에게 이에 대한 적절한 보상을 요구할 수 있도록 하였다. 이는 어떤 의미에서는 과거의 '전전(轉佃)' 관행, 그리고 소작인이 토지 가치의 상승에 기여한 몫을 인정해주던 옛 관행의 현대적 재현이라고 할 수 있다.

한편, 개혁·개방과 함께 도시의 토지제도에도 변화가 나타났다. 1979년 7월에 전국인민대표대회에서 통과된 〈중화인민공화국 중외

합자기업경영법(中華人民共和國中外合資企業經營法)〉에서는 중국 기업과 외국 기업이 합작할 때 중국 정부에서 합작 기업에 사용료를 받고 토지를 제공할 수 있도록 규정하였다. 즉, 중외합동기업을 시작으로 하여 도시 토지 유상 임대의 길이 열리게 된 것이다. 1987년 7월에는 선전(深圳) 시정부에서 토지의 사용권과 소유권을 분리하여 토지 사용권을 상품처럼 매매·임대·양도할 수 있도록 하는 방안을 제시하였고, 입찰이나 경매 등의 방식을 이용하여 국유지 사용권을 양도하기 시작하였다. 1988년의 헌법 수정안에서는 토지 사용권의 양도를 금지한다는 조항이 삭제되었고, 법의 규정에 따라 토지 사용권을 양도하는 것이 허용되었다. 이어서 1990년 5월에는 국유지를 정해진 기간 내에 임대 또는 양도하거나 담보로 제공하는 것도 인정되었다.

농가생산책임제는 토지의 집체소유제를 유지하면서 토지의 소유권과 사용권을 분리하는 것이다. 토지는 계속해서 기본 회계단위인 생산대 또는 생산대대의 소유로 남게 되었다. 다만, 승포계약에 따라서 집체에서 농가에 토지를 분배하여 농가에서 토지를 독립적으로 경영할 수 있게 한 것이었다. 국가에 납부하는 농업세와 계획수매 할당량, 집체에 납부하는 비용 등을 제외한 나머지 수입은 모두 농가의 몫으로 남겨졌다. 토지의 소유자인 기본 회계단위(생산대 또는 생산대대)는 국가의 계획에 따라서 생산량을 농가에 할당하고 집체소유의 토지를 관리하며, 집체의 운영 등을 담당함으로써 여전히 하나의 경제주체로서 기능한다.

이러한 제도적 변화와 함께 농민들의 토지 사용권이 확대되었고, 농업은 집체 생산으로부터 가정 단위의 생산체제로 전환되었다. 이로써 농민들은 토지를 생산요소로 활용하여 수익을 확보할 수 있는 권리를 획득하게 되었다. 그러나 토지의 사유화는 이루어지지 않았고, 농촌에서 토지의 소유권은 여전히 집체에 남아있다. 개혁·개방 이후에 중국에서 노동과 자본은 대부분 사유화되었지만, 토지 소유는 여전히 사유화되지 않았으며, 도시의 토지는 국가에서, 그리고 농촌의 토지는 집체에서 소유하고 있다. 집체는 일반적으로 촌(村) 혹은 그 아래 단위의 조직인 경우가 많으며, 촌 단위 지방정부와 간부들은 여전히 농민의 토지 사용권에 영향을 미칠 수 있는 권력을 장악하고 있다.

농가생산책임제는 개혁·개방으로 시장경제 요소가 확대되는 상황에서 중국공산당이 사회주의 소유제도를 유지한 채 농가의 개인 경영을 확대하기 위하여 도입한 제도이다. 중국공산당은 농가생산책임제를 사회주의 개조 이전의 소농 중심 농업체제와 구분하였으며, 개인이 아닌 집체에서 토지 소유권을 보유하고 있다는 점에서, 이를 중국의 현실에 적합한 사회주의 제도라고 규정하였다. '중국식 사회주의'에 대한 모색은 마오쩌둥 이래 중국공산당이 계속해서 추구해왔던 것이며, 농가생산책임제 역시 이러한 맥락에서 합리화되고 있다.

에필로그

현대 중국의 농촌과 중국적 사회 관행

1949년 이후 중국의 토지 소유권은 전체적으로 1950년대 중반의 사회주의 개조를 거쳐 사유제에서 집체소유제로 전환되었고, 집체 소유제라는 제도적 기초는 현재까지 이어지고 있다. 다만, 토지의 사용권 측면에서는 조금 더 다양한 변화가 이루어졌다. 도시의 토지 사용권은 유상 사용에서 무상 사용으로, 다시 무상 사용에서 유상 사용으로 변하여 현재에 이르고 있다. 농촌의 토지 사용권은 개인에서 합작사로, 합작사에서 인민공사로, 인민공사에서 다시 생산대대와 생산대로 이전되었고, 개혁·개방 이후에는 농가생산책임제 아래 다시 농가로 넘어왔다. 현대 중국의 농촌에서는 토지 사용권이 다양한 방식으로 변형되어 유통되면서 매우 복잡한 양상을 나타내고 있다. 그리고 이러한 변화는 농민의 토지 사용권이 갖는 재산권으로서의 속성을 더욱 강화하는 방향으로 나아가고 있다.

먼저, 중국에서는 1980년대 중반 이후로 농민의 토지 사용권의 안정성이 줄곧 강화되어왔다. 농민들이 토지 사용권을 장기간 안정적으로 보유할 수 있다는 것은 그만큼 토지에 대한 농민들의 권리가 더욱 강해진다는 것을 의미한다. 이러한 변화는 크게 세 가지 방향에서 진행되었다.

첫째, 농민의 토지 사용권 보유 기간, 즉 승포기(承包期)가 계속해서 연장되었다. 지역마다 농가생산책임제가 도입된 시점이 달랐고, 지역에 따라 다르기는 하였지만, 개혁·개방 초기에는 토지 사용권의 기간이 대체로 2~3년에 불과하였다. 1984년에 중국 정부는 승포기를 15년으로 연장하였고, 여러 지역에서 첫 번째 승포기가 거의 끝나가는 시점이 다가오면서, 1993년에는 두 번째 승포기를 30년으로 연장하였다. 이러한 방침은 〈토지관리법〉(1998), 〈토지승포법〉(2002) 등을 통하여 법제화되었다. 그리고 2007년에 반포된 〈물권법〉에서는 승포기가 만료된 뒤에도 기존의 토지 사용자가 계속해서 토지를 청부받을 수 있도록 하였다. 이를 통하여 승포계약에서 설정된 기간은 사실상 큰 의미를 갖지 않게 되었다.

둘째, 농민의 토지 사용권을 법적으로 보호할 수 있는 증빙자료의 발급이 강화되어왔다. 중국 정부는 1982년부터 생산책임제를 시행하는 모든 생산대에서 토지를 청부받는 농민들과 반드시 서면 계약을 체결하여 쌍방의 권리와 의무를 확정하도록 하였다. 이때 계약서는 농민의 토지 사용권을 입증하는 증빙자료로서 기능하였다. 또한, 1997년부터는 지방정부에서 승포경영권(承包經營權) 증서 발급을 강화하여 승포계약서와 함께 농민의 사용권에 대한 법적 보호를 강화하도록 하였다. 이 시점은 첫 번째 승포기가 끝나는 무렵으로, 중국 정부는 이후 토지 승포기가 연장되면 곧바로 현급(縣級) 또는 현급 이상의 정부에서 통일적으로 제작한 승포경영권 증서를 발급하여 농민의 30년 토지 사용권을 확정하도록 하였다. 계약서와 증서는 농민의 토지 사용권을 보장하는 법적 장치가 되었고, 그 내용과 형식, 절차, 법적 효력 등은 모두 법제화되었다. 다만, 실제로 농민들이 승포지의 토지 계약서와 경영권 증서를 모두 보유하고 있는 경우는 전체의 절반 정도에 불과하였고, 나머지 절반은 둘 중 하나만 갖고 있거나, 둘 다 갖고 있지 않았다. 농민들 사이에서는 주로 친족 간의 구두계약을 통해서 토지 사용권을 이전하는 경우가 많았기 때문이다.

셋째, 중국공산당은 토지의 '조정(調整)'을 가능한 제한함으로써 토지 사용권의 안정성을 높이는 정책을 취해왔다. 농가생산책임제가 시행된 이후, 주로 촌락 내부의 인구 증감 등의 원인으로 인하여 곳곳에서 승포지(承包地)에 대한 행정적 조정이 비교적 빈번하게 이루어졌다. 승포지의 조정은 기본적으로 인구 상황의 변화에 따라 토지 분배의 평등성을 강화하기 위한 목적에서 시행되었다. 그러나 승포지 조정은 결국 토지에 대한 농민의 사용권을 불안정하게 만드는 요인이 되었고, 이는 다시 농민들의 투자 의욕을 제한하는 원인이 되었기 때문에 중국공산당에서는 빈번한 토지 조정을 제한하는 정책을 시행하였다. 1993년에는 인구의 증감과 무관하게 승포기 내에는 토지를 조정하지 않는다는 원칙('增人不增地, 減人不減地')이 수립되었고, 농민의 비농업 분야로의 진출이 활발하게 이루어지는 지역에서만 필요에 따라 토지를 부분적으로 조정할 수 있도록 하였다. 1997년부터는 토지의 '대조정(大調整)'이 원칙적으로 금지되었고, '소조정(小調整)'에 대해서도 엄격한 제한이 적용되기 시작하였다. '대조정'은 기존의 승포지를 무시하고 전체 토지를 원점에서 다시 분배하는 방식이고, '소조정'은 기존의 승포지를 유지하는 바탕 위에서 부분적으로만 토지를 조정하는 방식이다. 〈토지관리법〉(1998)에서는 전체 촌락의 범위에서 토지 '대조정'을 실시하는 것을 법적으로 금지하고 '소조정'은 조건부로 허용하였다. 〈토지승포법〉

(2002)에서는 승포기 중에 승포지를 조정하는 것을 금지하였으며, 자연재해 등 특수한 상황에서만 향(鄕)·현(縣) 인민정부의 비준을 받아 조정할 수 있도록 하였다. 물론, 이러한 제한 정책에도 불구하고 곳곳에서 인구 상황의 변동 등으로 인한 현실적 필요에 따라서 토지의 소규모 조정은 계속되고는 있지만, 전국적으로 토지 조정의 추세는 2000년 이후로 감소하였다.

다음으로, 토지 사용권의 안정과 함께 토지 사용권 유통 시장이 발달하면서, 농민들이 토지 사용권을 일종의 재산권으로 활용할 수 있는 길이 확대되었다. 농민들은 점차 토지 사용권을 다양한 방식으로 활용하여 경제적 이익을 획득할 수 있게 되었다. 농가생산책임제 시행 초기에는 토지 사용권의 거래가 엄격하게 제한되었다. 농민이 청부받은 토지는 제3자에게 매매하거나 양도, 임대할 수 없었으며, 이를 위반했을 때는 집체에서 토지를 회수할 수 있었다. 농민들이 토지를 경영할 수 없을 때는 반드시 집체로 반환해야 하였다.

1984년부터 중국 정부는 토지 사용권의 양도를 허용하기 시작하였으며, 점차 이를 법적으로 보장하였다. 농민들이 외지로 나가 취업하는 등 다양한 이유로 승포지를 경작할 수 없는 상황이 발생하였고, 이에 중국 정부는 실제로 토지를 경작할 수 있는 사람에게 승포지를 넘김으로써 토지의 활용도를 높이고자 하였다. 토지를 경작할 수 없는 상황에 있는 농민들은 승포지를 집체에 반납하여 다시 분배할 수 있게 되었고, 아니면 본인이 직접 토지를 넘겨받을 사람을 찾아 '전포(轉包)'할 수 있게 되었다. '전포'의 조건은 현지의 상황에 따라 쌍방이 협의하여 결정할 수 있었다. 단, 이 단계에서는 토지의 매매나 임대, 농업 외 용도로의 전환 등은 여전히 금지되었다.

중국 정부에서 토지 사용권의 이전을 허용하게 된 배경에는 토지 사용의 효율성을 높이려는 의도가 작용하였다. 농가생산책임제의 도입은 중국에서 소농 중심의 농업 시스템이 다시 등장하는 결과를 가져왔다. 1인당 평균 경지 면적은 대부분 10,000㎡ 이하가 되었다. 게다가, 분배의 공정성을 높이기 위하여 몇 차례의 토지 조정을 거치면서 개혁·개방 이후의 농촌에서는 1949년 이전 시기와 마찬가지로 개별 농가의 토지가 여러 조각으로 나뉘어 흩어져 분포하는 경우가 많아졌다. 벅(J. L. Buck)의 조사에 의하면, 중일전쟁 이전의 중국 농촌에서 개별 농가의 경지가 평균적으로 5.6개의 조각으로 나뉘어 있었는데, 1986년과 1990년에 이루어진 농촌조사에서도 개별 농가의 경지가 각각 5.9조각과 5.5조각으로 나뉘어 있었다. 농가생산책임제의 도입과 함께 농지의 소규모 분산 경영이 다시 등장한 것이다. 이에 중국공산당은 민간에서의 토지 사용권 이전을 허용함으로써 토지 자원과 노동력의 재조합을 통한 토지 사용의 효율성을 높이고자 하였다.

1988년의 헌법 수정안에서는 토지 사용권의 매매만 금지되었고, 법의 테두리 내에서 사용권을 제3자에게 이전하는 것이 허용되었다. 1990년대에 들어와 농민들이 본인의 의지에 따라 합법적 범위 내에서 대가를 받고 토지 사용권을 양도하거나 전포, 임대, 교환할 수 있는 권리가 법적으로 확립되었다. 농민들은 승포기 중에도 토지 사용권을 양도할 수 있게 되었고, 본인이 속한 집체 이외의 외부 단위 또는 개인에게 양도하는 것도 가능해졌다. 다만, 토지 사용권 이전은 잔여 승포기 내에서만 이루어질 수 있었고, 촌락 내에서의 거래와 촌락 외부와의 거래에는 절차상 일정한 차이가 적용되었다. 〈토지관리법〉(1998)에서는 토지 사용권을 외부로 양도할 때는 촌민회의

(村民會議) 또는 촌민대표 ⅔ 이상의 동의를 얻은 뒤, 향(鄕) 인민정부의 비준을 얻어야 가능하였다.

승포지를 합작사 또는 기업 등에 출자하여 지분으로 활용하는 방식의 거래('入股')는 1990년대 광둥성과 쟝쑤성 등지에서 일찍부터 나타났지만, 중앙정부의 공식적인 승인을 얻지는 못하였다. 2001년 6월에 처음으로 승포지의 지분 출자가 공식적으로 인정되었고, 2008년 10월에는 중국공산당 중앙위원회에서도 지분 합작 등의 방식으로 토지 사용권을 거래하는 것을 허용하였다. 이후로 토지 지분 출자가 농촌의 토지 사용권 거래 시장에서 더욱 활발하게 이루어졌다. 2013년에는 국가에서 농민들이 지분 출자를 통하여 합작사를 설립하거나 기업에 투자하는 등 다양한 방식을 통하여 토지 사용권을 거래하는 것을 공식적으로 장려하였다.

전국적으로 토지 사용권의 유통은 점차 시장화되고 있으며, 그 형식과 주체도 다양해지고 있다. 2008년 10월의 17기3중전회에서는 〈농촌 개혁의 발전을 추진하는 것에 관한 약간의 중대한 문제에 대한 중공중앙의 결정(中共中央關於推進農村改革發展若干重大問題的決定)〉이 통과되었다. 이 결의안에서는 '법에 의거하여(依法)', '스스로 원해서(自願)', '보상을 받고(有償)' 토지 사용권을 거래한다는 원칙에 따라, 농민들이 건전한 토지 사용권 유통 시장에서 다양한 형식으로 사용권을 거래하는 것을 허용하였다. 1990년대 후반기부터 농촌의 토지 사용권 거래 시장이 발달하기 시작하였는데, 전국의 평균치를 보면, 1996년에는 전체 농지의 2.6%만 거래되었지만, 2000년에는 9%로 상승하였고, 2008년에는 17.1%로 증가하였다. 2000년대에 들어와 많은 지역에서 토지 사용권 거래 시장이 신속하게 발달하였다.

토지 사용권의 거래는 경제적으로 낙후된 지역보다는 신속하게 개발이 이루어지고 있는 지역에서, 노동력의 이동이 적은 지역보다는 많은 지역에서, 그리고 1인당 토지 면적이 넓은 곳보다는 좁은 곳에서 더욱 활발하게 이루어지고 있다. 토지 사용권 거래가 가장 활발한 곳 중 하나인 저장성에서는 2008년의 전국 평균치인 17.1%의 2배가 넘는 37%의 토지에 대한 사용권이 거래되었다. 저장성은 경제 발달 수준이 높은 곳이기 때문에 농민들이 비농업 분야에 취업할 수 있는 기회가 상대적으로 많았고, 그에 따라 농촌 인구가 외부로 유출되면서 토지 사용권의 유통이 활발해졌다. 반대로, 산시(陝西)와 같이 산업 경제가 상대적으로 뒤처진 곳에서는 토지 사용권의 거래 시장이 거의 정체되어 있다. 도시 인근 지역에서는 주로 택지 및 상업지구 개발, 산업설비 건설 등으로 토지에 대한 수요가 높으며, 반대로 오지에서는 농민들이 일자리를 찾아 도시로 이주하면서도 언제든지 돌아와 농사를 지을 수 있도록 토지를 계속 보유하기 때문에 토지 사용권의 거래가 활발하게 이루어지지 못하고 있다.

일반적으로 농가에서는 친지들에게 사용권을 넘겨주는 경우를 제외하면, 시장 또는 정부 정책의 유인에 따라 승포지에 대한 사용권을 대규모 농업 경영자('大戶')나 기업 등에 임대하는데, 임대의 기간과 임대료 지급방식 등은 쌍방이 자체적으로 협의하여 결정한다. 이러한 과정을 거쳐 토지 사용권의 '전포' 또는 임대가 이루어지면, 임대인과 임차인 사이에 채권·채무 관계가 발생하며, 임차인은 임대인에게 지급한 금전적 대가에서 파생되는 채권을 바탕으로 임차한 토지에 대한 사용권을 확보하게 된다. 임차인은 일정 기간 토지를 경영할 수 있는 권리를 획득하게 되고, 임대인은 대체로 해마다 임대료를 획득하게 된다. 이때 임대료는 토지의 생산성과 시장가치 등을 고려하여 차등적으로 책정되며, 수확물의 전국 수매가를 기준으로 환산하여 금전으로 지급되는 경우가 많다.

종종 한 촌락 안에서 여러 농가가 하나의 농업기업과 합동계약을 체결하기도 한다. 일반적으로 농업의 상업화와 시장화를 촉진하기 위한 목적으로 이러한 방식의 거래가 이루어진다. 토지 사용권을 임차한 기업은 토지를 경작과 목축 등에 자유롭게 활용할 수 있으며, 토지 사용권을 임대한 농가에서는 해마다 기업으로부터 임대료를 받게 된다. 농가에서는 토지 사용에 대한 권리를 상실하게 되며, 주로 토지를 목적에 맞게 합법적으로 이용하고 있는지 감독할 수 있는 정도의 권한만 갖게 된다. 이 경우 법적인 토지 사용권(승포권)은 여전히 원래의 농가에 있으므로 토지 사용권을 임대한 농가에서 계속해서 농업세를 부담한다. 기업은 임대 기간이 만료되었을 때 재임대 과정에서 우선권을 인정받을 수 있으며, 만약에 계약이 연장되지 않으면 토지에 대하여 투자한 것에 대한 보상을 임대인에게 요구할 수 있다. 단, 토지 사용권을 임대한 농가든 임차한 기업이든, 정부에서 토지를 징발하면 반드시 이를 수용해야 한다.

한편, 토지 사용권을 임대한 농가에서 사용권을 임차한 기업에 고용되는 경향이 확대되고 있는데, 이 경우 양자 사이의 경제적 관계는 상당히 복잡한 양상을 띠게 된다. 토지를 임차한 기업이 토지를 임대한 농가를 고용하여 해당 토지를 경작하는 방식이다. 이때 토지를 임대함으로써 사용권을 일정 기간 상실하게 된 농민들은 자신을 고용한 기업으로부터 종자를 받아, 계약에 규정된 대로 기업의 기술적 조언과 지원에 따라 토지를 경작해야 한다. 수확이 이루어진 다음에는 수확물을 기업에 판매해야 하는데, 그와 동시에 토지를 기업에 임대한 임대인으로서 기업이 수확물 판매로 획득한 수입의 일정 부분을 나눠 갖게 된다. 이러한 방식의 임대차 거래에서는 토지 사용권의 임대료가 다른 경우에 비하여 낮게 책정되었다.

토지의 위탁 관리라는 방식으로 사용권이 거래되기도 한다. 농민들이 관리비를 납부하고 토지를 합작사에 맡겨 관리하도록 하면, 합작사에서는 농민의 토지를 경영하여 파종에서 수확까지를 모두 담당한다. 수확이 이루어지면 최종적으로 수확한 작물을 농민들에게 인계한다. 농민이 납부하는 관리비에는 토지 경작에 필요한 비용 일체가 포함된다. 이러한 위탁 관리 방식도 근래 많이 나타나고 있는데, 이는 식량 가격이 상승하고 있는 상황에서는 농민들이 현금 임대료를 받는 것보다는 수확물을 직접 확보하는 것이 유리하기 때문이다. 이러한 방식에서는 농민들이 승포지에 대한 사용권을 계속 유지하면서, 일정한 대가를 지불하고 합작사에서 자신의 사용권을 행사하게 하는 것이다. 합작사에서는 여러 농가와 이러한 방식으로 거래하기 때문에, 경지의 규모를 키워 대규모 농업 경영을 통한 생산성 증대를 도모할 수 있다. 이는 결과적으로 농민들의 입장에서도 승포지 경영의 수익을 늘릴 수 있는 방법이기도 하다.

한편, 이처럼 토지 사용권의 유통이 점차 활발해지고 있기는 하지만, 여전히 많은 지역에서는 공식적인 토지 사용권 거래 시장보다는 마을 친지 간의 사적인 관계를 이용하여 거래가 이루어지고 있기도 하다. 원래 법적으로 토지 사용권 거래는 서면 계약을 통하여 시행해야 하고, 실제로 농민들이 토지 사용권을 거래할 때 서면 계약서를 작성하는 경우가 시간이 흐르면서 점점 많아지고는 있지만, 여전히 대체로 낮은 수준에 머물러 있다. 그 이유는 농촌에서 토지 사용권의 거래가 주로 친족들 사이에서 이루어지기 때문인데, 혈연으로 연결된 관계에서는 인정과 상호 신뢰에 기초하여 구두로 계약하는 경우가 많다. 1990년대 전반기까지 친지 외의 타인에게 임대된 토지는 전체 경지의 3~4%에 불과하였다. 2008년의 한 조사에 따르면, 2000년에는 95.32%의 계약이 구두로 체결되고 4.68%만 서면으로 체결되었으며, 2008년에는 93.72%의 계약이 구두로 체결되고 6.28%만 서면으로 체결되었다.

친지들 사이의 소규모 거래는 기본적으로 1년 이하의 단기간 거래로, 금전적 대가 없이 이루어지는 경우가 많다. 원래 토지 사용권을 양도받는 사람은 일반적으로 돈이나 현물(작물)로 그 대가를 지급하였는데, 친족들 사이에서는 실제로 아무런 대가를 받지 않고 토지 사용권을 일정 기간 넘겨주는 경우가 대부분이다. 2000년대에 들어와 토지 사용권 거래 시장은 계속해서 확대되고 있지만, 동일 친족 집단 내에서 거래가 이루어지는 경우가 여전히 많기 때문에, 엄밀한 의미에서는 아직은 토지 사용권 거래 시장이 발달했다고 보기는 어려운 측면도 있다. 다만, 저장성처럼 토지 사용권의 거래가 활발한 곳에서는 서면 계약의 작성 비율이 2008년에 10%를 넘어서기도 하였는데, 이는 경제가 발달한 지역에서 먼저 토지 사용권의 거래가 점차 시장화되고 규범화되고 있음을 보여준다.

토지 사용권의 거래가 확대되고 토지의 상품화가 진전되면서, 토지의 가치에서도 중대한 변화가 발생하였다. 농업 집단화 시기는 물론이고, 1980년대 중반까지도 토지는 기본적으로 생산수단으로서 인식되었다. 토지정책은 생산을 최대화하기 위한 목적에서 입안되었고, 생산가치야말로 토지에 부여된 핵심 가치였다. 중화인민공화국 초기의 토지개혁이나 1950년대 중반 이후의 농업 집단화는 생산관계의 변혁을 통한 사회주의 실현의 방안이기도 하였으나, 동시에

'봉건적 속박'으로부터 농민과 토지를 해방하여 생산력을 큰 폭으로 늘리기 위한 실험이기도 하였다. 그러나 1980년대 말부터 토지 사용권 거래가 늘어나고 토지 시장이 확대되면서, 가격의 상승으로 인한 교환가치의 중요성이 높아졌다. 즉, 생산수단으로서 토지가 갖는 사용가치와 무관하게 토지가 교환을 통한 자본 축적의 수단으로도 기능하게 된 것이다.

개혁·개방 이후 농가생산책임제가 확립되면서 토지의 소유권(집체)과 사용권(농가)이 분리되었다. 소유권과 사용권이 분리된 조건 속에서 농민의 토지 사용권은 점차 안정화되었으며, 그에 따라 농민들은 비교적 온전한 권리로서의 토지 사용권을 보유할 수 있게 되었다. 이러한 바탕 위에서 1980년대 말부터 농민들은 토지 사용권을 거래할 수 있게 되었고, 1990년대 중반 이후로 농민의 토지 사용권 거래는 점점 더 다양한 양상으로 광범위하게 확대되었다. 물론 이러한 거래의 많은 부분이 여전히 친족 간의 비공식적 거래의 방식으로 이루어지고는 있지만, 그럼에도 불구하고 중국 농촌에서는 자본의 침투와 함께 점점 더 다양한 방식으로 농민의 토지 사용권이 유통되고 있다. 이러한 추세는 2000년대 이후로 더욱 확대되고 있다.

농민들은 토지의 소유권만 갖지 못할 뿐이며, 토지 사용권을 이용하여 점차 많은 재산권을 행사할 수 있게 되었다. 토지를 활용하여 수익을 획득할 수 있는 권리를 토지 재산권의 중요한 요소로 본다면, 토지 사용권을 행사하거나 거래함으로써 토지로부터 수익을 획득할 수 있다는 점에서, 현대 중국의 농민들이 토지에 대해서 일정한 재산권을 행사하고 있다고 볼 수 있다. 농민들의 토지 사용권은 단순히 토지를 경작하여 수익을 획득할 수 있는 권리를 넘어, 용익물권과 담보물권을 포함하는 타물권에 근접하고 있다.

　현대 중국의 농촌사회에서 나타나는 다양한 토지 사용권 거래 양상은 한편으로는 1949년 이전에 존재하였던 다양한 중국적 토지 거래 관행을 떠올리게 한다. 그중에서도 특히 '일전양주(一田兩主)'의 관행은 시사하는 바가 크다. 일전양주 관행은 주로 소작인이 토지의 가치 상승에 공헌한 부분을 지주가 인정해주면서 시작되었다. 소작인이 토지를 개간하거나 자본과 노동력을 투입하여 토지의 가치를 향상시키면, 지주는 소작인이 계속해서 해당 토지를 경작할 수 있는 권리를 인정해주었다. 그 순간 소작인은 사실상 해당 토지에 대한 사용권을 확보하게 되었고, 시간이 지나면서 그 자체가 '전면권(田面權)'이라는 하나의 독립적인 재산권으로 발달하게 되었다. 전면권은 시중에서 매매, 임대, 양도, 담보 제공 등 다양한 방식으로 거래될 수 있었다. 즉, 토지 사용권의 안정성이 높아지면서 그것이 하나의 온전한 물권(타물권)으로 발전하였고, 그에 따라 시장에서 해당 권리가 다양한 방식으로 유통될 수 있게 되었다.

　농가생산책임제에서 농민의 토지 사용권이 형성된 배경은 전면권의 형성과정과는 매우 달랐지만, 토지 사용권이 안정화되면서 그 속성이 타물권으로 확대되고, 그에 따라 시장에서 다양한 형식으로 거래될 수 있게 된 점에서는 매우 흡사한 메커니즘을 공유하고 있다. 소유권과 사용권이 분리된 상황에서 사용권의 범위가 확장되면서 하나의 독립적인 재산권으로 발달한 것이다. 현재 중국 농민의 토지 사용권의 권리 수준을 전면권과 같은 독립적인 재산권과 동일시하기에는 아직 많이 부족하지만, 그러한 방향을 향하여 발전해온 것은 사실이라고 볼 수 있다. 다소 과장해서 비유한다면, 현대 중국의 집체가 '전저주(田底主)', 농민이 '전면주(田面主)'에 상응하는 위치에 있다고도 할 수 있다.

물론, 일전양주 관행과 현대 중국의 토지 소유제도 사이의 유사성에만 주목해서는 안 된다. 대표적으로 두 가지 측면에서 두 현상 사이에는 중대한 차이점도 나타난다.

첫째, 일전양주 관행은 국가권력의 의도에 반하여 민간에서 자생적으로 형성된 것이었지만, 농가생산책임제 아래에서의 토지 사용권 발달은 국가권력의 법적·제도적 승인 속에서 장려된 것이라는 점에서 큰 차이가 있다. 근대 이전의 국가권력은 일전양주의 관행으로 인한 토지 분쟁을 해결하기 위하여 이를 법적으로 금지하였고, 민국 시대에도 국가권력은 '영전권'이라는 근대적 법률 개념으로 이를 흡수하면서 전통적인 전면권의 요소는 제거하려 하였다. 반면, 개혁·개방 이후에 중국 정부는 농민의 투자 의욕을 고취하기 위하여 사용권의 안정성을 제도적으로 강화하였고, 아울러 농가생산책임제의 시행으로 인한 토지의 영세화 및 파편화에 대응하기 위하여 토지 사용권의 거래를 통한 생산 효율성 증대를 유도하였다. 표면적으로 유사한 현상의 배경에는 국가권력의 전혀 다른 의도가 작용하고 있었다.

둘째, 현대 중국 사회에서 농민이 행사하는 토지 사용권은 전면권과 같은 독립적인 재산권의 단계로 발달하지는 못하였다. 현대 중국 농민의 토지 사용권은 하나의 재산권으로 점차 확대되고는 있지만, 국가권력의 강력한 통제 아래 놓여 있다는 점에서 과거의 전면권과는 근본적으로 다르다. 1949년 이전의 국가권력이 전면권 관행을 공식적으로 부정했음에도 불구하고, 중국 사회의 오래된 관행에서 형성된 전면권은 곳곳에서 면면히 이어졌다. 즉, 전면권은 국가권력의 통제 범위 밖에서 형성되어 하나의 강력한 사회 관행으로 확립되었던 것이다. 그러나 1949년 이후의 중국공산당 정권은 농촌사회에 대하여 이전의 어느 국가권력보다도 강한 통제력을 확립하였고, 개혁·개방 이후에도 집체소유제를 유지하면서 토지에 대한 근본적인 소유권을 계속해서 장악하고 있다. 그리고 농민의 토지 사용권은 국가권력의 소유권 행사 앞에서 여전히 위협을 받고 있다.

가장 대표적인 사례가 바로 토지 징발의 문제이다. 공업화와 토지 개발의 확대에 따라, 법적으로 토지 소유권을 보유하고 있는 국가권력, 즉 다양한 단계의 지방 정부들이 토지 개발의 이익을 얻기 위하여 농민의 승포지를 징발하는 사례가 곳곳에서 발생하고 있다. 제도적으로는 농민의 승포지를 징발할 때는 그에 합당한 보상을 제공하도록 규정되어 있지만, 현실에서는 이러한 보상이 제대로 이루어지지 않는 경우가 많다. 토지의 용도가 농경지에서 건축·산업 용지로 변경되면 그에 따라 토지 가치가 크게는 수십 배씩 상승하였고, 지방정부는 농민들에게 적은 보상금을 주는 대가로 커다란 수익을 획득할 수 있었다. 이러한 상황 속에서 지방정부의 승포지 징발은 곳곳에서 이루어지고 있다. 중앙정부는 농지의 감소를 억제하고 농민의 토지 사용권을 보호하기 위한 조치들을 마련하였지만, 2011년 광둥성 우칸촌(烏坎村)의 대표적인 사례처럼, 지방정부의 토지 징발로 인한 사회적 문제는 여전히 계속되고 있다.

개혁·개방 이후 중국 사회는 급속도의 경제 성장과 함께 광범위한 사회 변화를 겪었다. 이러한 변화는 사회 곳곳에서 일어났고, 농촌에서는 탈집단화와 함께 농가생산책임제가 정착되었다. 근대 중국의 토지 소유권 변천사의 맥락에서 보면, 1950년대 중반의 농업 집단화와 함께 확립된 토지 집체소유제는 계속 유지되면서, 소유권과 사용권의 분리, 그리고 사용권의 점진적 확대라는 변화가 현재까지 이어지고 있다. 송대 이후 명·청 시대에 걸쳐 발전해온 중국의 토지 소유 관행은 20세기 전반기까지 생명력을 유지하였고, 개혁·개방 이후 현대 중국의 토지제도를 이해하는 데에 있어서도 중요한 시사점을 던지고 있다. 향후 중국 토지제도의 발전 방향을 근대 중국의 토지 소유 관행이라는 역사적 맥락 속에서 이해하면서, 과연 중국의 토지제도가 그것을 어떻게 계승 또는 극복해갈 것인지 주목할 필요가 있다.

'중국적 토지 소유권'과 사회 관행

윤철홍, 『소유권의 역사』, 법원사, 1995.

趙岡·陳鍾毅 著, 尹貞粉 譯, 『中國土地制度史』, 대광문화사, 1985.

耿元驪, 『帝制時代中國土地制度硏究』, 經濟科學出版社, 2012.

龍登高, 『地權市場與資源配置』, 福建人民出版社, 2012.

劉承韙, 『産權與政治: 中國農村土地制度變遷硏究』, 北京: 法律出版社, 2012.

趙岡, 『永佃制硏究』, 北京: 中國農業出版社, 2005.

Madeleine Zelin, Jonathan Ocko, Robert Gardella eds., *Contract and Property in Early Modern China*, Stanford University Press, 2004.

김일방, 「근대 소유론과 그 한계 그리고 새로운 소유권 개념」, 『환경철학』 22권, 2016.

미야히라 신야 지음, 문준영 옮김, 「西歐近代法의 繼受와 琉球·沖繩: 土地所有權을 中心으로」, 『법사학연구』 제40호, 2009.

정태욱, 「근대 소유권사상의 형성: 영국의 경우를 중심으로」, 『법철학연구』 3권 1호, 2000.

劉志, 「地權的分割、轉移其闡釋—基于傳統中國民間土地市長」, 『中國經濟史硏究』 2017年 第3期.

寺田浩明, 「田面田底慣例的法律性: 以槪念性的分析爲主」, 楊一凡·寺田浩明 主編, 『日本學者中國法制史論著選: 明淸卷』, 北京: 中華書局, 2016.

Jonathan Ocko, "The Missing Metaphor: Applying Western Legal Scholarship to the Study of Contract and Property in Early Modern China",

Madeleine Zelin, Jonathan Ocko, Robert Gardella eds., *Contract and Property in Early Modern China*, Stanford University Press, 2004.

Madeleine Zelin, "A Critique of Rights of Property in Prewar China", Madeleine Zelin, Jonathan Ocko, Robert Gardella eds., *Contract and Property in Early Modern China*, Stanford University Press, 2004. (曾小萍·歐中壇·加德拉 編, 李超 等譯, 『早期近代中國的契約與産權』, 杭州: 浙江大學出版社, 2011.

1장~2장

리원쯔·장타이신 지음, 신은제 옮김, 『중국 지주제의 역사』, 경인문화사, 2015.

손승희 편저, 『중국의 가정, 민간계약문서로 엿보다: 분가와 상속』(중국관행자료총서 11), 학고방, 2018.

황쭝즈 지음, 구범진 옮김, 『중국의 감춰진 농업혁명』, 진인진, 2016.

趙岡·陳鍾毅 著, 尹貞粉 譯, 『中國土地制度史』, 대광문화사, 1985.

耿元驪, 『帝制時代中國土地制度研究』, 經濟科學出版社, 2012.

龍登高, 『地權市場與資源配置』, 福建人民出版社, 2012.

長野郎 著, 强我 譯, 袁兆春 點校, 『中國土地制度的研究』, 北京: 中國政法大學出版社, 2004.

趙岡, 『永佃制研究』, 北京: 中國農業出版社, 2005.

趙曉耕, 『身份與契約: 中國傳統民事法律形態』, 北京: 中國人民大學出版社, 2011.

黃宗智, 『清代以來民事法律的表達與實踐: 歷史、理論與現實』 卷2(法典、習俗與司法實踐: 清代與民國的比較), 北京: 法律出版社, 2013.

劉志, 「地權的分割、轉移其闡釋―基于傳統中國民間土地市長」, 『中國經濟史研究』 2017年 第3期.

寺田浩明, 「田面田底慣例的法律性: 以概念性的分析爲主」, 楊一凡·寺田

浩明 主編, 『日本學者中國法制史論著選: 明清卷』, 北京: 中華書局, 2016.

岸本美緒, 「明清時代的"找價回贖"問題」, 楊一凡·寺田浩明 主編, 『日本學者中國法制史論著選: 明清卷』, 北京: 中華書局, 2016.

曹樹基, 「傳統中國鄉村地權變動的一般理論」, 『學術月刊』 2012年 第12期.

3장~6장

喬啓明·蔣杰 主編, 「抗戰以來各省地權變動概況」, 農産促進委員會 印行, 1942. (→ 李文海 主編, 『民國時期社會調査叢編(2編): 鄉村經濟卷』 下卷, 福建敎育出版社, 2009에 수록)

인천대학교 HK 중국관행연구사업단 편, 허혜윤 책임편저, 『중국토지법령자료집: 청대(淸代)』(중국관행자료총서 3), 모두의 지혜, 2012.

인천대학교 HK 중국관행연구사업단 편, 김희신 책임편저, 『중국토지법령자료집: 중화민국시기 I』(중국관행자료총서 4), 모두의 지혜, 2012.

인천대학교 HK 중국관행연구사업단 편, 김지환 책임편저, 『중국토지법령자료집: 중화민국시기 II』(중국관행자료총서 5), 모두의 지혜, 2012.

前南京國民政府司法行政部 編, 『民事習慣調査報告錄』, 北京: 中國政法大學出版社, 1998.

陳正謨 編著, 『各省農工雇傭習慣及需供狀況』, 中山文化敎育館, 1935. (→ 李文海 主編, 『民國時期社會調査叢編(2編): 鄉村經濟卷』 下卷, 福建敎育出版社, 2009 수록)

土地委員會 編, 「全國土地調査報告綱要」, 李文海 主編, 『民國時期社會調査叢編(2編): 鄉村經濟卷』 下卷, 福建敎育出版社, 2009.

馮和法 編, 『中國農村經濟資料』 上·下, 華世出版社, 1978.

馮和法 編, 『中國農村經濟資料續編』 上·下, 華世出版社, 1978.

長野郎 著, 强我 譯, 袁兆春 點校, 『中國土地制度的研究』, 北京: 中國政法大學出版社, 2004.

戒能通孝,『支那土地法慣行序說: 北支農村に於ける土地所有權と其の
　　　　具體的性格』, 東京: 東亞研究所第六調查會學術部委員會, 1942.
John Lossing Buck, *Land Utilization in China: a study of 16,786 farms in 168
　　　　localities, and 38,256 farm families in twenty-two provinces in China,
　　　　1929-1933*, University of Chicago Press, 1937.

친후이·쑤원 지음, 유용태 옮김,『전원시와 광시곡: 농민학에서 본 중국의
　　　　역사와 현실사회 비판』, 이산, 2000.
龍登高,『地權市場與資源配置』, 福建人民出版社, 2012.
劉承韙,『産權與政治: 中國農村土地制度變遷研究』, 北京: 法律出版社,
　　　　2012.
張鋒,『中國近代土地問題研究』, 北京: 人民出版社, 2015.
趙岡,『永佃制研究』, 北京: 中國農業出版社, 2005.
黃宗智,『淸代以來民事法律的表達與實踐: 歷史、理論與現實』卷2(法典、
　　　　習俗與司法實踐: 淸代與民國的比較), 北京: 法律出版社, 2013.
笹川裕史,『中華民國期農村土地行政史の研究』, 東京: 汲古書院, 2002.

張一平,「現代中國的土地改革與地權思想」,『上海財經大學學報』第10
　　　　卷 第3期, 2008.
陳云朝,「論南京國民政府時期的土地所有權」,『中北大學學報』(社會科
　　　　學版) 第30卷 第4期, 2014.
陳云朝,「論南京國民政府時期土地所有權的限制—以私法社會化爲背景」,
　　　　『湖北大學學報』(哲學社會科學版) 第41卷 第4期, 2014.

7장, 에필로그

인천대학교 HK 중국관행연구사업단 편, 강소연 책임편저,『중국토지법령자
　　　　료집: 계획경제시기(1949-1977)』(중국관행자료총서 6), 모두의 지
　　　　혜, 2012.

인천대학교 HK 중국관행연구사업단 편, 장호준 책임편저,『중국토지법령자
　　료집: 개혁개방 이후 I (1978-1999)』(중국관행자료총서 7), 모두의
　　지혜, 2012.
인천대학교 HK 중국관행연구사업단 편, 장호준 책임편저,『중국토지법령자
　　료집: 개혁개방 이후 II(1999-2011)』(중국관행자료총서 8), 모두의
　　지혜, 2012.

羅平漢,『農村人民公社史』, 福州: 福建人民出版社, 2002.
羅平漢,『農業合作化運動史』, 福州: 福建人民出版社, 2004.
羅平漢,『土地改革運動史』, 福州: 福建人民出版社, 2005.
龍登高,『地權市場與資源配置』, 福建人民出版社, 2012.
劉銳,『土地、財産與治理: 農村宅基地制度變遷硏究』, 武漢: 華中科技大
　　學出版社, 2017.
劉承韙,『産權與政治: 中國農村土地制度變遷硏究』, 北京: 法律出版社,
　　2012.
劉華淸,『人民公社化運動紀實』, 北京: 東方出版社, 2013.
龐松,『中華人民共和國史 1949-1956』, 北京: 人民出版社, 2010.
安貞元,『人民公社化運動硏究』, 北京: 中央文獻出版社, 2003.
楊奎松,『中華人民共和國建國史硏究』 1(政治), 南昌: 江西人民出版社,
　　2010.
王玉貴・婁勝華,『當代中國農村社會經濟變遷硏究』, 北京: 群言出版社,
　　2006.
汪暉・陶然,『中國土地制度改革: 難點、突破與政策組合』, 北京: 商務印
　　書館, 2013.
鄭有貴 主編,『中華人民共和國經濟史(1949-2012)』, 北京: 當代中國出版
　　社, 2016.
黃啓昌,『農村聯産承包責任制實施和推廣紀實』, 北京: 東方出版社, 2013.
黃季焜 等,『中國的農地制度、農地流轉和農地投資』, 上海: 格致出版社
　　・上海人民出版社, 2012.

Ho, Peter, *Institutions in Transition: Land Ownership, Property Rights, and Social Conflict in China*, Oxford: Oxford University Press, 2005.

Rithmire, Meg E., *Land Bargains and Chinese Capitalism: The Politics of Property Rights Under Reform*, New York: Cambridge University Press, 2015.

Trappel, René, *China's Agrarian Transition: Peasants, Property, and Politics*, London: Lexington Books, 2016.

姜愛林,「改革開放前新中國土地政策的歷史演變(1949-1978)」,『石家莊經濟學院學報』第26卷 第3期, 2003.

劉志,「地權的分割、轉移其闡釋一基于傳統中國民間土地市長」,『中國經濟史研究』2017年 第3期.

牛磊,「改革開放以來農村土地政策的變遷」,『首都師範大學學報』2009年 增刊號.

張少筠·慈鴻飛,「淸至新中國建立初期政府永佃權政策的演變: 以國家和福建地方互動爲中心的考察」,『中國農史』2011年 第1期.

張一平,「現代中國的土地改革與地權思想」,『上海財經大學學報』 第10卷 第3期, 2008.

鍾國輝,「新中國土地制度變遷硏究」,『經濟師』2016年 第2期.

朱金鵬,「農業合作化和集體化時期自留地制度的演變」,『當代中國史硏究』2009年 第5期.

何燕,「現代中國的鄕村契約文書與農民地權實踐—1949年後的邢台縣前南峪文書解讀」,『中國農村觀察』2016年 第2期.

許堅·潘文燦,「新中國農村土地産權制度沿革」,『中國國土資源經濟』2014年 第6期.

黃英偉,「歷史上的地權: 研究現狀與趨勢」,『經濟學動態』2014年 第12期.

黃長久,「中國農業集體化時期自留地經營的原因分析」,『首都師範大學學報』(社會科學版) 2004年 增刊號.

Loren Brandt·李果·黃季焜 等,「中國的土地使用權和轉移權: 現狀評價」,『經濟學』(季刊) 2004年 第7期.

Bramall, Chris, "Chinese Land Reform in Long-Run Perspective and in the Wider East Asian Context", *Journal of Agrarian Chang*, Vol.4, No.1 · 2, 2004.

| 지은이 소개 |

이원준 李沅埈

서울대학교 동양사학과 학사·석사·박사 졸업
Harvard GSAS Research Scholar
인천대학교 중국학술원 HK연구교수
현재 인천대학교 중어중국학과 조교수

주요 논저
『도시로 읽는 현대중국 1: 사회주의 시기』(공저)
「중화인민공화국 건국 직전의 정치적 통합과정: 1948년 前後의 華北지역을 중심으로」
「국공내전 후반기 중국공산당의 華北 중심 건국 방침과 定都 문제의 향방」
「중국공산당의 延邊 朝鮮人사회 장악과정과 그 의의: 국공내전기 토지개혁과 建政공작을 중심으로」
「'분산성'과 '집중성'의 균형 찾기―중화인민공화국 초기 北京의 建政 과정 분석」
「1940년대의 北京 建都論과 戰後의 '新中國' 구상」 등.

중국관행연구총서 12

근대 중국의 토지 소유권과 사회 관행

초판 1쇄 인쇄 2019년 4월 8일
초판 1쇄 발행 2019년 4월 17일

중국관행연구총서·중국관행자료총서 편찬위원회

위 원 장 | 장정아
부위원장 | 안치영
위   원 | 김지환·송승석·이정희·조형진

지 은 이 | 이원준
펴 낸 이 | 하운근
펴 낸 곳 | 學古房

주   소 | 경기도 고양시 덕양구 통일로 140 삼송테크노밸리 A동 B224
전   화 | (02)353-9908 편집부(02)356-9903
팩   스 | (02)6959-8234
홈페이지 | http://hakgobang.co.kr
전자우편 | hakgobang@naver.com, hakgobang@chol.com
등록번호 | 제311-1994-000001호

ISBN 978-89-6071-876-0 94910
      978-89-6071-320-8 (세트)

값 : 25,000원